예언서의 기원과 해석

The origin and interpretation of the prophets

지은이 정중호

계명대학교 출판부

머리말

정의로운 사회를 열망하는 분위기가 최근 감지되고 있다. 성경에서 '정의'를 외치는 지도자를 떠올린다면 단연 예언자일 것이다. 아모스가 "오직 정의를 물 같이, 공의를 마르지 않는 강 같이 흐르게 할지어다"(암 5:24)라고 외쳤던 것처럼 예언자들은 정의와 공의를 외쳤다. 예언자들이 이렇게 정의를 외친 이유는 정의가 하나님의 뜻이기 때문이며 세상을 이끌어 가시는 질서의 원칙이기 때문이다.

예언자들의 정의를 외친 이유는 우리가 살고 있는 이 세상과 사회를 정의로운 사회, 하나님이 원하시는 사회를 만들기 위한 것이고 하나님의 나라가 이 땅에 실현될 수 있다는 확신이 있었기 때문이다. 이러한 확신과 희망이 있었기 때문에 예언자들은 생명의 위험을 무릅쓰고 하나님의 뜻을 전하였으며, 최대한 효과적으로 메시지가 청중의 피부에 닿을 수 있도록, 그리고 그 마음에 감동을 줄 수 있도록 다양한 수사학적 기교를 구사하였다. 또한 상징적인 행동으로, 온몸으로 하나님의 뜻을 전하기를 주저하지 않았다.

이러한 예언자들의 면모와 예언의 진수를 파악하기 위해 본 저서를 저술하였다. 예언서가 편찬되고 완성되는 과정을 추적하였으며, 전기예언서와 후기예언서를 구분하여 중요한 예언들을 해석하였다. 특히 예언자들이 이미 선포된 예언들을 연구하고 재해석하는 모습을 주목하였으며 시대적 상황 속에서 어떻게 하나님의 뜻을 전달하였는지 그 구체적인 모습을 파악하기 위해 노력하였다.

예언서를 해석하기 위해 여러 방법론을 종합적으로 활용하였지만 특히 감성적 해석 방법을 적극 활용하였다. 그리고 해석의 열매라고 할 수 있는 중요한 신학적 메시지를 간추려 제시하려고 노력하였기 때문에 각 장의 끝 부분을 읽기만 해도 전체의 핵심을 파악할 수 있도록 구성하였다.

하나님의 뜻을 알기 위해, 그리고 그 뜻을 효과적으로 전달하기 위해 노력하는 여정 가운데 예언자들은 언제나 스승이 되었고 예언의 말씀은 하나님의 음성으로 다가왔다. 먼저 하나님께 감사드리며 예언서 해석 과정과 열매 나누기에 동참한 계명대학교 대학원 학생들, 그리고 설교 가운데 은혜를 나눈 여러 성도들에게 감사의 마음을 전한다. 또한 원고 정리를 도와 준 정연웅 연구조교에게 감사드린다. 그리고 본 저서의 출판을 위해 성심을 기울여 주신 계명대학교 출판부 여러분께 깊이 감사드린다.

2011년 4월

계명대학교 연구실에서 정 중 호

차례

저자 소개

정중호

저자는 계명대학교 구약학 교수이며 대한예수교 장로회 목사이다. 학회 활동으로는 한국구약학회 회장, 구약논단의 편집위원장, 아시아기독교연구소 소장, 한국구약학연구소 기획위원으로 활동하고 있다.

장로회 신학대학원과 컬럼비아(Columbia) 신학대학원에서 수학하였으며 에모리(Emory) 대학원에서 박사학위(Ph.D)를 취득했다. 그리고 프린스턴(Princeton) 신학대학원과 미국 버클리에 있는 연합신학대학원(GTU)에서 연구하였으며, 계명대학교에서 교목실장, 연합신학대학원장, 대학교회 담임목사를 역임하였다.

저서로는 이스라엘 역사 (1994), 열왕기하: 성서주석 11 (1995), 성서해설 (1998, 공저), 레위기: 만남과 나눔의 장 (1999), 성서와 과학의 대화 (2000. 공저), 이사야(II): 성서주석 22 (2003), 구약개론 (2004, 공저), 의미있는 삶을 찾아서: 현대사회와 기독교 (2004, 공저), 구약성경해설: 시가서 (2004), 이스라엘 종교와 성전 (2005), 이스라엘의 국제관계와 예언자 (2005), Images of Prophecy and Gospel (2005), 설교자를 위한 호세아 해석 (2006), 새로운 성경해석과 설교를 위한 제사장신학 (2006), 고대 이스라엘 사회와 제사장 (2007), 가상현실 시대를 위한 새로운 성경해석 (2007), 이사야 I: HOW 주석 (2008, 공저), 시편 I: HOW 주석 (2008, 공저), 일제말기 영남지역 기독교인 항일운동 (2008, 공저), 민수기 I (2008), 민수기 II (2008), 잠언: HOW 주석 (2009, 공저), 이사야 1-23(2009)

이사야 24-39(2010), 새로운 성경해석 한국적 해석 서론 (2010) 등 40권의 저서가 있으며, 역서로는 이스라엘과 유다 역사 - 新年代記 (1991)가 있다. 연구논문으로는 "Were There Yahwistic Sanctuaries in Babylon?" 을 비롯한 60편의 논문이 있다.

이스라엘 역사와 성서해석 방법론을 연구하면서 토라와 예언서를 중심으로 성서해석을 계속하고 있다. 최근에는 새로운 시대를 위한 감성적 성서해석방법론과 한국적 성서해석에 초점을 맞추어 연구를 하고 있다. 연구실에는 "알기쉽고 능력있는 하나님의 말씀"이라는 표어가 걸려있고 말씀이 이 땅에 충만하기를 기도하면서 연구와 강의와 설교에 정진하고 있다.

홈페이지 http://bible.kmu.ac.kr

The origin and interpretation of the prophets

서론

히브리어 성경 전통에서는 율법서(토라)가 중심이며 예언서의 위치가 율법서(토라) 다음이기 때문에 예언서는 율법서에 비추어 읽도록 되어있다. 그리고 마지막 부분에는 성문서가 배치되어 있다. 그러나 분량 면을 살펴보면, 히브리어 성경(BHS) 전체 분량 가운데 예언서가 차지하는 부분은 47%로서 율법서의 2배가 넘는 분량이다. 분량만을 본다면 예언서가 중심이라는 인상을 준다.[1)]

한편 우리가 읽고 있는 한글성경 번역본에는 예언서가 율법서[21] 다음에 배치되어 있지만 구약의 마지막 책도 예언서이다. 즉 예언서 말라기가 최후에 배치되어 있다. 이러한 구성을 통해 알 수 있는 것은 예언서가 율법서 뿐만 아니라 구약을 넘어서서 신약을 바라보면서 읽도록 되어 있다는 것이다. 이러한 전통은 신약을 경전으로 인정하고 있는 기독교 전통 때문이며 구약과 신약을 연결하려는 의도가 들어있음을 알 수 있다.

히브리어 성경 전통이나 한글성경 전통이나 모두 예언서가 중요하다는 것을 강하게 이야기 하고 있다. 그리고 모세가 "야웨께서 그의 영을 그들에게 주사 야웨의 백성 모두가 예언자 되기를 원하노라"(민 11:29)라는 소망을 피력한

---

1 *BHS* 1574쪽 가운데 율법서는 353쪽, 예언서는 733쪽, 성문서는 488쪽이다.

것처럼 개신교는 평신도도 하나님의 뜻을 깨달을 수 있고 하나님의 뜻을 전달할 수 있다는 만인예언자설을 강하게 주창하고 있다. 그러므로 개신교에서 예언자를 이해하고 예언서를 해석하는 일은 그 무엇보다 중요한 것일 수 밖에 없다.

'예언' 혹은 '예언자'라는 말을 들으면 언뜻 떠오르는 것은 미래를 알아 맞추는 신통한 능력이 있는 사람의 이미지다. '노스트라다무스의 예언' 혹은 '지구 종말의 예언'같은 내용을 떠올리게 된다. 물론 성경의 예언자도 미래에 대해서 이야기하며 예언(豫言)하는 역할을 한다. 또한 참 예언자와 거짓 예언자를 구별하는 근거를 들 때 예언한 내용이 성취되었는가를 기준으로 들 수가 있다. 그래서 예언자를 선견자(先見者) 혹은 선지자(先知者)라는 용어로 번역하기도 한다.

그러나 예언자의 보다 더 중요한 기능은 하나님의 뜻을 전달하는 기능이다. 즉 하나님의 말씀을 맡아서 전달하는 의미의 예언(預言) 활동이 더 중요하였다. 따라서 예언자는 하나님의 마음과 의도를 누구보다 정확하게 파악하는 사람들이었으며 그러한 하나님의 뜻을 사람들에게 알아듣기 쉽게 전달하는 사람들이었다. 하나님의 뜻을 알기 위해서는 하나님으로부터 신비한 방법으로 그 뜻을 전달받는 방법도 있고 이미 다른 예언자들을 통해 전달한 하나님의 뜻을 다시 재해석하여 새롭게 깨닫는 방법도 있다.

히브리어를 살펴보면 예언자의 정체와 기능을 발견할 수 있다. '예언자' 혹은 '선지자' 등으로 번역되는 '나비(**נביא**)'는 아카디아어 '나부(nabu)' 혹은 아랍어 '나바아(naba'a)'라는 용어에서 파생한 것으로 보이는데 이 용어들은 '신적인 존재로부터 부름을 받은 자' 혹은 '황홀경에 도취된 상태에 있는 자'라는 뜻을 지니고 있다. 예를 들어 사울이 황홀경에서 예언을 하는 모습이 나타난다.

⊙ 삼상 10:10-13

10 그들이 산에 이를 때에 선지자(나비, נביא)의 무리가 그를 영접하
고 하나님의 영이 사울에게 크게 임하므로 그가 그들 중에서 예
언(נבא)을 하니
11 전에 사울을 알던 모든 사람들이 사울이 선지자들(나비)과 함께
예언(נבא)함을 보고 서로 이르되 기스의 아들에게 무슨 일이 일
어났느냐 사울도 선지자(나비)들중에 있느냐 하고
12 그 곳의 어떤 사람은 말하여 이르되 그들의 아버지가 누구냐 한
지라. 그러므로 속담이 되어 이르되 사울도 선지자들(나비) 중에
있느냐 하더라.
13 사울이 예언(נבא)하기를 마치고 산당으로 가니라.

⊙ 삼상 19:20-24

20 사울이 다윗을 잡으러 전령들을 보냈더니 그들이 선지자(나비) 무
리가 예언하는(נבא) 것과 사무엘이 그들의 수령으로 선 것을 볼 때
에 하나님의 영이 사울의 전령들에게 임하매 그들도 예언(נבא)을
한지라
21 어떤 사람이 그것을 사울에게 알리매 사울이 다른 전령들을 보냈
더니 그들도 예언(נבא)을 했으므로 사울이 세 번째 다시 전령들
을 보냈더니 그들도 예언(נבא)을 한지라
22 이에 사울도 라마로 가서 세구에 있는 큰 우물에 도착하여 물어
이르되 사무엘과 다윗이 어디 있느냐 어떤 사람이 이르되 라마
나욧에 있나이다
23 사울이 라마 나욧으로 가니라 하나님의 영이 그에게도 임하시니
그가 라마 나욧에 이르기까지 걸어가며 예언(נבא)을 하였으며

24 그가 또 그의 옷을 벗고 사무엘 앞에서 예언(נבא)을 하며 하루 밤
낮을 벗은 몸으로 누웠더라 그러므로 속담에 이르기를 사울도 선
지자(나비) 중에 있느냐 하니라().

평소에 예언자가 아니었지만 하나님의 영이 임할 때 사울도 황홀경 속에서 예언을 하였고 사울의 전령도 예언을 하는 모습을 볼 수 있다. 즉 예언은 자신의 능력으로 하는 것이 아니고 하나님의 능력으로 하는 것임을 보여주는 장면이다. 그래서 예언자를 '접신자' 혹은 '입신자'들로 알려져 있다. 그러나 이렇게 황홀경 속에서 예언하는 모습은 전기 예언자들 가운데 나타날 뿐 후기 예언자들 가운데서는 찾아보기 힘들다. 후대로 갈수록 황홀경 속에서 예언하기보다 맑은 정신으로 하나님의 뜻을 전달하는 모습이 더 많이 나타난다.

예언자들이 이미 선포된 예언이나 하나님의 말씀을 주의깊게 살펴보고 재해석하여 선포하는 모습이 나타난다. 미가와 이사야를 읽어 내려가면 거의 동일한 구절들이 두 예언서에 모두 기록되어 있는 것을 발견할 수 있다.

⊙ 미 4:1-3

1 장래에 야웨의 전의 산이 산들의 꼭대기에 굳게 서며 작은 산들
위에 뛰어나고 민족들이 그리로 몰려갈 것이라.
2 곧 많은 이방 사람들이 가며 이르기를 오라 우리가 야웨의 산에
올라가서 야곱의 하나님의 전에 이르자. 그가 그의 도를 가지고
우리에게 가르치실 것이니라 우리가 그의 길로 행하리라 하리니
이는 율법이 시온에서부터 나올 것이요 야웨의 말씀이 예루살렘
에서부터 나올 것임이라.

3 그가 많은 민족들 사이의 일을 심판하시며 먼 곳 강한 이방 사람
을 판결하시리니 무리가 그 칼을 쳐서 보습을 만들고 창을 쳐서
낫을 만들 것이며 이 나라와 저 나라가 다시는 칼을 들고 서로 치
지 아니하며 다시는 전쟁을 연습하지 아니하리라.

⊙ 사 2:2-4

2 다가올 장래에, 야웨의 전의 산이 산들의 꼭대기에 굳게 설 것이
며, 동산들 위에 높여질 것이며, 모든 나라들이 그리로 흘러들 것
이다.
3 많은 백성들이 가면서 말하기를 "오라! 우리가 야웨의 산에 오르
자, 야곱의 하나님의 전으로. 그가 우리에게 그의 길을 가르치실
것이며, 우리는 그의 길로 걸어가리라.
참으로 시온으로부터 율법이 나오며 예루살렘으로부터 야웨의
말씀이 나올 것이다.
4 나라들 사이에서 그가 판결하실 것이며 많은 백성들을 판결하시
리니 그들이 그 칼을 쳐서 보습을 만들고, 그 창을 쳐서 낫을 만들
것이며, 이 나라와 저 나라가 다시는 칼을 들고 서로 치지 아니하
며, 다시는 전쟁을 배우지 아니하니라.

이렇게 거의 동일한 내용을 동시대의 예언자들인 이사야와 미가가 전달한 것을 보면서 몇가지 가능성을 이야기 해 볼 수 있다. 즉 이사야가 미가의 예언을 인용하였거나 혹은 미가가 이사야의 예언을 인용한 것일 수가 있다. 혹은 그 이전의 예언을 이사야와 미가가 똑 같이 활용한 경우일 수가 있다. 이러한 가능성 가운데서, 고대의 시온 시편의 일부를 이사야와 미가가 동일하게 활용하면서

예언한 경우일 가능성이 가장 높은 것으로 여겨진다. 이사야와 미가는 고대 시온 시편을 활용하여 그 내용을 새롭게 해석하면서 자신들의 청중들에게 각기 독특한 메시지를 전달하였다.

이처럼 예언자들은 이미 선포된 예언을 깊이 연구하고 묵상하면서 재해석하는 사람들이었음을 알 수 있다. 마치 오늘날 구약학자나 설교가들이 성경말씀을 기도하면서 해석해서 강단에서 외치는 모습과 비슷하다고 할 수 있다.

예언자들이 다가올 장래에 대해 이야기할 때도 예언자들은 현재 자신 앞에서 자기를 바라보며 귀를 기울이고 있는 청중들의 눈을 보면서 예언하였다. 예언자들의 주된 관심사는 다음과 같다; "지금 우리는 어떻게 살아야 하는가?", "지금 무엇을 결단하고 무슨 행동을 해야하는가?" 예언자들의 무게중심은 미래에 있다기보다 현재에 있으며 미래를 이야기 할 때도 멀고 먼 미래보다 가까운 장래에 대해 이야기 하면서 현재의 행동 방향을 설정하려고 노력하였다.

예언서를 해석하기 위해서는 예언의 상황을 먼저 알아야 한다. 루터는 이사야 주석 서문에서 예언서를 해석하기 위해서는 예언서의 역사적 상황을 파악하는 것이 중요함을 다음과 같이 강조하였다;

> 예언서를 설명하기 위해서는 두 가지가 필요하다. 첫째는 문법적인 지식이며 이 지식은 가장 무게를 두어야할 부분이다. 두 번째는, 더욱 필요한 것이 있는데, 그것은 역사적인 배경에 관한 지식이다. 그러므로 처음에는 문법적인 지식을 가지고, 그다음에는 재빨리 역사적인 사항으로 옮겨가야 한다. 즉 어느 왕 시대에 이사야가 예언을 했느냐 하는 사항이다. 그리고 이러한 사항들은 정밀하게 조사되고 연구되어져야 한다.

헤이스(J. H. Hayes)는 이사야 주석을 저술하면서 이사야의 예언을 설교로 이해하여 주석서 제목을 **이사야, 그의 시대와 그의 설교**로 붙였다.[2] 설교를 하기 위해서는 당시의 특수한 역사적 사회적 상황, 당면한 문제들, 설교자와 청중이 공감하고 있는 생각들 등을 염두에 두면서 설교해야 한다. 이처럼 예언자들도 당시의 상황 속에서 설교하듯이 청중들을 향해서 하나님의 뜻을 전달한 것이다.

그런데 예언자들은 오늘날의 설교자보다 훨씬 더 열악한 상황 속에서 예언을 선포하였다. 엄숙하고 준비된 성도들 앞에서 설교하는 것이 아니라 산만하고 소음이 들려오는 성전 앞에서나 심지어 길거리에서 외쳤던 사람들이 예언자들이었다. 따라서 산만한 청중들을 주목시키기 위해서는 예언자 특유의 수사학적 전달 기술을 발휘해야만 했다. 이러한 필요에 의해서 예언자들은 감각언어를 집중적으로 사용하여 흥미있는 예언, 주목받을 수 있는 예언이 되도록 하였다.

후기 예언서 가운데 호세아 5:8-6:11과 이사야 59장을 감성적 해석 방법으로 해석하고자 한다. 감성적 해석 방법은 성경 안에 있는 다양한 감각언어를 주목하고 성경 내용의 감각적 요소를 분석하고 감각언어를 해석의 단서로 활용하는 방법론이다.[3] 고대 철학자는 인간의 감각을 영혼의 창이라 하였다. 인간의 감각을 전통적으로 다섯 가지 감각(시각, 청각, 촉각, 미각, 후각)으로 나누고 있고 운동감각과 평형감각은 별도의 감각으로 분류하기도 한다.

요한 1서에는 생명의 말씀 즉 하나님의 말씀을 "우리가 들은 바요 눈으로 본 바요 주목하고 우리 손으로 만진 바라"(요한1서 1:1)고 표현하고 있다. 물론 말씀이 육신이 된 예수 그리스도의 사건을 가리켜 한 말이지만 말씀이 청각, 시각, 촉각으로 느낄 수 있는 것임을 지적한 중요한 구절이다. 예언자들의 경우를

2 J. H. Hayes, and S. A. Irvine, *Isaiah, His Times & His Preaching: The Eighth-century Prophet,* (Nashville: Abingdon Press, 1987).

3 정중호, **새로운 성경해석 한국적 해석 서론** (계명대학교출판부, 2010) 240-252.

살펴보면 처음부터 문자를 활용한 것이 아니었음을 발견할 수 있다. 예언자들은 청중 앞에서 소리 높여 외치는 사람들이었다. 청각과 시각을 활용한 것이다. 때로는 상징적인 행동을 통해서 하나님의 마음을 전달하는 사람들이 예언자였다.[4] 예레미야는 줄과 멍에를 목에 매고 거리를 다니면서 앞으로 닥칠 재앙과 포로의 상황을 예언하였다(렘 27:1-22). 시각과 촉각과 운동감각을 활용한 것이다. 에스겔은 하나님의 말씀이 적힌 두루마리를 먹는 상징적 행동을 하였고(겔 3:1-3), 떨면서 음식을 먹고 놀라 근심하면서 물을 마시는 행동을 함으로서 재난을 예언하기도 하였다(겔 12:17-20). 미각과 촉각과 시각, 그리고 운동감각을 활용한 것이다. 감각은 단독으로 느끼기보다 여러 가지 감각이 어우러져 종합적으로 느끼기 십상이다. 따라서 개별적인 감각언어를 분석할 필요도 있지만 여러 가지 감각이 어우러질 때 느낄 수 있는 감각군(sensory cluster)의 특별한 기능을 눈여겨 보고 종합해야한다.

감각언어를 집중적으로 활용하는 예언자의 모습을 보면서 다시 한번 예언자를 선견자(先見者)로 부르는 호칭에 대해서 생각해 볼 필요가 있다. '선견자'는 히브리어 호제(**חזה**, 삼하 24:11) 혹은 로에(**ראה**, 삼상 9:9) 등을 번역한 것인데 이 용어들은 '보는자(seer)'라는 뜻의 단어들이다. 즉 선견자란 하나님이 제시한 것을 보는 사람이라는 뜻이다. 일반적으로 생각하기를 예언은 말씀이기에 하나님께서 말씀하신 것을 귀로 듣고 전달하는 사람으로 이해하기 쉽다. 그러나 예언자들은 오히려 '내가 본 것을 전한다'고 강조하고 있다. 이사야는 다음과 같이 시작하고 있다.

> 아모스의 아들 이사야가 유다왕 웃시야와 요담과 아하스와 히스기야 시대에 유다와 이스라엘에 관하여 본 이상이라. (사 1:1)

4 참조: Kelvin Friebel, *Jeremiah and Ezekiel Sign-Acts: Rhetorical Nonverbal Communication,* (JSOTS 283; Sheffield: Sheffield Academic Press, 1999).

여기에 사용된 단어 '이상'은 '보다'라는 뜻의 동사 히브리어 '하자(חזה)'의 명사형 '하존(חזון)'이다. 이사야 전체가 눈으로 본 이미지에 그 기원을 두고 있음을 밝힌 것이다. '보았다'는 점을 강조한 것은 예언자가 생생하게 보았고 확신하고 있다는 점을 강조한 것이기도 하다.

후기 예언서 해석의 마지막 부분은 미가 6장을 해석하는 것으로 마무리할 예정이다. 이미 선포된 예언을 미가가 어떻게 재해석하고 있는지, 그리고 청중과 어떻게 대화하고 있는지를 주목하면서 미가의 예언(설교)을 분석할 것이다. 이러한 분석을 통해 후기 예언자들이 황홀경 속에서 예언하는 예언자들과 확연히 다른 예언자임을 밝힐 것이다.

예언서의 기원에 관해서는 예레미야부터 시작할 것이다. 기원전 2-3세기 경으로 추정되는 사해사본이 발견되었을 때 한 동굴에서 두 종류의 예레미야 사본이 발견되었다. 그런데 놀랍게도 길이에 큰 차이가 있는 사본들이었다. 이러한 차이는 MT(히브리어 구약성경)와 LXX(헬라어 구약성경)의 차이에 고스란히 반영되어 있다. MT는 LXX에 비해 7분의 1정도 길다. 그리고 배열방식도 차이를 보이고 있다. 이러한 차이를 어떻게 설명할 수 있을까? LXX가 MT를 번역하면서 줄인것일까? 일반적으로 원문을 보존하려는 의지가 강하기 때문에 번역자가 원문을 줄이는 경우는 거의 찾아 볼 수 없다. 그렇다면 LXX의 저본이 MT보다 먼저 있었고 MT가 원본을 확대한 것일까? 여러 가지 가능성을 염두에 두면서 MT와 LXX를 비교하여 해답을 찾아 볼 것이다.

나단 신탁은 본문 가운데 통일되지 않는 점들을 발견할 수 있다. 과연 나단 신탁은 그 기원을 다윗시대로 볼 수 있는가? 나단 신탁을 포함한 사무엘하는 신명기사가의 편집활동으로 마무리를 하였다고 볼 수 있는데 신명기사가의 역할을 어느정도 찾아볼 수 있을까? 이러한 질문을 염두에 두면서 나단 신탁의 기원과 편집층을 밝히는 연구를 진행할 것이다.

모세의 노래(신 32장)는 고대의 시로 알려져 있는데 유독히 주전 8세기 후반의 예언서들과 유사한 모습을 찾아볼 수 있다. 특히 호세아와의 유사성이 두드러져 있음을 발견하고 모세의 노래와 호세아와의 유사성을 집중적으로 조명하고자 한다. 이러한 비교를 통해 모세의 노래의 기원을 찾을 수 있는 단서를 발견하기를 희망하며 동시에 호세아의 기원도 찾을 수 있기를 바라는 것이다.

전기 예언자들 가운데는 사무엘과 엘리사를 주목하고자 한다. 사무엘은 예언자였지만 사사이기도 하였다. 사사의 직분은 전쟁시에는 군총사령관이었고, 평화시에는 통치자로서 행정과 사법업무를 담당하였다. 그리고 사무엘은 마지막 사사로서 왕정이 출발할 수 있도록 기름부어 왕을 세웠다. 사울과 다윗 모두 사무엘에게서 기름부음을 받았다. 이것은 예언자가 단순히 거룩한 경내에 갇혀 있는 인물이 아님을 보여주는 것이다. 예언자는 교회 테두리 안에만 있는 것이 아니라 이 세속사회 모든 정치 전반에 걸쳐 관심을 기울이고 그 전체 방향을 제시하는 지도자였다.

사무엘이 나타나는 본문 가운데 사무엘상 12장을 해석하면서, 급속히 변화하는 세태 가운데 종교 지도자가 무엇을 할 수 있는지를 물을 것이다. 이러한 물음을 통해 급변하는 오늘날의 현실 속에서 기독교지도자는 어떻게 지도력을 발휘할 수 있을 것인가에 대한 해답을 듣고자 한다.

엘리사에 대해서는 여러 면으로 조명할 예정이다. 시리아 군대장관 나아만을 만나는 장면에서 시작하여 전쟁과 병자들에 관한 이야기, 수넴 여인과의 만남 등을 해석하려 한다. 나아만이 치유되는 과정에서 예언자 엘리사는 의사가 아니라 하나님의 뜻을 전달하는 임무에 얼마나 충실하고 있는지를 살펴볼 것이다. 전쟁과 병자들에 관한 이야기를 해석할 때는 예언과 경제가 얼마나 밀접히 연관되어 있는지를 살펴볼 것이고, 연약하고 작은 자들이 얼마나 큰 일을 감당하고 있는지를 눈여겨 볼 것이다. 수넴 여인과의 만남은 예언자를 예언자답게 만드는 일련의 과정들을 주목하면서 수넴여인의 역할에 대해서 분석할 것이다. 이 이야기를 해석할 때 여성신학적 해석방법을 활용할 것이며 이야기 비평적 방법도 활용할 것이다.

제1부 예언서의 기원

The origin and interpretation of the prophets

제1장 예레미야 MT의 기원과 LXX

I. 머리말

예레미야 연구 가운데 MT(히브리어 구약성경)와 LXX(헬라어 구약성경)의 차이점으로 인한 문제는 오랜 기간 학자들 간에 논란의 대상이 되어온 중요한 문제이다. 더욱이 MT와 LXX가 공통으로 사용한 하나의 원본(Vorlage)이 있느냐 아니면 다수의 원본들이 있느냐 하는 문제와 만약 편집자(들)가 있다면 그 편집자(들)의 역할이 어떤 것이었으며 편집자(들)의 정체는 무엇이냐 라는 문제가 복합적으로 얽혀져 있어서 쉽게 해결의 실마리를 찾아내기 어려운 형편이다. 이러한 해결의 실마리를 찾는 하나의 노력으로서 본 장에서는 예레미야가 반 다윗 왕조의 사상을 견지했다는 점에 착안하여 다윗 왕조에 관해 언급한 본문들을 검토해 보고자한다. 우선 다윗 왕조에 대하여 언급한 본문 중 MT와 LXX에 공통으로 나타난 본문들을 검토할 것이고, 그다음 LXX에는 없으나 MT에만 나타나는 부분을 검토할 것이다. 그리하여 원본 문제 및 편집자 문제를 해결하는 실마리를 찾아 가능한 범위 안에서 MT의 기원을 찾아보고자 한다.

Ⅱ. 예레미야에 나타나는 다윗의 왕들에 관한 본문들

- MT와 LXX에 공통으로 나타나는 본문들

1. 렘 13:12-14

12 그러므로 너는 이 말로 그들에게 이르기를 이스라엘의 하나님 야
웨의 말씀에 모든 가죽부대가 포도주로 차리라 하셨다 하라. 그
리하면 그들이 네게 이르기를 모든 가죽부대가 포도주로 찰 술을
우리가 어찌 알지 못하리요 하리니,
13 너는 다시 그들에게 이르기를 야웨의 말씀에 보라 내가 이 땅의
모든 주민과 다윗의 왕위에 앉은 왕들과 제사장들과 선지자들과
예루살렘 모든 주민으로 잔뜩 취하게 하고,
14 또 그들로 피차 충돌하여 상하게 하되 부자 사이에도 그러하게
할 것이라. 내가 그들을 불쌍히 여기지 아니하며 사랑하지 아니하
며 아끼지 아니하고 멸하리라 하셨다 하라. 야웨의 말씀이라.

12-13절은 "중독"이라는 주제를 강조하는 격언적인 단위로 구성되어 있으며 14절은 중독의 결과로 나타나는 "부서짐"이란 현상을 묘사하고 있다. 바이저(Weiser), 루돌프(Rudolph), 바이퍼트(Weippert), 할러데이(Holladay) 등의 주석가들은 이 본문 전체를 예언자 예레미야의 것으로 돌리고 있으며 다양한 사회 계층들을 구분해 놓은 13b절만 제외시키고 있다. 그러나 캐롤(Carroll)은

13b절과 14절을 신명기 학파의 편집자에게 돌리고 있다.[5] 본문에서, 다양한 사회 계층에 대해 이야기하는 13b절은 "이 땅에 거하는 모든 사람들" 이라는 구절을 좀 더 상세히 설명해 놓은 것으로서 후대에 첨가된 것으로 보인다. 그러나 14절은 12-13a절의 결과로서 생긴 현상이지 후대에 첨가된 것으로 보기는 어렵다.

"모든 술 항아리는 술로 채워질 것이다"라는 속담이 들어있는 이 본문은 '중독'이라는 모티프(Motif)에 대해 이야기하고 있는데, 이 모티프는 치명적인 야웨의 진노를 의미한다(참조: 렘 25:15f, 27; 48:26).[6] 야웨의 진노는 "이 땅에 거하는 모든 사람들" 에게 내려지며 그 가운데는 다윗의 왕좌에 앉아있는 왕들도 포함되어 있다. 따라서 다윗 가문의 왕들도 재앙의 한 복판에 서 있으며 제외되거나 하나님의 특별한 자비의 혜택을 받지 못한다. 야웨께서 다윗 가문의 왕들을 중독 시키신다!

2. 렘 17:19-27

19 야웨께서 내게 이와 같이 말씀하시되 너는 가서 유다 왕들이 출입하는 평민의 문과 예루살렘 모든 문에 서서
20 무리에게 이르기를 이 문으로 들어오는 유다 왕들과 유다 모든 백성과 예루살렘 모든 주민인 너희는 야웨의 말씀을 들을지어다.
21 야웨께서 이와 같이 말씀하시되 너희는 스스로 삼가서 안식일에 짐을 지고 예루살렘 문으로 들어오지 말며

5 R. P. Carroll, *Jeremiah*, (Philadelphia: The Westminster Press, 1986) 298.
6 W. Mckane, "Jeremiah 13:12-14: A Problematic Proverb," in *Israelite Wisdom*, J. G. Gammie et al. ed., (Scholars, 1978) 107.

22 안식일에 너희 집에서 짐을 내지 말며 어떤 일이라도 하지 말고 내가 너희 조상들에게 명령함 같이 안식일을 거룩히 할지어다.
23 그들은 순종하지 아니하며 귀를 기울이지 아니하며 그 목을 곧게 하여 듣지 아니하며 교훈을 받지 아니하였느니라.
24 야웨의 말씀이니라. 너희가 만일 삼가 나를 순종하여 안식일에 짐을 지고 이 성문으로 들어오지 아니하며 안식일을 거룩히 하여 어떤 일이라도 하지 아니하면
25 다윗의 왕위에 앉아 있는 왕들과 고관들이 병거와 말을 타고 이 성문으로 들어오되 그들과 유다 모든 백성과 예루살렘 주민들이 함께 그리할 것이요 이 성은 영원히 있을 것이며
26 사람들이 유다 성읍들과 예루살렘에 둘린 곳들과 베냐민 땅과 평지와 산지와 네겝으로부터 와서 번제와 희생과 소제와 유향과 감사제물을 야웨의 성전에 가져오려니와
27 그러나 만일 너희가 나를 순종하지 아니하고 안식일을 거룩되게 아니하여 안식일에 짐을 지고 예루살렘 문으로 들어오면 내가 성문에 불을 놓아 예루살렘 궁전을 삼키게 하리니 그 불이 꺼지지 아니하리라 하셨다 할지니라 하시니라.

이 본문은 국가의 흥망이 안식일 법을 준수하느냐 아니하느냐에 달려있다는 조건적인 면을 강조하고 있다. 조건 절은 "만약 너희들이 참으로 나를 청종한다면"이라는 강한 표현으로 되어있으며 이 조건문의 귀결은 다윗 왕좌, 성전, 그리고 예루살렘 등이 회복되리라고 제시하고 있다. 그러나 만약 야웨를 불순종하면 비참한 파멸이 도래하며 끌 수 없는 야웨의 불이 모든 것을 태워 삼켜 버릴 것이라고 경고하고 있다. 이 본문의 시대적 배경에 대해 학자들마다 다른 견

해를 제시하고 있다. 할러데이(Holladay)[7]와 캐롤(Carroll)[8]은 느헤미야시대(느 13:15-18)에 가까운 주전 5세기 후반으로 보았으며 앤더슨(N. A. Andreasen)[9]은 주전 6세기 중반 이전이라고 주장하였다. 한편 브라이트(Bright)는 예레미야 자신의 것으로 주장하였다.[10] 그러나 샤퍼(Shafer)는 이 본문이 예레미야의 신탁임을 가정하였다.[11] 필자 역시 이 본문이 예레미야 자신의 것으로 주장하는데 그 이유는 안식일 제도가 고대의 제도이며 일을 하지 않고 쉬는 제도 역시 오래된 전통이기 때문이다(출 34:21a).

안식일을 준수함으로써 예루살렘은 가장 큰 복을 받게 되는데 그 복의 내용은 그 도시가 거주지로 영원히 계속될 것(25b절)이라는 것이다. 또한 예루살렘은 다윗 왕들과 그들의 신하들을 초대하는 초청자의 역할을 할 뿐만 아니라 이스라엘 온 땅으로 부터 오는 무리들을 맞이하는 주인 역할을 한다는 것이다. 동시에 예루살렘 성전도 나라의 중앙 성소로서의 자리를 굳힐 수 있게 되는 것이다. 25절에 나오는 "왕좌에 앉는다"라는 구절은 '왕위에 오른다' 혹은 '통치한다'라는 의미의 전유(轉喩)현상이며, "병거에 탄다"라는 구절도 단순한 운송을 의미하는 것이 아니라 통치자의 상징적 행동으로 이해된다.[12] 또한 다윗 왕조의 존립이 안식일 법을 준수하느냐 아니하느냐에 달려 있다는 조건적인 면을 강조할 때 예레미야가 다윗 왕조의 무조건적인 영속성을 나타내는 특수한 구절인 "다윗의 보좌(כסא דוד 키세 다위드)"를 이용한 점이 특이하다.

7 W. L. Holladay, *Jeremiah* 1, (Hermeneia; Philadelphia: Fortress Press, 1986) 509.
8 R. P. Carroll, op. cit., 368.
9 N. A. Andreasen, *The Old Testament Sabbath*, (SBLDS, 1972) 34.
10 J. Bright, *Jeremiah*, (AB, Doubleday & Co., 1965) 120.
11 B. E. Shafer, "Sabbath," *IDBS*, 760-762.
12 W. Barrick, "The meaning and usage of RKB in Biblical Hebrew," *JBL* 101(1982) 491.

3. 렘 21:11-12

11 유다 왕의 집에 대한 야웨의 말을 들으라.
12 야웨께서 이와 같이 말씀하시니라. 다윗의 집이여 너는 아침마다
정의롭게 판결하여 탈취 당한 자를 압박자의 손에서 건지라. 그리
하지 아니하면 너희의 악행 때문에 내 분노가 불 같이 일어나서
사르리니 능히 끌 자가 없으리라.

12절에 나타나는 "유다 왕가에 관하여"라는 표제는 렘 23:9a에 있는 "예언자들에 관하여"라는 표제와 상응될 수 있으므로 렘 21:11-23:8은 동일한 성격을 가진 문장 단위들의 집합체임을 알 수 있다. 그리고 렘 21:11-12는 왕실의 행동에 초점을 맞춘 수집물(렘 21:11-23:8) 가운데 처음 부분이다. 브라이트(Bright)가 11-14절 전체를 하나의 문장 단위로 보았지만 11-12절과 13-14절은 서로 다른 두 개의 단위임을 다음과 같은 사실에서 짐작할 수 있다. 즉 12절에는 남성 복수형이 사용되었지만 13-14절에는 여성 단수형이 사용되었으며, 12절의 중심점은 '다윗 왕가의 정의로움'이지만 13-14절에서는 '어떤 도시를 자랑'하는가에 초점을 맞추고 있다. 따라서 본 저자는 11-12절을 하나의 독립된 문장 단위로 간주할 수 있다.

"다윗의 집"(12a 절)이란 바로 다윗 왕조를 의미하며 이 왕조의 가장 큰 임무는 정의를 실현시키는 일이다. 정의를 실현한다는 것은 고대 근동의 왕들에게는 가장 큰 의무 중에 하나였다. "아침"(12a절)이라는 단어에는 재판이 오전에 열리는 관습(삼하 15:1-6)이 반영되어 있음을 볼 수 있다. 야웨의 심판은 '불'의 모티프와 관련이 있으며(렘 4:4; 17:4, 27; 21:12, 14; 43:12; 49:27) 특히 다윗 왕조가 공동체 속에서 하나님의 노여움을 사는 원흉으로 나타나고 있다.

4. 렘 22:1-5

> 1 야웨께서 이와 같이 말씀하시되 너는 유다 왕의 집에 내려가서 거기에서 이 말을 선언하여
> 2 이르기를 다윗의 왕위에 앉은 유다 왕이여 너와 네 신하와 이 문들로 들어오는 네 백성은 야웨의 말씀을 들을지니라.
> 3 야웨께서 이와 같이 말씀하시되 너희가 정의와 공의를 행하여 탈취 당한 자를 압박하는 자의 손에서 건지고 이방인과 고아와 과부를 압제하거나 학대하지 말며 이 곳에서 무죄한 피를 흘리지 말라.
> 4 너희가 참으로 이 말을 준행하면 다윗의 왕위에 앉을 왕들과 신하들과 백성이 병거와 말을 타고 이 집 문으로 들어오게 되리라.
> 5 그러나 너희가 이 말을 듣지 아니하면 내가 나를 두고 맹세하노니 이 집이 황폐하리라. 야웨의 말씀이라.

캐롤(Carroll)은 이 본문이 렘 21:11-12의 변형된 시문 형태이며 신명기적인 문체로 된 설교 형태라 주장하면서 신명기 학파에 의해 편집된 부분이라고 결론을 내렸다.[13] 그러나 할러데이(Holladay)는 여호야김 통치 초기에 예레미야가 말한 부분이라고 주장하면서 다음과 같은 구절들이 신명기 학파에 의한 것이 아님을 제시하였다: "학대하다", "황폐 시키다", "내가 나로 맹세하다."[14] 필자도 할러데이의 주장에 동의하며 또한 다윗의 보좌라는 구절을 두 번이나 사용하

13 이 본문은 모빙켈(Mowinckel)의 C자료 중 대표적인 것이다. 루돌프(Rudolph)와 바인펠트(Weinfeld)도 캐롤(Carroll)과 같이 주장하고 있다.

14 W. L. Holladay, op. cit., 610.

면서 조건적인 계약임을 강조하는 형태는 렘 17:19-27에서 보여주는 것과 유사하다는 점을 지적하면서, 이 본문을 예레미야 자신의 것으로 간주한다.

이 본문은 렘 17:19-27과 같이 다윗 왕조의 존립이 정의와 공의를 실행하느냐 하지 않느냐에 달려 있음을 보여주고 있다. 특히 사회 정의를 강조함에 있어 사회의 억압 받는 계층 즉 탈취 당한 자, 나그네, 고아와 과부 등을 보호해야 함을 말하고 있다. 또한 예언자의 말을 경청하지 않으면 왕궁과 왕조가 함께 폐허가 됨을 경고하고 있으며 야웨가 맹세하는 말 가운데는 다윗 왕조가 완전히 멸망당할 수도 있음을 발견할 수 있다. 그러므로 다윗 왕들도 평민들과 마찬가지로 "계약의 법"(출 22:20-23)을 준수해야 하며 이 법을 준행하지 않을 때는 엄청난 형벌을 받게 되는 것이다.

5. 렘 22:28-30

28 이 사람 고니야는 천하고 깨진 그릇이냐 좋아하지 아니하는 그릇
이냐 어찌하여 그와 그의 자손이 쫓겨나서 알지 못하는 땅에 들
어갔는고
29 땅이여, 땅이여, 땅이여, 야웨의 말을 들을지니라.
30 야웨께서 이와 같이 말씀하시니라 너희는 이 사람이 자식이 없겠
고 그의 평생 동안 형통하지 못할 자라. 기록하라. 이는 그의 자손
중 형통하여 다윗의 왕위에 앉아 유다를 다스릴 사람이 다시는
없을 것임이라 하시니라.

이 본문에는 여호야긴의 자식이 없으리라고 예언하고 있다. 그러나 실제로 여호야긴에게는 자식들이 있었다. 역대상 3:17에는 일곱 명의 명단이 나오지만

바벨론 문서에는 적어도 다섯 아들을 위한 양식이 제공되어졌다고 기록되어 있다.[15] 하지만 다윗의 보좌에 앉은 아들이 없었다는 점에서 자식이 없다는 이야기는 가능할 것이다. 시드기야 왕 시대에 유다 사람들 중에는 시드기야가 왕으로 임명된 것을 받아들이지 않으려는 사람들이 많았다. 이러한 시점에서 예레미야는 여호야긴이 돌아와서 다윗 왕조를 회복시키리라는 희망을 불식시키려 하고 있다. 이렇게 시대적 배경과 적절히 연관되는 이 본문을 캐롤(Carroll)과 같이 스룹바벨의 왕위에 대한 야망을 불식시키려는 것으로(대상 3:17 이하) 보기는 어려우며 할러데이(Holladay)와 같이 주전 597년 겨울 혹은 여름에 선포된 예레미야의 예언으로 보는 것이 보다 더 타당할 것이다.[16] 예레미야는 여기서도 역시 "다윗의 보좌"라는 특수한 구절을 사용하면서 다윗 왕조의 종말을 역설적으로 강조하고 있다.

6. 렘 23:5-6

5 야웨의 말씀이니라. 보라! 때가 이르리니 내가 다윗에게 한 의로운 가지를 일으킬 것이라. 그가 왕이 되어 지혜롭게 다스리며 세상에서 정의와 공의를 행할 것이며 형통하며
6 그의 날에 유다는 구원을 받겠고 이스라엘은 평안히 살 것이며 그의 이름은 야웨 우리의 공의라 일컬음을 받으리라.

이 본문에서의 가장 중요한 쟁점은 예레미야가 시드기야를 지지하고 있느냐 아니면 "의로운 가지" 즉, 미래의 어떤(다윗 왕가의) 인물에 기대를 하고 있느

15 ANET., 308.
16 W. L. Holladay, op. cit., 446.

냐 하는 것이다. 브라이트(Bright)는 이 신탁이 예레미야 초기에 선포된 것으로 예레미야가 시드기야에 희망을 걸고 있는 것이 아니라 "의로운 가지"에 희망을 걸고 있다고 주장하였다. 할러데이(Holladay)는 이 신탁이 주전 587년에 선포된 것으로 주장하며 예레미야가 시드기야를 의롭지 않게(합법적이 아니라고) 보고 있음을 지적하였다. 그러나 예레미야는 시드기야가 아닌 여호야긴이 적법한 왕이 아님을 선언하였고(렘 22:24) 여호야긴이 바벨론에서 돌아오리라고 기대하는 무리들에게 그러한 기대를 하지 않도록 종용하였다(렘 22:28-30). 그 당시 예루살렘의 분위기는 시드기야를 의심스럽게 보는 상태였으므로 예레미야가 시드기야의 합법성을 지지할 가능성이 높다. 바벨론 왕 느부갓네살이 시드기야를 유다왕으로 임명할 때 원래의 이름인 맛다냐(מתניה 야웨의 선물)라는 이름을 시드기야(צדקיהו 야웨는 나의 의)로 변경시켰는데 (왕하 24:17) 그 이유는 시드기야라는 이름 자체의 의미가 합법적인 왕임을 대변해주기 때문이었다. 더구나 6b절의 이름인 "야웨는 우리의 의(יהוה צדקנו)"가 LXX에서는 "Ιωσεδεκ (יצדק 혹은 יהצדק)"으로 나와 있으며 리핀스키(Lipinski)의 주장처럼 이 이름은 시드기야의 또 다른 형태의 이름일 수 있다.[17] 캐롤(Carroll)도 이 본문이 시드기야를 합법화시키고 통치를 안정시키려는 목적으로 쓰여졌다고 주장하였다. [18] 아마도 이 본문은 시드기야의 취임식에서 시드기야가 합법적인 왕임을 지지하려는 목적으로 말해진 신탁일 것이다. 이 본문에서는 다윗 왕조의 영속성이 강조된 것이 아니라 새로운 왕 시드기야의 합법성이 강조되어졌다.

17 E. Lipinski, "Etudes sur des texts messianiques de l'Ancien Testament," *Semitica* 20(1970) 53f.

18 R. P. Carroll, op. cit., 610.

7. 렘 30:8-9

8 만군의 야웨의 말씀이라 그 날에 내가 네 목에서 그 멍에를 꺾어
버리며 네 포박을 끊으리니 다시는 이방인을 섬기지 않으리라.
9 그들은 그들의 하나님 야웨를 섬기며 내가 그들을 위하여 세울
그들의 왕 다윗을 섬기리라.

이 본문은 시문체인 5-7절과 10-11절 사이에서 그 두 문장 단위들을 연결시키는 산문체이며 편집자의 삽입문으로 이해된다. 이 본문은 외국인의 노예상태에 있는 백성을 해방시키리라는 희망을 이야기해주고 있다. 이 편집자는 이사야 10:27a에 있는 구절을 사용한 흔적을 엿볼 수 있으며 9절에서는 호세아 3:5를 사용한 것 같다.[19] 그러나 호세아가 피력한 희망과 동일한 희망이라는 것은 아니다. 이 본문에서는 다윗 왕조의 회복이라는 희망이 외국인의 압박에서 이스라엘을 해방시킨다는 희망과 결합되어있다. 스러져버린 다윗 왕조를 회복시킨다는 것은 주전 586년 이후의 집단이 소망했던 희망 사항인 것이다. 그러나 예레미야는 이러한 희망을 품지 않았다. 그는 다윗 왕가의 후손이 아닌 그달리야 왕을 지지했던 것이다.

19 볼프(H. W. Wolff)는 주장하기를 '그들의 왕 다윗'(호 3:5)이란 구절은 유대교의 메시아적 종말론에서 기원한 유대교 편집자의 첨가 부분이라고 하였다. 그러나 에머슨(G. I. Emmerson, "Hosea: An Israelite Prophet in Judean Perspective," JSOTSup 28(1984))은 호세아 3:5을 호세아 자신의 것으로 본다.

20 그들이 두루마리를 서기관 엘리사마의 방에 두고 뜰에 들어가 왕
께 나아가서 이 모든 말을 왕의 귀에 아뢰니
21 왕이 여후디를 보내어 두루마리를 가져오게 하매 여후디가 서기
관 엘리사마의 방에서 가져다가 왕과 왕의 곁에 선 모든 고관의
귀에 낭독하니
22 그 때는 아홉째 달이라 왕이 겨울 궁전에 앉았고 그 앞에는 불 피
운 화로가 있더라.
23 여후디가 서너 쪽을 낭독하면 왕이 칼로 그것을 연하여 베어 화
로 불에 던져서 두루마리를 모두 태웠더라.
24 왕과 그의 신하들이 이 모든 말을 듣고도 두려워하거나 자기들의
옷을 찢지 아니하였고
25 엘라단과 들라야와 그마랴가 왕께 두루마리를 불사르지 말도록
아뢰어도 왕이 듣지 아니하였으며
26 왕이 왕의 아들 여라므엘과 아스리엘의 아들 스라야와 압디엘의
아들 셀레먀에게 명령하여 서기관 바룩과 선지자 예레미야를 잡
으라 하였으나 야웨께서 그들을 숨기셨더라.
27 왕이 두루마리와 바룩이 예레미야의 입을 통해 기록한 말씀을 불
사른 후에 야웨의 말씀이 예레미야에게 임하니라 이르시되
28 너는 다시 다른 두루마리를 가지고 유다의 여호야김 왕이 불사른
첫 두루마리의 모든 말을 기록하고
29 또 유다의 여호야김 왕에 대하여 이와 같이 말하기를 야웨의 말
씀에 네가 이 두루마리를 불사르며 말하기를 네가 어찌하여 바벨

론의 왕이 반드시 와서 이 땅을 멸하고 사람과 짐승을 이 땅에서
없어지게 하리라 하는 말을 이 두루마리에 기록하였느냐 하도다.
30 그러므로 야웨께서 유다의 왕 여호야김에 대하여 이와 같이 말씀
하시니라. 그에게 다윗의 왕위에 앉을 자가 없게 될 것이요 그의
시체는 버림을 당하여 낮에는 더위, 밤에는 추위를 당하리라.
31 또 내가 그와 그의 자손과 신하들을 그들의 죄악으로 말미암아
벌할 것이라 내가 일찍이 그들과 예루살렘 주민과 유다 사람에게
그 모든 재난을 내리리라 선포하였으나 그들이 듣지 아니하였느
니라.
32 이에 예레미야가 다른 두루마리를 가져다가 네리야의 아들 서기
관 바룩에게 주매 그가 유다의 여호야김 왕이 불사른 책의 모든
말을 예레미야가 전하는 대로 기록하고 그 외에도 그 같은 말을
많이 더 하였더라.

이 본문은 그 유명한 "불타는 두루마리"에 대해서 이야기 해주는 장이다. 다윗 왕조에 대한 이야기는 렘 36:30과 22:30에도 비슷하게 나타나는데 그것은 다윗의 보좌에 앉을 왕위 계승자가 없어질 것이라는 내용이다. 왕의 몸이, 여호야김의 시체가 내동댕이쳐지는(משלכת) 모습은(렘 36:30) 두루마리가 화로 불에 던져지는(השלך) 모습과(렘 36:23) 대비되어 나타난다.

또한 렘 22:18-19에도 여호야김의 운명에 대해 비슷하게 예언하는 장면이 나온다. 이러한 예언은 실제적으로는 왕을 암살하려는 분위기를 고조시키는 수사학적인 호소의 기능을 발휘하게 된다.[20] 그러나 예레미야의 예언은 실패하였

20 J. M. Miller & J. H. Hayes, *A History of Ancient Israel and Judah*, (Philadelphia: The Westminster Press, 1986), 406.

고 성취되지 않았다. 여호야김의 아들, 여호야긴이 예루살렘에서 왕위를 계승하였으며 여호야김은 자연사(自然死)를 하였다: “여호야김이 그 열조와 함께 자매 그 아들 여호야긴이 대신하여 왕이 되니라”(왕하 24:6). 확실히 예레미야는 다윗 왕조의 영속을 희망하기 보다는 다윗 왕가에 내려질 재앙을 선포하였다.

9. 결론

이제까지 살펴본 본문들에 의하면 예레미야가 “영원한 다윗 왕조”라는 이데올로기를 지지하지 않았음이 분명하다. 오히려 예레미야는 다윗 왕들이 하나님의 진노의 원인이 되며(렘 21:11-12), 하나님의 진노의 대상이 되어 “중독” 될 것이라고(렘 13:12-14) 선포하였다. 또한 예레미야는 다윗 왕가의 후손들인 여호야김(렘 30:30)과 여호야긴(렘 22:28-30)에게 다윗의 보좌에 앉을 아들이 없을 것이라고 선포하였다. 이러한 예언에 의하면 다윗 가문의 왕들은 죽임을 당하거나 다윗의 계열이 끊어지게 되는 것이다. 예레미야는 다윗 왕조가 지속되는 것은 무조건적으로 되는 일이 아니라 철저히 조건적임을 강조하였다. 안식일 법을 준수할 때(렘 17:19-27)와 정의를 실행할 때(렘 22:1-5)만 다윗 왕조가 지속되며 그렇지 않을 때는 “내가(야웨가) 나로 맹세하노니 이 집이 황무하리라”(렘 22:5).

Ⅲ. 다윗의 보좌 (כסא דוד 키세 다위드)

"다윗의 보좌"라는 특수한 구절은 구약 성경에서 38번 나타나며 그 중 절반 가량(17번)이 다윗과 솔로몬 시대를 배경으로 하는데 주로 다윗 자신의 보좌를 가리키고 있다. 또한 예레미야에서는 8번 나타나고 있다. 예레미야 외의 다른 책에서는 이 구절이 영원한 다윗 왕조의 사상 즉 무조건적인 다윗 왕조의 사상과 언제나 함께 나타나며 조건적인 다윗 왕조의 사상이 나타날 때는 다른 구절 "이스라엘의 보좌(כסא ישׂראל)"가 항상 동반 된다. 이러한 현상으로 미루어 볼 때 "다윗의 보좌"라는 특수한 구절은 영원한 다윗 왕조의 사상과 연결된 전문적 용어임을 알 수 있다.

그런데 예레미야에서는 이 구절이 영원한 다윗 왕조의 사상과 함께 나타나는 것이 아니라 조건적 다윗 왕조의 사상과 같이 나타나고 있다. 예를 들면 조건적 다윗 왕조의 사상(렘 17:19-27; 22:1-5), 야웨의 진노를 받는 다윗 왕조(13:12-14), 사형 선고를 받는 다윗 왕조의 왕들(렘 22:28-30; 36:1-32), 그리고 야웨가 칼을 들고 다윗 왕조의 왕들을 쫓아가는(렘 29:16-20) 경우들이다. 왜 예레미야가 하필이면 그 특수한 "다윗의 보좌" 라는 구절을 사용하여 다윗 왕조의 왕들을 비판하였는가? 예레미야는 영원한 다윗 왕조의 이데올로기를 누구보다도 잘 알고 있었고 이 사상이 예루살렘의 백성들의 교만한 마음속 중심부에 자리 잡고 있으며 이 사상이 바로 선부른 민족주의로 백성을 오도하고 있는 장본인임을 알고 있었다. 예루살렘 백성들은 다윗 왕조가 지속되는 것이 하나님의 자비에 의한 것임을 깨닫지 못하였다. 이러한 상황에서 예레미야는 잘못 이해된 영원한 다윗 왕조의 사상을 "다윗의 보좌" 라는 구절을 통해 제시하면서 다윗 왕조도 재앙의 한복판에 서있음을 깨우쳐 주려는 것이고, 더 나아가서 예루살렘 백성들에게 닥칠 큰 심판을 예언한 것이다. 마치 공을 높이 올려서 아래로 힘차게 내려치는 것과 같이 예레미야는 다윗 왕조의 이데올로기를 높이 올려

한꺼번에 내려쳐버린 것이다. 예레미야는 수사학의 기법을 활용하여 심도 깊게 청중의 가슴 속에 충격을 준 것이다.

IV. MT와 LXX의 차이

이 장에서는 MT와 LXX에 동시에 나타나는 다윗 왕들에 관한 본문들 가운데서 MT와 LXX가 완전히 일치하지 않고 어떤 점에서 차이를 보이고 있음을 주목하면서 그 차이점들과 그 이유들을 밝혀 보고자 한다.

제 II장에서 살펴 본바와 같이 이 본문들은 반 다윗 왕조의 경향이 뚜렷하다. MT는 이러한 경향을 유지하고 있지만 LXX에는 LXX의 편집자의 손길에 의해서 이 경향을 모호하게 만들거나 약화시켜 다른 주제들과 조화시킨 흔적을 볼 수 있다. 예를 들면 13:13b가 그런 경우이다. MT는 특수한 전문 구절을 사용하여 "다윗의 보좌에 앉을 왕들"로 되어 있지만 LXX의 편집자는 전치사 ל를 "아들" 이란 뜻의 בן으로 변경시켜 다윗의 위에 앉을 다윗의 아들들인 "그들의 왕들"이라고 고쳐놓았다. 이렇게 함으로써 하나님의 진노인 "중독"이 여러 세대에 걸쳐 일어나게 되었고, 14절의 "부자간의(충돌로 상하게 된)다"는 내용과 쉽게 조화될 수 있게 된다. 동시에 LXX는 특수한 전문 구절인 다윗의 보좌에 집착하지 않고 있음을 볼 수 있다. 또한 LXX 편집자는 예루살렘 모든 거민이라는 MT의 구절에다 "유다"를 첨가함으로써 13a절에 있는 이 땅의 모든 거민이라는 구절과 완전히 조화시켰다.[21]

렘 13:13b에서 보여 준 바와 같이 LXX는 자신의 편집자의 손길에 의해 원래의 '어려운 읽기' 를 '쉬운 읽기'로 변경시킨 사실을 볼 수 있으며 이러한 사

21 J. G. Janzen, *Studies in the Text of Jeremiah,* (HSM 6, 1973), 63.

실을 볼 때 LXX가 MT보다 더 우수하다는 견해는 타당하지 않다. 렘 22:4와 렘 30:8에서도 비슷한 경우를 볼 수 있다. 렘 22:4에서는 MT가 단수 삼인칭인 "그와 그의 신하 및 그의 백성"으로 어려운 읽기 인데 비해 LXX는 복수 삼인칭인 "그들과 그들의 신하 및 그들의 백성"으로 표기된 쉬운 읽기로 되어있다. 렘 30:8에서도 비슷한 현상이 일어나는데 LXX는 MT의 2인칭 단수를 3인칭 복수로 변경시켜 쉬운 읽기로 만들고 있다: "네 목 대신에 그들의 목, 네 줄들 대신에 그들의 줄들."

또한 MT의 편집자가 첨가한 부분이 나타나는데 그것은 "야웨께서 이르시기를"하는 소위 사자 문체 서두에 나오는 구절이다(렘 13:12a; 22:30). 그리고 렘 22:28에는 여러 단어들과 구절들이 MT 편집자의 손으로 첨가된 것이 발견되는데 특히 "기구", "깨어짐", "이 사람" 그리고 "그와 그의 아이들" 등 대상 3:17에 나타나는 용어들과 비슷한 용어들이 MT 편집자에 의해 첨가된 현상을 발견할 수 있다.

이상에서 살펴본 바에 의하면 LXX와 MT 모두 서로 다른 편집자의 손길이 있었음을 발견할 수 있고, 아마도 예레미야의 원본(Vorlage)이 있었으며 그것을 LXX가 번역한 것으로 짐작되어진다. 특별히 MT 편집자는 역대기의 저자가 있었던 시대와 같은 시대의 사람으로 보인다.

V. MT에만 나타나는 다윗 왕들에 관한 본문들

1. 렘 29:16-20

16 다윗의 왕좌에 앉은 왕과 이 성에 사는 모든 백성 곧 너희와 함께 포로 되어 가지 아니한 너희 형제에게 야웨께서 이와 같이 말씀하셨느니라.
17 만군의 야웨께서 이와 같이 말씀하시되 보라 내가 칼과 기근과 전염병을 그들에게 보내어 그들에게 상하여 먹을 수 없는 몹쓸 무화과 같게 하겠고
18 내가 칼과 기근과 전염병으로 그들을 뒤따르게 하며 그들을 세계 여러 나라 가운데에 흩어 학대를 당하게 할 것이며 내가 그들을 쫓아낸 나라들 가운데에서 저주와 경악과 조소와 수모의 대상이 되게 하리라.
19 야웨의 말씀이니라. 너희들이 내 말을 듣지 않았기 때문이니라 내가 내 종 선지자들을 너희들에게 꾸준히 보냈으나 너희는 그들의 말을 듣지 않았느니라. 야웨의 말씀이니라.
20 그런즉 내가 예루살렘에서 바벨론으로 보낸 너희 모든 포로여 야웨의 말씀을 들을지니라.

이 본문은 LXX에는 없지만 루시안 역본에는 나타나는데 본문의 순서가 14, 16-20, 15, 21-23절 등의 순서로 되어 있다. 토브(E. Tov)는 MT의 편집자가 이 본문을 첨가시켰다고 말하면서 렘 11:7-8, 그리고 렘 27:7, 13-14a 등에서와 같은 신명기 학파의 용어들이 많이 포함되어 있다고 주장하였다. 토브(E. Tov)

는 그 편집자가 신명기 학파 중의 한 사람이거나 아니면 단순히 그 스타일을 모방한 사람일 것이라고 주장하였다.[22] 그러나 얀젠(J. G. Janzen)은 16-20절이 중자탈오(重字脫誤) 현상, 특히 homoioteleuton 현상으로 인해 누락된 것이라 주장하였다.[23] 하이야트(J. P. Hyatt) 역시 서기관의 실수 때문에 이 본문이 LXX에서 누락되었다고 제안하였다.[24] 아마도 서기관의 눈이 20절 끝 단어인 בבלה를 15절 끝에 있는 똑 같은 단어인 בבלה로 오인하여 결국 16-20절 본문을 누락 시킨 것으로 짐작된다. 더구나 이 본문은 반 다윗 왕조의 사상을 담고 있다. 이 본문은 예루살렘에 남아있는 "악한 무화과"에 대한 심판의 말로써 야웨가 칼을 들고 추격하는 것으로 되어 있는데 다윗 왕이 여기에 포함되어 있는 것이다. 그러므로 이 본문은 MT와 LXX에 공통으로 나타나는 본문으로 간주된다.

2. 렘 33:14-26

14 야웨의 말씀이니라. 보라 내가 이스라엘 집과 유다 집에 대하여 일러 준 선한 말을 성취할 날이 이르리라.
15 그 날 그 때에 내가 다윗에게서 한 공의로운 가지가 나게 하리니 그가 이 땅에 정의와 공의를 실행할 것이라.
16 그 날에 유다가 구원을 받겠고 예루살렘이 안전히 살 것이며 이 성은 야웨는 우리의 의라는 이름을 얻으리라.
17 야웨께서 이와 같이 말씀하시니라. 이스라엘 집의 왕위에 앉을 사람이 다윗에게 영원히 끊어지지 아니할 것이며

22 E. Tov, "Some aspects of the textual and literary history of the bool of Jermiah," *BETL* 1981, 155.

23 J. G. Janzen, op. cit.

24 P. Hyatt, *Jeremiah IB*, 1020.

18 내 앞에서 번제를 드리며 소제를 사르며 다른 제사를 항상 드릴
레위 사람 제사장들도 끊어지지 아니하리라 하시니라.
19 야웨의 말씀이 예레미야에게 임하니라 이르시되
20 야웨께서 이와 같이 말씀하시니라. 너희가 능히 낮에 대한 나의
언약과 밤에 대한 나의 언약을 깨뜨려 주야로 그 때를 잃게 할 수
있을진대
21 내 종 다윗에게 세운 나의 언약도 깨뜨려 그에게 그의 자리에 앉
아 다스릴 아들이 없게 할 수 있겠으며 내가 나를 섬기는 레위인
제사장에게 세운 언약도 파할 수 있으리라.
22 하늘의 만상은 셀 수 없으며 바다의 모래는 측량할 수 없나니 내
가 그와 같이 내 종 다윗의 자손과 나를 섬기는 레위인을 번성하
게 하리라 하시니라.
23 야웨의 말씀이 예레미야에게 임하니라 이르시되
24 이 백성이 말하기를 야웨께서 자기가 택하신 그들 중에 두 가계
를 버리셨다 한 것을 네가 생각하지 아니하느냐? 그들이 내 백성
을 멸시하여 자기들 앞에서 나라로 인정하지 아니하도다.
25 야웨께서 이와 같이 말씀하시니라. 내가 주야와 맺은 언약이 없다
든지 천지의 법칙을 내가 정하지 아니하였다면
26 야곱과 내 종 다윗의 자손을 버리고 다시는 다윗의 자손 중에서
아브라함과 이삭과 야곱의 자손을 다스릴 자를 택하지 아니하리
라. 내가 그 포로된 자를 돌아오게 하고 그를 불쌍히 여기리라.

이 본문은 MT의 편집자에 의해 첨가된 것으로 독특한 내용으로 되어있다. 유다의 회복과 다윗 왕조의 회복에 대해서는 여러 곳에서 언급되고 있지만 다윗

왕조와 레위인 제사장의 회복에 관해서는 오직 이 본문에서만 언급되고 있다. 이 본문이 의도하는 바가 16절에서 두드러지게 나타나는데 렘 23:6을 변경시킨 구절에서 그 의도를 찾아 볼 수 있다: "그의(his) 시대에"를 "그(those) 시대에"로, "이스라엘"을 "예루살렘"으로, "그가 불리워지기를"을 "그녀(= 예루살렘)가 불리워지기를"로 변경시켰다. 또한 "왕"이란 단어를 쓰지 않고 "통치" 라는 단어를 사용하였다. 이렇게 여러 단어들을 달리 사용함으로써 원래 시드기야 왕의 합법성에 초점을 두었던 것을(렘 23:6) 예루살렘의 합법성으로 그 초점을 변경시켰다.

둘째 부분은 17-18절인데 영원한 다윗 왕조 사상과 더불어 레위인 제사장직의 영구함을 약속하고 있다. 이 본문 전체(렘 33:14-26)를 통해서 레위인 제사장을 강력히 지지하고 있음을 볼 수 있는데 특별히 18절(영원한 제사장 직), 21절(무조건적 계약), 그리고 22절(레위인 자손의 번창에 대한 복) 등에 잘 나타나 있다. 레위인에 대한 단어 사용법에서도 이러한 경향을 엿볼 수 있는데 처음에는 "제사장 레위인(כהנים הלוים)"(18절)으로 되어 있으며, 두 번째는 "레위인 제사장(הלוים הכהנים)"(21절)으로 도치시키면서 레위인을 앞세우고 마지막에는 "레위인(הלוים)"(22절)만 사용함으로써, 이 본문을 첨가시킨 편집자가 관심하는 바는 제사장이 아니라 레위인이며 레위인의 합법성을 지지하는 것임을 뚜렷이 보여주고 있다. 또한 18절에 나오는 קטר(분향하다)의 히필형 동사는 מינחה(소제)를 목적어로 사용하고 있는데 이 형태는 그 용례가 희귀하지만(왕하 16:15에만 한 번 더 나타남) 레위인의 합법성을 지지하는 특수한 용법은 아니다.[25]

25 하란(M. Haran)은 קטר가 מינחה(소제)를 드리는데만 국한한다고 주장하지만 에델만(D. Edelman)은 번제와 소제 및 화목제 등의 제사를 드릴 때 제단에서 사르는 제사라고 반박하고 있다. 이 동사의 히필 분사형은 비합법적인 상황(왕상 11:8; 13:2; 렘 48:35)에서나 합법적인 상황(왕상 3:3; 대하 13:11; 29:11) 등 모든 경우에 사용되고 있으며 히필 동사형 역시 모든 경우에 사용된다고 에델만은 주장하고 있다; M. Haran, *Temples and Temple Service in Ancient Israel*, (Oxford, 1978), 234; D. Edelman, "The Meaning of QITTER" *VT* 35(1985), 398-400.

하지만 이 동사의 히필 형태는 역대기에 주로 나타나는 후대의 사용법임을 볼 수 있다.[26]

셋째 부분(19-22절)은 다윗 왕조와 레위인 제사장 가문이 낮과 밤이 운행되는 창조 질서(창 1:5; 8:22)와 같이 영원히 영속되리라 보증을 해주고 있다. 이것은 시문체인 렘 31:35-37이 개정 발전된 형태로 보인다.[27] 원래는 이스라엘 백성에게 주어졌던 약속(렘 31:35-37)이 다윗 왕조와 레위인에게 주는 약속으로 변경된 것이다. 나아가서 낮과 밤의 운행 질서를 낮과 밤과 맺은 야웨의 계약이라 부르고 있다. 또한 22절에서는 아브라함 전승(창 13:16; 15:5; 22:17)을 사용하여 다윗과 레위인 제사장 가문의 후손이 하늘의 별과 바다의 모래같이 번성할 것이라고 약속하고 있다. 마지막 부분(23-26)은 다윗 왕조와 레위인을 포함한 나라 전체를 회복시키리라는 야웨의 약속으로 끝맺고 있다.

VI. MT의 기원

MT 편집자의 첨가 부분인 렘 33:14-26은 친 다윗 왕조, 친 레위, 그리고 친 예루살렘의 성격이 명백하며 또 이들의 합법성을 강조하고 있다. 이 장에서 논하고자 하는 내용은 이 MT 편집자가 누구이며 어떠한 집단에 소속되어 있었는가 하는 질문에 답을 제시함으로써 MT의 기원을 찾아내려는 것이다. 우선 세 후보자들을 생각해 볼 수 있는데 그들은 신명기 사가, 제사장 문서 기자, 그리고 역대기 사가 등이다.

26 벨하우젠(J. Wellhausen)과 에델만(D. Edelman)도 이러한 견해를 밝혔다; J. Wellhausen, *Prolegomena to the History of Israel*, n. 2, 64; D. Edelman, "The meaning of QITTER," 401.

27 시편 89:36-37도 비슷한 모습을 볼 수 있는데 다윗의 왕위가 야웨 앞에서 태양과 달과 같이 영원하리라고 되어있다.

첫째, 여러 학자들은 신명기 사가를 강력히 지지하고 있다. "레위인 제사장"[28] 이라는 구절은 전형적인 신명기 구절이며[29] 동시에 신명기 사가의 구절로[30] 알려져 있다. 그러나 문제는 레위 제사장이 번제를 드렸다는 내용을 신명기 사가에서 찾아 볼 수 없다. 역대하 23:18과 렘 33:18에서만 찾아 볼 수 있는 내용이다. 더구나 중요한 것은 신명기사에는 친 레위적 성격이 없다. 하이야트(J. P. Hyatt)는 주장하기를 렘 33:14-26은 신명기사보다 후대에 되어 진 것으로 신명기 사가의 용어들을 모방한 것이라 하였다.[31] 그러므로 신명기 사가는 MT의 편집자로 적합하지 않음이 분명하다.

둘째, 제사장 문서 기자는 더욱 적합하지 않다. 제사장 문서에서의 제사장은 아론 계열이며 레위인은 그 아래 계층을 의미한다. 특히 에스겔서에는 사독 계열이 제사장이 되어있으며(겔 40:46; 43:19; 44:15-16; 48:11) 레위인은 제사 드리는 성소 바깥으로 밀려나고 있다.

셋째, 역대기사는 렘 33:14-26과 비슷한 경향을 보이고 있음을 발견할 수 있다. 프리드만(D. N. Freedman)의 주장과 같이 역대기 사가의 목적은 성전 및 제의와 연결된 다윗 왕조의 합법성을 확고히 하는데 있다고 하겠다. 역대기에서의 다윗과 솔로몬의 모습을 단순한 유다의 왕들이 아니라 예루살렘 성전 건축을 준비사고 성전 건축을 완성한 왕들로 묘사되어 있다. 또한 나단의 신탁

28 레위인 제사장(הלוים הכהנים)이란 표현은 구약 성경에 19번 나타난다: 신 17:9, 18; 18:1; 24:8; 27:9a; 수 3:3; 8:33; 사 66:21; 렘 33:18; 겔 43:19; 44:15; 스 10:5; 느 10:29, 35; 11:20; 대상 9:2; 대하 5:5; 23:18; 30:27a.

29 라이트(G. E. Wright, "The Levites in Deuteronomy," *VT* 4(1954), 325-30)는 주장하기를 레위 제사장 은 P문서에서의 제사장이나 아론의 아들들 과 같은 것이며 그 외의 레위인들은 P문서에서 볼 수 있는 레위인들과 같다고 하였다. 그러나 하란(M. Haran, *Temples and Temple Service in Ancient Israel*, 61-62)은 주장하기를 신명기에서의 레위지파의 남자들은 모두 제사장이 될 수 있다고 하였다.

30 크로스(F. M. Cross)와 니콜슨(E. W. Nicholson)은 신명기 사가를 지지하였다; F. M. Cross, *Cannanite Myth and Hebrew Epic*, (Cambridge: Harvard University, 1973), 179, 259; E. W. Nicholson, *Preaching to the Exiles*, (Oxford: Blackwell, 1970), 91-92.

31 J. P. Hyatt, "The Deuteronomic edition of Jeremiah," in *A Prophet to the Nations* ed. L. G. Perdue & B. W. Kovacs, (1984), 260.

(삼하 7:13-16)을 인용하였지만 부분적인 개정을 함으로써 예루살렘 성전을 크게 강조하고 있다; "너의(= 다윗의) 집과 너의 나라를 ... 너의 보좌는 영원히 지속될 것이라"(삼하 7:16)를 변경시켜 "나의 집(= 야웨의 집 = 성전)"과 "나의 나라는 ... 그의(솔로몬의) 보좌는 영원히 지속될 것이다"(대상 17:14)로 만들었다. 역대기 사가는 레위인을 크게 강조하고 있다. 역대기사에서는 "레위인"이라는 용어가 100번이나 언급되어 있으며 여러 곳에서 레위인을 강조한 모습을 볼 수 있다. 때로는 제사장을 압도하는 레위인의 기사를 엿볼 수 있다: 역대하 29:34에는 성결케 함에 있어서 "레위인들이 제사장들 보다 더 성의가 있더라"라고 되어 있다. 언약궤를 옮길 때도 레위인들만 운반할 수 있게 하였으며(삼하 6:12-19와 대상 15:2 비교) 레위인들이 온 이스라엘을 가르치는데 유다의 도시들을 다니며 "가르치는 자"로 부상하고 있다(대하 17:7-10). 특히 레위인이 예언자의 역할도 하고 있는데 레위인 헤만(대하 5:5)과 아삽(대하 29:30) 및 여두둔(대하 35:15) 등이 선견자로 불리어지고 있다. 마이어스(J. M. Myers)는 언급하기를 레위인들이(대하 34:30) 제의 예언자들을(왕하 23:2) 대신하고 있다고 하였다. 이러한 모습은 "제사장과 예언자들"(왕하 23:2)이란 구절이 "제사장과 레위인"(대하 34:30)으로 변경되는 모습에서도 찾을 수 있다.

가르치는 자의 역할 및 제의 예언자의 역할을 하는 레위인들을 주목하면서 폰라드(von Rad)는 역대기에서 설교형태의 부분들을 많이 발견하였으며 그들을 "레위인의 설교"라는 문형(Gattung)으로 구별하였다. 이상에서 살펴본 바에 의하면 렘 33:14-26절을 포함하는 MT 편집자는 역대기 사가와 유사함을 발견할 수 있으며 특히 폰라드(von Rad)와 뉴솜(J. D. Newsome, Jr)이 주장하는 "레위인의 설교"형태를 주목하면서 렘 33:14-26이 "레위인의 설교"의 특성을 내포하고 있는지 그 여부를 검토해 보고자 한다.

폰라드(von Rad)는 "레위인의 설교" 형태에서 세 가지 특징적인 점들을 찾아내었는데 그들은 (1) 주제 - 고대의 자료 특히 예언자들의 말을 많이 인용함,

(2) 적용 - 국가의 역사를 신학적으로 재해석함, (3) 권고 - 보상을 약속하면서 신앙심 깊은 행동을 하도록 촉구하는 등이다. 뉴솜(J. D, Newsome, Jr)도 레위인의 설교 형태를 지지하면서 특징적인 점들을 더 찾아내었는데 그것은 인사말로 시작하며(대상 28:2; 대하 15:2; 20:15, 20) 신앙심과 그에 따른 행동을 촉구하는 말로 끝맺는 다는 것이다(대상 28:10; 대하 15:7; 20:17; 32:7).

우선 14절에서 인사말의 부분을 찾을 수 있다: "보라, 날들이 이르리니"(참조: 대상 28:2; 대하 15:2). 또한 역대기와 같이 오래된 자료와 예언자들의 말을 인용하면서 그 말을 변경하여 새로운 내용으로 만들고 있다. 즉 렘 23:5-6을 인용한 14-16절 부분과 렘 31:35-37을 인용한 19-22절들이 그 예이다. 그리고 설교에서 자주 사용되는 수사학적인 기법으로는 청중에게 질문을 던지는 24절을 그 예로 들 수 있다: "이 백성이 말하기를 ... 라고 한 것을 들어 보지 못하였느냐?" 마지막으로 끝맺음인 "내가 그들을 긍휼히 여기리라"(26절)는 구절은 단순한 선언이라기보다는 야웨의 자비에 대한 백성의 반응을 기대하는 여운을 담고 있다. 이상에서 렘 33:14-26과 소위 "레위인의 설교"와는 유사한 점을 발견하면서도 렘 33:14-26이 "레위인의 설교"라고 부르기에는 미흡한 점들도 있음을 또한 알 수 있다. 그러나 최소한 렘 33:14-26이 역대기를 저술한 집단에 의해서 만들어졌을 가능성은 아주 높으며 본 저자는 그 집단이 예루살렘 성전을 중심으로 한 레위인들일 것이라 본다.

VII. 결론

예레미야는 시종일관 반 다윗 왕조의 태도를 취하였으며 이것이 MT와 LXX의 원본(Vorlage)이라 여겨지는 부분에 잘 나타나 있다. 그리고 MT의 편집자의 첨가 부분을 살펴보면 반대로 친 다윗 왕조 및 친 레위인의 성격이 예루살렘 성전과 연결되어 나타나는데 이것은 예루살렘 성전을 중심으로 활동한 레위인의 작품일 것으로 짐작되며 비슷한 경향을 역대기 사가의 작품에서도 찾아 볼 수 있다. 따라서 필자는 편집된 MT의 기원을 예루살렘 성전의 레위인 집단에서 찾을 수 있다고 보며, 아마도 이 레위인들은 역대기를 저술한 집단과 동일한 집단으로 짐작된다.

제2장 나단 신탁의 기원과 편집층

I. 사무엘하 7:1-17 번역

1 야웨께서 주위의 모든 원수를 무찌르사 왕으로 궁에 평안히 살게
하신 때에
2 왕이 선지자 나단에게 이르되, 볼지어다 나는 백향목 궁에 살거늘
하나님의 궤는 휘장 가운데에 있도다.
3 나단이 왕께 아뢰되 야웨께서 왕과 함께 계시니 마음에 있는 모
든 것을 행하소서 하니라.
4 그 밤에 야웨의 말씀이 나단에게 임하여 이르시되
5 가서 내 종 다윗에게 말하기를 야웨께서 이와 같이 말씀하시되,
네가 나를 위하여 내가 살 집을 건축하겠느냐?
6 내가 이스라엘 자손을 애굽에서 인도하여 내던 날부터 오늘까지
집에 살지 아니하고 장막과 성막 안에서 다녔나니,
7 이스라엘 자손과 더불어 다니는 모든 곳에서 내가 내 백성 이스
라엘을 먹이라고 명령한 이스라엘 어느 지파들 가운데 하나에게
내가 말하기를 너희가 어찌하여 나를 위하여 백향목 집을 건축하
지 아니하였느냐고 말하였느냐?

8 그러므로 이제 내 종 다윗에게 이와 같이 말하라. 만군의 야웨께
서 이와 같이 말씀하시기를, 내가 너를 목장 곧 양을 따르는 데에
서 데려다가 내 백성 이스라엘의 주권자로 삼고,
9 네가 가는 모든 곳에서 내가 너와 함께 있어 네 모든 원수를 네
앞에서 멸하였은즉 땅에서 위대한 자들의 이름 같이 네 이름을
위대하게 만들어 주리라.
10 내가 또 내 백성 이스라엘을 위하여 한 곳을 정하여 그를 심고 그
를 거주하게 하고 다시 옮기지 못하게 하며 악한 종류로 전과 같
이 그들을 해하지 못하게 하여
11 전에 내가 사사에게 명령하여 내 백성 이스라엘을 다스리던 때와
같지 아니하게 하고 너를 모든 원수에게서 벗어나 편히 쉬게 하
리라. 야웨가 또 네게 이르노니 야웨가 너를 위하여 집을 짓고
12 네 수한이 차서 네 조상들과 함께 누울 때에 내가 네 몸에서 날
네 씨를 네 뒤에 세워 그의 나라를 견고하게 하리라.
13 그는 내 이름을 위하여 집을 건축할 것이요 나는 그의 나라 왕위
를 영원히 견고하게 하리라.
14 나는 그에게 아버지가 되고 그는 내게 아들이 되리니 그가 만일
죄를 범하면 내가 사람의 매와 인생의 채찍으로 징계하려니와
15 내가 네 앞에서 물러나게 한 사울에게서 내 은총을 빼앗은 것처
럼 그에게서 빼앗지는 아니하리라.
16 네 집과 네 나라가 내 앞에서 영원히 보전되고 네 왕위가 영원히
견고하리라 하셨다 하라.
17 나단이 이 모든 말씀들과 이 모든 계시대로 다윗에게 말하니라.

II. 본문 비평

1a. LXX는 MT와 동일한 자음 본문을 번역한 것으로 여겨지지만, 두 단어를 한 단어로 잘못 읽은 것으로 짐작된다. 즉, MT는 הניח־לו(그에게 안식을 주었다)이지만, LXX는 הניחלו(그에게 유산을 주었다=κaεκλnρovoμnσεv αυτov으로 읽었다.

3a. MT와 LXX에 있는 '가라(לך)'라는 단어가 히브리어 MSS와 Syr에는 없다. לך는 3절과 같은 예언 선포 구절인 5절에도 나타나며 MT와 LXX 동일하게 나타남으로 MT의 본문을 택한다.

5a. MT에서는 "네가 ... 집을 지으려하느냐?"라는 수사학적 질문형태로 되어 있지만 LXX와 Syr에는 "너는 ... 집을 지어서는 안된다"라는 서술문으로 되어 있다. 아마도 LXX와 Syr에서는 독자들이 오해할 수 있는 여지를 없애고 대상 17:4에서와 같이 직설적으로 의미를 전달하고자 의역한 것으로 짐작된다.[32]

6a. 히브리어 MSS와 LXX에는 "이집트에서"라는 구절이 있지만 MT에는 없다. 평행되는 대상 17:5에도 이 구절이 없는 것으로 보아 이 구절은 후대에 첨가된 것으로 여겨지며 짧은 읽기인 MT를 택한다.[33]

7a. "이스라엘 지파들"이란 구절은 오래전부터 주석가들을 괴롭혀온 구절인데 그 이유는 야웨가 그의 백성을 지도하는 목자로써 지파들을 임명했다는 내용이 구약성서에서 유례를 찾기 힘든 내용이며 대상 17:6에는 "사사들"로 되어 있기 때문이었다. 그리하여 1720년 까메(A. Calmet)가 제안

---

32 B. H. Kelly, *Septuagint Translators of I and II Samuel 1:1-11:1*, Diss. Princeton Theological Seminary (1948) 174.

33 P. K. McCarter, *II Samuel: A New Translation with Introduction, Notes and Commentary* (AB 9; Garden City, N. Y.: Doubleday, 1984) 192.

한 것과 같이[34] 대상17:6을 근거로 하여 "지파들"을 "사사들"로 정정하여 읽었다.[35] 그러나 최근 베그(C. Begg)와 머레이(D. Murray)는 이러한 추세에 반기를 들면서 MT에 있는 그대로 읽기를 다음과 같은 근거를 들어 주장하였으며 필자도 이 주장에 동의하는 바이다;

(1) "이스라엘의 사사(들)"이란 구절은 구약성서에 찾기 힘든 표현이다.

(2) 대상 17:6 외에는 "사사들"을 주어로 하고 "돌보다"(רעה)란 동사를 술어로 하는 예를 찾아 볼 수 없으며, 오히려 대상 17:6이 삼하 7:7을 수정한 것으로 볼 수 있다.

(3) 6절의 "이스라엘의 아들들"이란 구절은 7절의 "이스라엘 지파들"이란 구절과 잘 연결될 수 있다.

(4) MT의 읽기는 어려운 읽기로써 본문비평의 원칙에 따라 MT를 택하는 것이 자연스럽다.

(5) 가장 중요한 것은 "사사들"로 정정할 사본적 근거가 없다는 것이다. LXX에는 삼하 7:7과 대상 17:6 모두 "지파들"로 번역되어 있다.[36]

9a. 크로스(F. M. Cross)[37] 맥카터(P. M. McCarter)[38] 는 LXX와 대상 17:8에 근거하여 "큰/위대한(גדול)"이란 단어를 삭제하였지만 이 문장에는 언어유희나 단어를 중복 시키는 기법을 사용한 점으로 미루어 보아 굳이 그

34 A. Calmet, *Commentaire litteral: Commenataire sur les deux premiers livres des Rois,* (Paris, 1720) 474. quoted from C. Begg, "The reading sbty(km) in Deut 29:9 and 2 Sam 7:7" *EphThL* 58(1982) 92. After J. Wellhausen.

35 J. L. Mckenzie, "The Dynastic Oracle: II Sam 7" *TS* 8.(1947) n. 15, 190.
J. L. Wellhausen, *Der Text der Bcher Samueli* (Göttingen, 1971) 170.
S. R. Driver, *Notes on the Hebrew Text and the Topography of the Books of Samuel,* (Oxford, 1913) 274.

36 C. Begg, "The Reading bty(km) in Deut 29:9 and 2 Sam 7:7," 87-105.
D. F. Murray, "Once Again 't' hd sbty ysr'l in II Samuel 7:7" *RB* 94(1987) 389-396. MT자음을 변경 시키지 않고 그대로 두기를 주장하는 학자들은 M. Dahood(1963), S. W. Falk(1966), de Robert(1971), P. V. Reid(1975), S. Gevrits(1980) 등이다.

37 F. M. Cross, *Canaanite Myth and Hebrew Epic,* (Cambridge: Harvard, 1973) n. 122, 248.

38 P. K. McCarter, *II Samuel*, 194.

단어를 중복시키는 단어를 삭제할 필요가 없다. 더구나 대상 17:4에서와 같이 역대기 기자는 삼하 7장의 내용을 보다 더 명확하고 간결하게 전하려는 경향성이 있는 점으로 미루어 보아 MT를 역대기에 근거하여 수정할 필요는 없다.

15a. LXX, Syr, Vulg 등은 "내가 나의 자비를 거두지 않을 것이다"라고 번역하였으며 많은 학자들이 이 읽기를 받아 들였다. 그러나 MT는 "나의 자비가 그를 떠나지 않을 것이라"하여 "나의 자비"를 의도적으로 강조하려 하였다. MT의 기본적인 의도를 따르는 것이 고대역본과 역대기 기자의 경향(대상 17:13)을 따르는 것보다 나은 것이다.

Ⅲ. 구조

I. 서론(1-3)

A. 서론-왕이 처한 상황(1)

1. 내부적 상황 - 그의 궁전에 거하였다. (1a)
2. 외부적 상황 - 안식하셨다. (1b)

B. 왕의 성전건축 제안과 나단의 대답(2-3)

1. 왕의 간접적인 제안 - 반의 평행구조(2)
2. 왕의 제안을 승낙한 나단의 대답(3)

II. 나단의 신탁(4-16)

A. 중복된 서론(4)

1. 2-3절과 연결된 서론(4a)
2. 5-17절과 연결된 서론(4b)

B. 다윗의 제한을 거부한 야웨(5-7)

1. 사자문체(使者文體)(5)

2. 거부의 뜻을 포함한 수사학적 질문(5a)

3. 자유롭게 이동하는 야웨(6)

4. 사사시대의 지도자들의 활동을 회상(7b)

C. 다윗의 상승을 주도한 야웨의 회상(8-11a)

1. 사자문체(使子文體)를 포함한 이중 서론(8a)

2. 다윗을 불러 왕으로 임명한 야웨(8b)

3. 다윗과 함께한 야웨(9)

4. 이스라엘에게 안식을 준 야웨(10)

5. 다윗에게 안식을 준 야웨(11a)

D . 다윗왕조에 대한 야웨의 약속(11b-15b)

1. 다윗의 집 건설을 약속한 야웨(11b)

2. 다윗 후손들의 왕권을 확립시키는 야웨의 약속(12b)

3. 다윗의 첫 번째 계승자인 성전 건축자(솔로몬)에게 한 야웨의 약속(13-15)

a. 성전건축자의 정체를 밝힘(13a)

b. 성전건축자의 왕권을 확립시키는 야웨의 약속(13b)

c. 야웨의 아들인 성전건축자(14a)

d. 성전건축자에 대한 징계(14b)

e. 성전건축자에게 내린 야웨의 자비가 빼앗기지 않을 것이라는 약속(15a)

f. 사울에게 내렸던 자비를 야웨가 다시 빼앗아 버렸던 일을 회상(15b)

E. 나단 신탁의 결론(16)

Ⅲ. 결론(17)

사무엘하 7장은 사무엘하 뿐만 아니라 신명기사의 전체에 걸쳐 가장 핵심적인 부분에 속한다. 마지막 편집자는 법궤 설화(Ark Narrative) 끝에 두었으며 세속적인 건축물들이 완성되는 시점에 배열하였다. 다윗의 축복은 삼하 7장에서 절정을 이루었으며 "그에게 안식을 주었다"(1b)라는 말로 그 절정감이 표현되어 있다. 신실하지 못한 사울은 왕위를 영원히 상실한 반면(삼상 13:13-14) 다윗은 왕위를 영원히 보장받는다는(삼하 7:16) 내용이 두드러지게 대비되어 있다. 또한 삼하 7장은 다윗왕조와 성전건축에 대한 약속이 있으므로 새로운 출발점이라고도 볼 수 있는데 이 약속은 왕상 8장에서 실현된다. 신명기사 편집자의 기본적인 신학은 왕조의 계속성 여부가 야웨를 올바르게 섬기느냐 아니냐에 달려 있다는 생각이므로 다윗 왕조의 계속성과 야웨 성전건축의 일을 함께 이야기하게 되는 것이다.

신명기 사가의 구상을 살펴보려 할 때 제기되는 또 다른 문제는 삼하 7장과 왕위계승 설화(Succession Narrative)와의 관련성 문제이다. 1899년 벨하우젠(J. Wellhausen)[39]은 왕위계승설화가 삼하 6장에서 시작된다고 제안한데 비해 1926년 로스트(L. Rost)[40]는 삼하 6-7장 가운데서 6:16, 20-23; 7:116, 16 등의 부분이라 주장하였다. 로스트의 견해는 여러 학자들의 의해 지지를 받았는데 최근에 리도우(G. P. Ridout)는 삼하 7장이 왕위 계승설화의 서론임을 수사학적 비평 방법에 의거하여 주장하였다.[41] 그러나 건(D. M. Gunn)은 로스트와 리도우의 주장에 대해 반박하여 말하기를, 다윗왕조를 약속해 주는 삼하 7장의

39 J. Wellhausen, *The Composition des Hexateuchs und der historischen Bcher des Alten Testaments*, (Berlin: Reimer,1899) 256.

40 L. Rost, *The Succession to the Throne of David*, (Sheffield: Almond, 1982) 11-12.

41 G. P. Ridout, *Prose Compositoonal Techniques in the Succession Narrative(2 Sam. 7,9-10; 1 King 1-2)*, (Dissert.; Graduate Theological Union, 1971) 176-187.

내용이 왕위계승설화의 갈등상황에는 부합되지 않는다고 하였다.[42] 한편 카알슨(R. A. Carlson)은 사무엘하 전체를 축복 아래 있는 다윗(삼하 2-7장)과 저주 아래 있는 다윗(삼하 9-24장)으로 구분하였으므로 삼하 7장 특히 삼하7:1-17을 왕위계승설화에 포함시키지 아니하였다.[43] 카알슨의 구분이 신명기 사가의 의도에 근접한다고 보았을 때 삼하7:1-17은 다윗의 축복의 절정에 해당하며 신명기사 전체의 핵심부분이 되는 것이다.

이제 삼하 7:1-17 본문 속에 들어가서 본문의 구조를 살펴보자. 현재 우리 앞에 놓인 본문은 표면적으로 3구분을 해볼 수 있는데 그것은, (I) 서론 (1-3절), (II) 나단의 신탁(4-16절), (III) 결론(17절) 등이다. 좀 더 깊이 들어가서 내용을 구분해 보면, 서론(1절), 나단의 첫 번째 신탁(2-3절), 나단의 두 번째 신탁(4-7절), 다윗의 상승을 주도해 온 야웨에 대한 회상(8-11a절), 다윗 왕조에 대한 야웨의 약속(11a-16절), 결론(17절) 등으로 세분해 볼 수 있다. 이렇게 세분된 하부 단위들(sub-units)은 반복되는 단어들과 공통되는 주제들로 연결되어 있다. 1절은 "집", "거주한다", "안식한다" 등의 핵심적 단어들을 사용하여 본문 전체를 시작하고 있다. 예를 들면 그 중에는 "집"이란 단어는 1, 2, 7, 13, 16절 등에 반복되고 있는데 이 "집"은 "하나님의 집"(= 성전)과 "다윗의 집"(= 다윗왕조)을 가리키는 단어이다. 성전건축과 다윗 왕조의 지속이란 두 개의 모티프는 본문 가운데서 가장 중요한 모티프들인데 이들이 공통으로 표현하는 단어가 바로 "집"이란 단어이다.

42 D. M. Gunn, *The Story of King David. Genre and Interpretation,* (JSOT Sop.; Sheffield: JSOT, 1978) 67.

43 R. A. Carlson, *David the Chosen King. A Traditio-Historical Approach to the Second Book of Samuel,* (Stockholm: Almqvist och Wiksell, 1964).

V. 양식비평

헤르만(S. Hermann)은 삼하 7장이 이집트 문학의 한 장르인 제왕 이야기(Königsnovelle)라 주장하였다.[44] 그는 제왕 이야기와 삼하 7장에서 다음과 같은 점이 평행됨을 지적하였다; 궁전에 앉아 있는 왕(1절), 성전을 건축하려는 왕의 계획(2절), 대신들과 대화하는 왕(2-3절) 등이었다. 헤르만의 주장은 바이저(A. Weiser),[45] 화이브레이(R. N. Whybray),[46] 노트(M. Noth)[47] 등이 받아 들였으며 노트는 헤르만의 이론에 근거하여 삼하 7장 전체가 하나의 통일성 있는 단위임을 주장하기도 하였다. 그러나 쿠취(E. Kutsch),[48] 크로스(F. M. Cross),[49] 베이욜라(T. Veijola)[50] 등은 헤르만의 이론을 다음과 같이 반박하였다; (1) 이집트에서의 왕은 거의 신과 같은 존재이다. (2) 다윗의 계획은 실제로 무산되었다. (3) 13a절에 보면 성전 건축 계획은 다윗이 한 것이 아니라 야웨의 구상이었다. 이러한 반박에도 불구하고 1977년 폰 노르트하임(Von Nordheim)이 헤르만의 이론을 지지하는 노력을 기울였지만 별로 설득력이 없었다.[51] 그러므로 헤르만의 주장은 설득력이 약하며 이러한 주장을 바탕으로 해서 삼하 7장의 통일성을 이야기 한다는 것은 더욱 무리인 것이다.

44 S. Herrmann, "Die Knigsnovelle in Agypten und in Israel" *Gesammelte Studien zur Geschichte und Theologie des Alten Testaments,* (Mnchen: Chr. Kaiser, 1986) 120-144.

45 A. Weiser, "Die Tempelbaukrise unter David" *ZAW* 77(1965) 153-168.

46 R. N. Whybray, *The Succession Narrative. A Study of II Sam. 9-20 and I Kings 1 and 2,* (SBT; Naperville: Allenson, 1968).

47 M. Noth, "David and Israelin II Samuel VII" *The Laws in the Pentateuch and Other Studies* (Philadelphia: Fortress, 1967) 250-259.

48 E. Kutsch, "Die Dynastie von Gottes Gnaden. Problem der Nathanweissagung in 2 Sam 7" *ZThK* 58(1961) 151-153.

49 F. M. Cross, Canaanite *Myth and Hebrew Epic*, 247-249.

50 T. Veijola, *Die ewige Dynastie. David und die Entstehung seiner Dynastie nach der deuteronomistischen Darstellung,* (AASFB 193; Helsinki: Suomalainen akatemia, 1975) 71-72.

51 E. von Nordheim. "Knig und Tempel. Der Hintergrund des Tempelbauverbotes in 2 Samuel vii" *VT* 27(1977) 438-439.

벤 시터스(J. Van Seters)는 삼하 7장의 양식을 왕실 보고서인 산문체 설화라고 주장하였다.[52] 그는 성전 건축에 관한 기록된 앗수르 역대기가 바로 삼하 7:1-3의 전통적 모형이라 제시하였다. 그리고 4-17절은 예레미야의 산문체 구원 신탁을 상기시키는 예언신탁의 보고서로 간주하였으며 삼하 7장 전체가 신명기 사가의 작품이므로 통일성을 찾을 수 있다고 주장하였다. 그러나 다윗의 성전 건축 계획을 야웨가 거부한 점을 벤 시터스는 간과해 버렸고 후대의 층에 속하는 13a절을 그가 초기 신탁의 결론 부분으로 인정한 것 등은 그의 주장이 허약함을 대변한 부분들이다.

캘드론(P. Calderone)은 8-16절이 힛타이트의 봉신 조약과 양식상 평행됨을 주장하였다.[53] 비록 삼하 7장에 계약(ברית 브리트)이란 단어는 없지만 많은 주석가들은 이 신탁을 "계약"(Covenant)이라 불렀다. 드보(R. de Vaux), 세이볼드(K. Seybold), 군네벡(A. H. J. Gunneweg) 등은 시내산 계약의 도덕적 내용 속에 다윗 계약의 뿌리가 있음을 주장하였다.[54] 비덴그렌(G. Widengren)은 한 걸음 더 나아가 다윗 왕이 바로 시내산 전승의 계약 중재자라 하였다.[55] 레븐슨(J. D. Levenson)은 시편 89편과 삼하 7장을 동일한 다윗 계약으로 보았으며 드보(R. de Vaux)와 봐인펠트(M. Weinfeld)도 평행되는 점을 지적하였다.[56] 보통 삼하 7장은 무조건적인 왕조 신학을 대변하는 부분으로 알려져 있다. 영원한 다윗 왕조를 야웨가 약속한 것은 야웨의 헷세드(חסד)에 의거해서인데 이 '헷세드'라는 히브리어 단어는 야웨의 절대적 자유성과 그가 선택한 백성을 향한 그의

52 J. Van Seters, In Search of History: *Historiography in the Ancient World and the Origins of Biblical History*, (New Haven and London: Yale University, 1983) 272-273.

53 P. Calderone, *Dynastic Oracle and Suzerainty Treaty; 2 Samuel 7, 8-16* (Manila, 1966) 17-18.

54 cf. J. D. Levenson, "The Davidic Covenant and its Modern Interpreters" *CBQ* 41(1979) 207-209.

55 G. Widengren, "King and Covenant" *JSS* 2(1957) 1-32.

56 M. Weinfeld, "The Covenant of Grant in the Old Testament and in the Ancient Near East" *JAOS* 90(1970) 184-203.

지극한 관심을 표명하는 언어이다.[57] 왕을 선택해서 왕위에 앉히는 일이나 폐위시키는 일은 야웨의 손에 달려 있다. 이사야 같은 예언자는 다윗 왕조 신학이 조건적이라 이해하였으며(사 7:96),[58] 체벧(M. Tsevet)은 삼하 7:11b-16의 약속 자체가 조건적이라 주장하였다.[59] 그러므로 다윗 왕조 신학을 조건적이냐 무조건적이냐 하는 틀 속에 집어넣는 일은 무리한 일이며 이 신학이 다만 야웨의 자유로운 자비에 근거함을 말할 수 있을 뿐이다.

VI. 해석

A. 연구사(硏究史)

1926년 로스트(L. Rost)가 논문을 발표한 이후 삼하 7장에 관한 많은 연구 논문들이 쏟아져 나왔다.[60] 로스트는 다윗의 기도(18-29절) 부분부터 연구하기 시작 했는데, 그 중에서 가장 오래된 부분(18-21, 25, 26, 27-29절)은 다윗이 직접 말한 부분으로 간주하였다. 또한 그는 왕조를 약속한 부분(8-17절) 가운데서도 11b절과 16절은 다윗시대 때 되어 진 것으로 여겼다. 다음 단계에 속한 부분으로 그는 8-11a, 12, 14-15, 17절 등을 들었으며 이들이 바로 사마리아가 멸망한 후 이사야 시대 때 첨가된 부분임을 주장하였다. 마지막 단계는 13절인데 이 부분은 신명기 사가에 의해 아주 오래된 부분으로 간주하였다.

57 K. D. Sakenfeld, *The meaning of Hesed in the Hebrew Bible: a new inquiry,* (Missoula: Scholars Press, 1978) 238.

58 조건적인 다윗 계약이 나타나는 곳은 시 132:11-12; 89:35; 삼하 23:5.

59 M. Tsevet, "The Steadfast House: What was David promised in II Sam. 7:11b-16?" *HUCA* 34(1963) 75-76.

60 L. Rost, *The Succession*, 35-56.

로스트의 편집 이론에 반기를 든 학자들 중에는 모빙켈(S. Mowinckel, 1947)과 파이퍼(R. H. Pfeiffer, 1948)가 있다. 모빙켈의 주장은 한 저자가 나단의 신탁을 하나의 문학적 단위로 저술하였다는 것인데 그 목적은 왜 다윗이 아닌 솔로몬이 성전을 건축했느냐 하는 의문점을 설명해 주기 위한 것이라 하였다.[61] 파이퍼는 삼하 7장이 포로후기에 어떤 경건한 서기관에 의해 쓰여 진 것으로 간주하였다.[62] 1970년대에 이르러 삼하 7장에 관한 연구 활동은 더욱 가속화 되었는데 중요한 학자들은 크로스(F. M. Cross, 1973), 베이욜리(T. Veijola, 1975), 메틴져(T. N. D. Mettinger, 1971) 등이었다. 크로스(F. M. Cross)는 신명기 사가가 다윗시대의 것으로 짐작되는 성전건축을 금지하는 부분(1-7절)과 솔로몬 시대의 것으로 짐작되는 왕국의 영원함을 선포하는 부분(11b-16절)을 활용하면서 8-11a절을 첨가하여 전체를 만들어 내었다고 주장하였다. 베이욜라(T. Veijola)는 신명기사가가 삽입한 부분을 11b, 13a, 16절 등으로 보았으며 오래된 부분을 2구분 하였다; (1) 성전건축 계획에 관한 부분(1a, 2-5, 7절), (2) 다윗의 후손에 관한 약속(8a, 9, 10, 12, 14-15절), 메틴져(T. N. D. Mettinger)는 신명기사가의 부분을 1b, 10-11a절 등을 들었으며 솔로몬 층(1-7, 12-14a)과 다윗 층(8-9, 11b, 14-16절)을 또한 구분하였다.

1980년대의 학자들 중에는 벤 시터스(J. Van Seters, 1983)와 멕카터(P. K. Mccarter) 등을 들 수 있는데 신명기사가의 역할을 중시 하였다. 벤 시터스는 삼하 7장 전체를 신명기사가의 것으로 짐작하였다. 그는 삼하 7장이 다윗 상승의 이야기와 왕위계승 이야기 사이에 위치한 전환점으로 통일성 있는 하나의 단위임을 강조하였다.[63] 맥카터는(D. J. Mccarter)는 신명기 사가의 부분을 1b,

61 S. Mowinckel, "Natansforgettelsen 2 Sam. Kap. 7" Svensk *Exegetisk Arsbok*, 12(1947) 220-229.

62 R. H. Pfeiffer, *Introduction to the Old Testament,* (New York: Harper & Bros., 1948) 370-373.

63 J. Van Seters, *In Search of History*, 273-274.

9b-11a, 13a, 16절 등을 들었으며 그 이전의 것을 두개의 층으로 구분하였다; (1) 다윗왕조에 관한 약속(1a, 2-3, 11b-12, 13b-15a절)과 (2) 예언자적 집단에 의해 확대된 부분(4-9a, 15b절) 등이다.[64]

이상과 같은 여러 학자들의 주장들을 살펴보면 삼하 7장을 하나의 통일된 단위로 한꺼번에 저작된 것이냐 아니면 여러 시대에 걸쳐서 발전된 작품이냐 라는 견해로 대별해 볼 수 있다. 또한 여러 층을 내포한 문학작품이라 간주하는 학자들은 삼하 7장을 나눌 수 있으며 각 층의 특징은 무엇인지를 밝히는 연구를 하였음을 알 수 있다. 그러나 아직까지 삼하 7장에 관한 연구는 학자들 간에 의견이 좁혀지지 않은 상태이며 새로운 분석이 필요한 상황이다.

B. 세 개의 문학 층

1. 제1층 - 나단의 신탁

삼하 7:1-17에는 세 개의 문학 층이 있음을 발견할 수 있다. 그 중 가장 오래된 층은 선지자 나단이 다윗에게 말한 신탁으로 1a, 2-7, 11b, 16절 등으로 되어 있다. 이 신탁의 중심 되는 주제는 다윗의 집을 다윗에게 선물할 수 있는 야웨의 자유가 있음을 강조한다. 표면적으로 이 신탁은 야웨의 자유와 주도권을 부각 시키지만 내면적으로는 다윗왕가의 합법성을 수립하기 위한 목적이 있음을 파악할 수 있다. 다윗이 이스라엘과 유다의 왕이 되었지만 실제적으로 다윗은 다윗의 성인 예루살렘의 왕에 불과 하였다. 따라서 그의 통치기간 중에는 몇 번이나 쿠테타가 일어났으며 그때마다 다윗왕의 합법성 문제가 대두되었다.

64 P. K. McCarter, *II Samuel*. 220-231.

이 층 중에 가장 해결하기 어려운 부분이 있는데 그것은 4절이다. 앞의 3절(1a, 2-3절)에는 나단이 다윗을 격려하여 성전을 지으라 하는데 반해 뒤의 3절(5-7절)에는 나단이 다윗으로 하여금 성전을 짓지 말도록 종용하고 있다. 4절을 기준으로 해서 앞부분과 뒷부분의 내용이 서로 다르며 그들의 전환점인 4절에는 히브리어 동사를 두 번씩이나 사용하여 앞, 뒤를 연결시키고 있는 모습을 볼 수 있다. 아마도 1a와 2-3절은 오래된 자료일 것이며[65] 5-7절은 나중에 첨가된 것으로 보인다. 4절은 두개의 신탁을 연결시킬 뿐만 아니라 5-7절을 소개하고 있기도 하다.

나단의 첫 번째 신탁과 두 번째 신탁은 시간적으로 근접해 있는 것으로 보이는데 이 두 신탁이 나타나는 현상에 대하여 어떻게 설명할 수 있겠는가? 왕실의 신전을 건립하는 것은 새로운 왕조가 굳건히 자리 잡는데 필수 불가결한 일이다. 새 왕조의 창시자 다윗에게 새로운 신점이 없다는 것은 고대의 중동의 관습상 뜻밖의 일이다. 다윗에게는 정치적 안정을 위해 야웨의 성전이 필요하였으며 그 일을 나단과 의논하였다. 우선 나단에 대해 살펴 볼 필요가 있다. 선지자 나단은 밧세바 사건(삼하 12장)과 솔로몬의 왕위 계승 사건(왕상 1장)에 나타난다. 그런데 이 두 사건 모두 왕위 계승설화에 속한 사건들이다. 나단은 밧세바와 사독과 더불어 솔로몬을 왕위에 앉힌 장본인이다. 알스트룀(G. A. Ahlström)은 나단이 예루살렘에 있었던 여부스 족속의 대변인이었으리라 짐작하였다.[66] 아마도 나단은 사독과 밧세바와 같이 여부스 족속이었을 것으로 짐작되며 다윗의 정치 고문의 역할을 담당하였다. 예루살렘에 성전을 건축하는 대사업은 나단과 여부스 족속에게는 환영할 만한 일이었다. 나단의 주위 사람들은 예루살렘 성전 건축으로 인해 종교적 권리를 독점할 수 있는 기회를 잡을 수 있다는 희망을 품게 되었으며 다윗으로서는 정치적 안정과 중앙 집권화를

65 P. K. McCarter, *II Samuel*, 197.

66 G. W. Ahlström, "Der Prophet Nathan und der Templebau," *VT* 11(1961) 114-121.

가속화 시킬 수 있으리라는 계산이 있었다. 그러나 이 계획에 반대하는 사람들이 있었는데 아마도 그들은 아비아달과 요압이 대표할 수 있는 이스라엘과 유다의 지파에 소속된 백성으로 짐작된다. 솔로몬의 왕위계승 사건에서 표면화된 이 양분된 모습은 다윗이 예루살렘을 점령하면서부터 발전되어온 모습이었다. 성전건축을 반대한 이유는 경제적 이유와 종교적 이유로 나눌 수 있다. 실제로 성전을 건축한 솔로몬의 경우 경제적 난관에 봉착하여 채무를 청산하기 위해 두로 왕 히람에게 20성읍을 양도한 사실이 기록되어 있다(왕상 9:11). 만약 다윗이 성전 건축을 하였더라면 백성은 과중한 세금을 부담해야 할 것이며 부역으로 강제 노동을 당했을 것이다. 지파의 백성들은 이러한 사태를 원치 않았던 것이다. 종교적 이유로는 예루살렘에 성전이 세워지면 상대적으로 지방 성소들이 약화되기 때문에 지방의 제사장들과 백성들이 반대할 여지가 있는 것이다.

나단의 첫 번째 신탁은 나단과 그의 사람들이 주도한 성전건축이 추진되는 모습을 대변한다면 두 번째 신탁에는 성전건축이 반대에 부딪혀 좌절당하자 그 손상된 위신을 다시 세우고 신학적으로 다윗 왕조의 합법성을 뒷받침 해 주려는 목적이 있다. 나단의 두 번째 신탁은 5-7, 11b, 16절 등으로 이루어지며 수사학적 질문으로 시작된다(5b절). 이 질문에는 필요 이상으로 히브리어 **אתה** (너)와 히브리어 **לי**(나에게)라는 두 단어가 포함되어 있다. 이런 인칭 대명사들의 용도는 "너" 와 "나"를 강조하며 대비시키는데 쓰여 진 것이다. "네가 ... 나를 위하여 집을 지으려 하느냐?"의 질문내용은 성전을 짓는다, 짓지 않는다는데 초점을 맞춘 것이 아니라 누가 주도권을 쥐고 성전을 건축하느냐에 초점을 맞춘 것이다.[67] 따라서 이 질문에 대한 정답에는 야웨의 주도권을 명백히 밝혀 주어야만 한다. 7절에서 "나" 즉 "야웨" 자신을 강조한 것은 바로 이러한 맥락에

67 H. Gese, "Der Davidsbund und die Zionerwhlung," *ZThK*, 61(1964) 10-26.

서 비롯된 것이다. 더구나 11b절은 야웨의 의도를 명백히 밝히고 있다: "야웨가 너를 위하여 집을 지으리라." 6-7절에 보면 야웨는 성전을 지어 달라고 누구에게 요청한 적도 없었고 자신이 성전 건축을 원하지도 않았음을 설명하는 모습이 보인다. 다만 신명기 사가가 마지막 편집 시에 13a절을 삽입하여 야웨의 주도권이란 주제 대신 성전 건축이라는 주제를 부각 시켰을 뿐이다. 2절에는 서로 상반되는 두 가지 내용을 대비시켜 놓았다. 왕이 사는 궁전을 "백향목 집"이라 부르고 야웨의 궤가 있는 곳은 "휘장 안"이라 하였다. 즉 다윗왕은 견고하고 화려한 곳에 살고 있지만 야웨는 부서지기 쉽고 쉽게 옮겨지는 천막 안에 살고 있다는 표현이다. 이 표현은 야웨에게 더 견고하고 화려한 집을 지어 드려야겠다는 다윗의 경건함을 나타낸 말이다. 그러나 두 번째 신탁에는 강조점이 달라진다. 첫 번째 신탁(2절)에서는 "거주하다"(ישב)란 말이 긍정적으로 두 번이나 사용되고 있지만, 두 번째 신탁(5-6절)에서는 이 단어가 두 번이나 부정적으로 사용되었다. 두 번째 신탁에서는 오히려 "걸어 다니다"(הלך)라는 동사를 사용하여(6-7절)한 곳에 고정되어 거주하고 있는 야웨보다 자유롭게 이동하는 야웨의 모습을 부각 시켰다. 야웨의 행동 양식이 이동하는 장막과 회막에서 자유롭게 다녔으며 어느 한 곳에 고정되어 있을 수 없었음을 역사를 회상시키며 설명하고 있다(6절).

두 번째 신탁 가운데 11b절은 특이하게도 일인칭을 사용하던 패턴을 깨뜨려 버리고 야웨라 부르며 돌연히 삼인칭을 사용하였다. 그래서 로스트(L. Rost)는 11b절을 1-4a와 16절과 함께 묶어 하나의 단위로 간주하였다. 그러나 11b절은 나단의 첫번째 신탁과 대조되는 내용을 담고 있다. 3절에는 다윗의 행위(עשה)가 나타나며 결국 그 행위는 거부된 반면 11b절에는 야웨의 행위(עשה)가 나타나는데 그 정당성이 강조 되어있다. 또한 두 번째 신탁 안에서도 어떤 변화를 엿볼 수 있는데 그것은 5b절(7b절)과 11b절 사이의 변화이다. 이들 사이에는 교차 배열법(Chiasmus)이 사용되었다. 개역성서에는 명백하지 않지만 MT에는 명백한 교차배열법 현상이 나타난다.[68]

5b(7b) 주어 동사 목적어

11b 목적어 동사 주어

5b절과 7b절에서는 의문문의 형식으로 다윗이 야웨를 위해 집(성전)을 짓는다는 것은 온당치 않다고 유도하면서 11b절에 가서는 직설법으로 야웨가 다윗을 위해 집(왕조)을 짓겠다고 말하고 있다. 다윗과 야웨, 그리고 성전(집)과 왕조(집)를 대비시키면서 야웨의 주도권을 11b절에서 결정적으로 부각시켰다. 또한 '집을 짓는다'고 할 때 다윗의 행위(5b, 7b절)는 "건축하다"(בנה)라는 단어를 사용하였지만 야웨의 행위(11b절)는 "만들다"(עשׂה)라는 동사를 사용하여 야웨의 창조적 행동을 좀 더 드러나게 하였다. 11b절 에는 야웨라는 신명을 두 번이나 반복하면서 야웨가 창조자이며 구원자임을 강조하였다. 확실히 1인칭에서 3인칭으로 급변한 11b절은 다른 자료라서 차이가 나는 것이 아니라 말로써 전달하는 상황에서 구사된 수사학적 강조법에 속할 수 있다. 이 문맥에서 한가지 짚고 넘어가야 할 문제는 실로 성소 문제이다. 법궤가 예루살렘으로 옮겨지기 이전에 실로의 야웨의 집(삼상 1:7)에 있었는데 어떻게 해서 "나(야웨)는 집에 거하지 않았다"(6절)고 말할 수 있느냐 하는 문제이다. 이 문제에 관련된 중요한 논쟁점을 과연 실로에 성전(집)이 있었느냐 하는 의문이다. 왜냐하면 예레미야가 실로 성소의 폐허화를 언급하였지만 "집"(בית)이라는 단어를 사용하지 않았으며(렘 7:12, 14; 26:6, 9), 고고학적 근거도 찾을 수 없기 때문이

68 **개역성서**에는 명백하지 않지만 MT에는 명백한 교차배열법 현상이 나타난다.

다.[69] 그러나 실로에 성전이 없었다고 증명할 수는 없다.[70] 야웨가 건물(실로 혹은 오벧에돔) 안에 있었든지 아니면 장막 안에 있었는지를 막론하고 야웨는 이 세상 어느 한 곳에만 영원히 있어야 되는 분은 아니다. 그 어느 누구도, 그 어떤 것도 야웨가 자유롭게 움직이는 것을 방해할 수는 없다.

2. 중간 층 - 이사야 층

삼하 7:1-17의 중간층은 8-10, 12, 13b-15, 17절 등으로 이루어진다. 이 층의 가장 중요한 주제는 다윗왕조가 다윗의 후손을 통해서 영속된다는 것이다(12b절). 고대의 층이 다윗의 합법성을 겨냥한 것이라면 이 층은 다윗 후손의 합법성을 목표로 하고 있다. 8절에서는 이제(עתה 아타)라는 단어를 사용하여 새로운 내용이 시작됨을 표시하고 있다. 다윗의 축복(8b-10절)을 회상하여 묘사한 부분 앞에는 예언자적 서두(8a절)가 선행되어 있다. 이 층에서도 앞의 층과도 같이 야웨의 주도권을 강조하는데 강조형 나(אני 아니)라는 단어를 사용하여 야웨를 부각시켰다. 야웨가 바로 목동 다윗을 높이 올려 통치자(נגיד 나기드)의 자리에 앉힌 것이다. 캠벨(A. F. Campbell)은 '나기드'라는 단어야말로 삼하 7:8에서 예언자적 편집활동을 보여주는 단어라 지적 하였다. 그는 말하기를 "삼하 7:8은 삼상 16:1-13에서 예언자적 편집자가 전달하고자 했던 것을 요약한 것이다"[71]고 하였다. 그리고 그는 지적하기를 '나기드'라는 단어는 사울 이야기(삼상 9:16; 10:1), 여로보암 사건(왕상 14:7), 사무엘이 다윗을 기름부은 사건(삼상 16:1-13) 등의 예언자적 편집활동 부분에서 아주 중요한 역할을 하는 단

69 S. Holm-Nielsen, "Shiloh" *IDB Sup*. (1976) 823.

70 T. Ishida, *The Royal Dynasties*, 96.

71 A. F. Campbell, *Of Prophets and Kings. A late ninth-century document, (1 Samuel 1-2 Kings 10)*. (CBQMS 17; Washington DC: The Catholic Biblical Association of America, 1986) 46.

어라 주장하였다. 예언자적 편집 활동에서 중요한 역할을 하는 '나기드'라는 단어는 야웨가 이스라엘의 지도자로, 즉 이스라엘의 왕으로 임명한 사람을 일컫는 말이다.

이 층에서 해결해야 할 한 가지 문제는 9b-11a절의 시제 문제이다. 한 가지 유의할 점은 중간층에 해당하는 내용은 9b-10절이지만 문맥상 시제문제를 11a절까지 확대해서 고찰해 보기로 한다. 물론 히브리 문장에서 시제를 밝히기는 어렵지만 완료형과 미완료형을 구분할 필요는 있다. 9b-11a절을 미완료형으로 보아야 한다는 학자들은 와우 계속법(waw consecutive)을 근거로 하여 주장하고 있다. 그러나 보통 와우 계속법을 적용하는 경우에는 그 절 이전에 미완료형이나 명령형이 선행하고 있는데 9b-11a절 경우에는 그렇지 않다. 윌리암스(R. T. Williams)도 이 부분은 문장적으로 보아 완료형으로 읽어야 한다고 지적하였다.[72] 그러므로 필자는 이 부분을 와우(Waw)로 단순하게 연결된 완료형으로 해석한다.

또한 이 부분의 내용도 야웨가 이스라엘과 다윗에게 이미 행한, 벌써 완료한 행동들을 야웨가 회상하는 내용으로 볼 수 있다. 그리고 11a절에도 사용되어 하나의 테두리(inclusio)를 형성하는데 이 테두리 안에 담겨진 내용들은 어떤 것들이 완전히 성취되었음을 보여 주어야 "안식을 주다"란 구절과 조화될 수 있는 것이다. 이 층의 저자는 야웨가 행한 일들, 즉 내 백성 이스라엘을 거주하여 살도록 하고 다윗을 지도자로 세운 일들을 회상한 후 한걸음 더 나아가 다윗의 집에 대한 야웨의 약속을 주시하고 있다. 옛날의 신탁을 활용하여(11b절) 저자는 야웨가 다윗 왕조를 만들어 줄 것이라는 점을 강조하였다. 그는 씨앗/후손(seed)이란 단어를 사용 했는데 이 단어가 의미하는 바는 다윗의 계승자들을 총칭하여 일컫는 말이다. 야웨는 다윗 후손들이 영원히 왕위에 있으리라 약

72 R. J. Willims, *Hebrew Syntax : An Outline,* (Toronto :University of Toronto, 1976) 182.

속하였다. 더구나 야웨와 다윗의 후손 사이는 아버지-아들의 관계가 되리라 약속하였다.

엥그넬(Engnell)은 삼하 7:14을 임용하여 이스라엘의 왕의 신격화(神格化)라는 이론을 펼치기도 하였다. 14절을 직역하면 다음과 같다; "나는 그에게 아버지가 될 것이요 그는 나에게 아들이 될 것이라." 이 문장에서 두 번이나 반복된 동사 하이야(היה)는 여격과 목적격 앞에 쓰인 전치사 라멛(ל)과 더불어 사용되어 그 의미가 '~이다'(to be)라기 보다 '~되다'(to become)로 나타난다. 따라서 신의 아들이 된다는 말은 곧 신격화 된다는 말이 아니라 입양 관계를 나타내는 말로 볼 수 있다. 다윗의 후손은 철저히 인간인 다윗의 몸(12절)에서 태어난 인간일 뿐이다. 바이저(A. Weiser)도 말하기를 이스라엘의 왕이란 하나님의 뜻을 실행하는 하나의 기능으로 혹은 하나의 기관으로 활동하는 사람일 뿐이라 하였다.[73] 아버지-아들의 은유적 표현에서 덧붙이는 것은 불순종하는 아들은 책망을 받게 되는데 그 책망은 잠시 잠깐일 뿐이라 하였다. 아들에 대한 아버지의 책망은 사람의 채찍과 사람의 아들들의 회초리로써 시행되는데 그것이 인간의 가정에서 보통 사용되는 방법이라 하였다. 15절에서 강조하여 주장하는 바는 다윗의 후손들이 선하든 악하든 하나님의 약속이 파기될 수 없다는 점이다.

로스트(L. Rost)는 제안하기를 이 중간층의 시대적 배경은 이사야가 활동하던 시대인데 북왕국이 멸망한 후라 하였다. 그러나 중간층 저자의 관심은 북왕국의 멸망과 유다의 앞날에 있는 것이 아니라 유다 왕권의 계승자인 다윗의 후손에 집중되어 있다. 왜냐하면 다윗의 후손인 유다왕과 왕위 계승문제가 위협당한 상황이었기 때문으로 짐작된다. 후기 예언자 시대에 유다 왕과 그의 후계자가 위협당한 대표적인 예는 아하스 왕 때 일어났던 시리아-에브라임 전쟁의 경우이다. 이때는 아직 북 왕국 이스라엘이 멸망하기 이전이었다. 이 중간층의 시

73 A. Weiser, "Die Tempelbaukrise unter David" *ZAW* 77(1965).

대적 배경과 저자를 시리아-에브라임 전쟁 시기의 이사야로 보는 견해를 좀 더 세밀하게 검토해 보자.

베가가 쿠테타를 일으켜 북왕국 이스라엘의 왕권을 장악하고 시리아의 르신과 동맹하여 반앗수르 연합전선을 펼칠 때 시리아-팔레스틴의 나라들이 대부분 반앗수르 세력에 동조하였다. 그러나 유다의 아하스는 이사야의 권고를 받으며 친앗수르 세력으로 남아 있었다. 이 때 아하스의 정책을 지지한 사람들은 반앗수르 분위기에 휩싸여 있었으며 베가와 르신은 아하스를 폐위시키려고 암살을 기도하기도 하고(대하 28:7) 급기야는 군대를 거느리고 예루살렘을 포위하게 되었다. 다윗왕가와 그 지지자들의 마음은 삼림이 바람에 흔들림 같이 흔들렸다(사 7:2).

르신과 베가의 계획은 아마도 두로왕 투바일(Tuubail)의 아들 히람으로 짐작되는 "타벨(Tabeel)의 아들"(사 7:6)을 아하스 대신 유다 왕위에 앉히려는 것이었다.[74] 이사야는 나단의 신탁을 활용하여 아하스를 격려하였는데 신뢰하다(אמן 아만)라는 동사를 사용하여(삼하 7:16; 사 7:9) 앗수르에 대한 정치적 신실성을 보일 것을 권고하였다.[75] 이사야는 다윗 왕조 신학을 잘 알고 있었고 아하스가 야웨의 약속(사 7:1-176; 9:6-7; 11:1-5)을 의지하여 흔들리지 말고 유다 왕위와 친앗수르 정책을 고수할 것을 충고 하였다.[76] 회초리와 막대기로 아버지가 자식을 책망 한다는 표현은(삼하 7:14) 이사야도 활용하고 있는데 사 10:5-6과 7:4에 나타나있다. 이 중간층에서 한 가지 문제되는 것은 크로스(F. M. Cross)의 주장이다. 크로스는 주장하기를 "야웨가 (누구)와 함께 하였다" 는 표현은 신명기 사가의 전형적인 표현이라는 주장이다(삿 2:18; 삼상 16:18;

74 J. M. Miller and J. H. Hayes, *A HIstory of Ancient Israel and Judah,* (Philadelphia: Westminster, 1986) 329.

75 J. H. Hayes and S. A. Irvine, *Isaiah: The eighth-century prophet: His times and his preaching,* (Nashville: Abingdon, 1987) 129.

76 J. H. Hayes and S. A. Irvine, *Isaiah: The eighth-century prophet: His times and his preaching*, 56.

17:37; 18:14, 28; 삼하 5:10; 1:13).[77] 그러나 맥카터(Mccarter)는 이 표현이 예언자적 저자의 표현일 수 있다고 반박하였다. 필자가 주장하는 것은 이 표현이 나단과 이사야의 표현이라는 것이다. 임마누엘 주제는 이사야의 핵심적인 주제일 뿐더러(사 7:14) 나단의 신탁(삼하 7:3)에도 포함되어 있으며 확대된 부분(삼하 7:9)에도 활용되었다.

3. 마지막 층 – 신명기 편집자의 층

최종적으로 확대된 부분인 1b, 11a, 13a절 등은 신명기 편집자(Dtr)의 층으로 분류할 수 있다. 신명기 편집자는 후손(seed)이란 개념을 솔로몬에 한정시켰으며(13a절), 솔로몬을 성전 건축자로 소개하였다. 그러나 그 다음부분인 13b-17절에는 성전 건축이란 주제가 언급되지 않았다. 성전 건축이란 주제는 벌써 다윗 왕조의 건설이란 주제로 변천하였는데(11b절) 또다시 성전 건축을 언급한 13a절은 다른 부분과 잘 조화되지 않는 불연속성을 가지며 이 점이 13a가 후대에 첨가되었음을 증명해 주는 근거가 된다. 13a절을 읽을 때 우선 알 수 있는 것은 5b절과 7b절에 수사학적으로 거부된 성전건축 계획이 수정되어 다시 나타났다는 것이다. 그런데 이 경우 한 가지 덧붙인 것은 성전 건축자로 솔로몬을 소개하면서 다윗의 왕위를 처음으로 세습하여 승계한 솔로몬의 왕권을 정당화시켜 주었다는 것이다.

"나의 이름을 위한 집"(13a절)이란 구절은 야웨의 나타남 보다 더 추상적으로 표현한 것이다. 이러한 표현은 신명기 편집자의 특유한 표현인데 특히 신명기 편집자의 신학은 예루살렘 성전에 야웨의 이름이 나타남을 강조한 신학이었다(왕상 3:2 ; 5:3, 5 ; 8:18). 신명기 편집자 특유의 표현을 찾아 본 다면 1b

77 F. M. Cross, *Canaanite Myth and Hebrew Epic*, 252.

절과 11a절에 테두리(inclusio)로 나타나는 "안식을 주다"라는 구절에서 사용되는 히필형 동사 하니아흐(הניח)이다. 여기에 사용된 이 용어는 이스라엘에 주어진 야웨의 궁극적인 축복을 표현하는 말로써 이와 비슷한 말과 병렬적으로 사용되어 있다. 10b절의 내용은 11a의 내용과 비슷하여 평행을 이루고 있는 것이다. 10b절과 11a절에서 강조하는 바는 백성들의 앞길이 다윗왕조의 왕과 그 후손들에 의존되어 있다는 사실이다. 신명기 편집자의 신학이 잘 나타나는 대목은 역시 11a절에 있는데 사사시대 때 주기적으로 어려움을 겪는 내용에서 엿볼 수 있다.

VI. 결론

앞서 고찰한 바와 같이 삼하 7:1-17은 통일된 하나의 단위를 이루고 있지만 그 가운데는 다음과 같이 문학적 층이 세 부분(혹은 네 부분)으로 나누어져 있음을 발견할 수 있었다;

(1) 다윗시대 때 선포된 나단의 신탁(두개의 신탁)
(2) 아하스 왕 때 시리아-에브라임 직전에 선포된 이사야의 예언으로 확대 된 부분
(3) 포로기에 있었던 신명기 편집자의 편집활동 층

나단의 첫 번째 신탁(2-3절)은 겸손하고 경건한 왕 다윗이 야웨 성전을 지으려고 하였는데 나단과 나단 주위의 사람들이 적극 협조하는 모습을 보여 주었다. 그러나 성전 건축 계획을 지파의 지도자들이 반대 하였으며 결국 그 계획은 무산되고 말았다. 그 다음 나타난 나단의 두 번째 신탁(4-7, 11b, 16, 17절)은

웅장한 성전이 없는 상태에서 다윗 왕조의 정당성을 신학적으로 뒷받침하려고 하였다. 이 때 나타난 중요한 신학적 주제는 성전이 아니라 야웨의 자유로운 이동과 야웨의 주도권이었다. 그러므로 성전이 건축되었을 때 보다 성전건축이 무산되고 성전이 없는 상태에서 더 성숙된 신학이 배태된 것이었다. 다윗 왕조 신학의 바탕이 성전 건축에 있었던 것이 아니라 성전건축이 좌절된 상태에서 이룩되었다는 점은 주목할 만하다.

다윗 왕조 신학이 기여하고 발전한 경우들을 살펴보면 위기상황이나 좌절된 상황들이란 바로 시리아-에브라임 전쟁과 바벨론 포로의 상황들이었다. 이사야가 확대된 층(8-10, 12, 13b-15, 17절)은 다윗 왕조 계승자, 즉 다윗의 후손에 초점을 모았다. 시리아의 르신과 이스라엘의 베가가 다윗왕가의 왕인 아하스를 위협 했을 때 이사야는 나단의 신탁에다 사신의 예인을 첨가한 다윗 왕조 신학을 선포함으로써 아하스 왕을 도우려 하였다. 이 때 이사야는 나단과 같이 야웨의 주도권이란 주제를 부각시켜 다윗 왕가의 후예인 아하스를 지지하고 보호하려 하였다. 특히 "야웨가 그와 함께 하신다"라는 임마누엘 주제를 반복하여 강조하였다. 아하스가 고통당하는 현실을 이사야는 야웨의 징계라 해석하였으며 그 징계는 부모가 자녀를 책망하는 징계라 설명하였다. 그리고 이사야는 아하스가 야웨의 자비 즉 아버지의 사랑으로 인해 르신과 베가의 위협에서 벗어날 것을 확신하며 강조하였다.

마지막 층은 신명기 편집자의 층이다(1b, 11a, 1a절). 신명기 편집자는 소위 나단의 신탁이라 부르는 삼하 7:1-17을 신명기 사가의 작품 전체와 연결 시켰다. 신명기 편집자는 "안식하다"(1b, 11a절)라는 주제를 첨가시켜 앞에 있는 부분과 연결 시켰으며 동시에 이 부분이 "다윗의 상승"(David's rise) 전체의 절정 부분이 될 수 있도록 배열하였다. 13a절에 신명기 편집자는 성전 건축과 성전 건축자에 내려지는 축복이란 주제를 첨가시켜 다음에 나오는 왕위계승설화와 연결 시켰는데 그 설화는 성전 건축자인 솔로몬이 왕위를 계승하는 내용으로 되어있다. 솔로몬이란 이름이 나타나 있지 않은 13a절의 또 다른 기능은 포로 시기에 이스라엘백성을 격려하는 역할이었다. 신명기 편집자는 예루살렘의 멸망을 야웨의 징계라 해석하였고 야웨가 그의 자비로 성전을 재건하며 다윗왕조를 다시 세울 것이라 주장하였다.

제3장 호세아와 모세의 노래의 유사성

I. 머리말

신 32:1-43는 소위 "모세의 노래"라 불리는 시인데 여러 면에서 주전 8세기 예언서들과 유사한 섬을 보여준나. 그동안 여러 학사들이 신 32:1-43의 본문과 호세아의 예언의 유사함을 지적하여 왔지만 그 유사성을 구체적이면서 종합적으로 제시하지는 못하였다.[78] 본 장에서는 신 32:1-43과 호세아 사이의 언어와 수사학적 기법의 유사성, 구조면의 유사성, 그리고 모티프의 유사성 등을 세밀히 검토하여 이들의 유사성의 실체를 밝히려 한다. 그리고 이러한 연구는 그동안 논란이 많았던 신 32:1-43의 저자의 윤곽을 밝히는데 도움을 줄 수 있을 것이다.

78 U. Cassuto, "The Prophet Hosea and the Books of the Pentateuch," *Biblical and Oriental Studies,* (vol.1; Jerusalem: The Magness Press, 1973) 79-100. 카수토는 신 32:1-43의 시대적 배경을 사사시대로 보았다. 그러나 이 시에서는 사사시대의 상황을 아주 먼 옛날의 것으로 회상하고 있으므로(신 32:7) 이 시의 시대적 배경은 그 이후임이 분명하다. 참조; J. H. Chong, *The Song of Moses (Deut. 32:1-43) and the Hoshea-Pekah Conflict,* (Dissertation; Emory University, 1990) 6-7, E. Baumann, "Das Lied Moses (Dt. XXXII 1-43) auf seine gedankliche Geschlossenheit untersucht," VT 6(1956) 414-424; E. M. Good, "Hosea 5:8-6:6; An Alternative to Alt," *JBL* 85(1966) 273-286; M. J. Buss, *The Prophetic Word of Hosea,* (BZAW 111; Berlin: Verlag Alfred Töpelmann, 1969) 82-90, 111-112; W. Kuhnigk, *Nordwestesemitische Studien zum Hoseabuch,* (Biblica et Orientalia 27; Rome: Biblical Institute Press, 1974) 35-39.

II. 언어와 수사학적 기법의 유사성

신 32:1-43과 호세아와의 언어적 유사성은 다음의 도표를 통해 그 정도를 가늠해 볼 수 있다[79];

히브리어 단어 혹은 구절	신명기	호세아
אמרי פי	32:1	6:5
ערף	32:2	10:2
כטל	32:2	6:4; 13:3; 14:6
השׁחת	32:5	9:9; 11:9[80]
גמל	32:6	1:8
לא חפם	32:6	13:13
עשׂע[81]	32:6, 14	8:14
פרד	32:8	4:14
מצא	32:10	9:10
נשׁר	32:11	8:1
עור	32:11	7:4
ענב	32:14, 32	3:1; 9:10
קנא	32:16	12:15
השׁד	32:17	12:2
חדשׁ	32:17	5:7
השׁכח	32:18	2:15; 8:14; 13:6

79 언어의 유사성에 관해서는 쿠니크의 저서를 참조하라; W. *Kuhnigk, Nordwestsemitische Studien zum Hoseabuch*, 36-39.

80 특히 호세아는 군사적인 상황에서 이 용어를 사용하였다.

81 이 용어는 특히 '(백성)을 창조하다'라는 의미로 사용된 용어이다.

קטב	32:24	13:14
השׂכל	32:25	9:12
השׂיבה	32:25	9:12
השׁבת	32:26	1:4; 2:13
גור	32:27	10:5
עצב // תבונה	32:28	13:2; (10:6)
גפן	32:32	10:1; 14:8
רושׁ	32:32	10:1; 14:8
אין מציל	32:39	5:14
חרב	32:42	11:6
אכל בשׂר	32:42	8:13

호 5:1a와 신 32:1-2에는 예언이나 시의 첫머리에 나타나는 수사학적 기법을 볼 수 있다. 즉 경청을 호소하는 "2중/3중적 호소"가 양 본문에 동시에 나타나고 있으며 전체 청중을 향해 거듭 호소하고 있는 모습도 비슷하다;

> 이를 들어라 제사장들이여,
> 유의하라 이스라엘 집이여,
> 귀를 기울이라 왕의 집이여... (호 5:1)
>
> 하늘이여 귀를 기울이라, 내가 말하리라.
> 땅이여 들어라, 내 입의 말을... (신 32:1)

세 번 거듭 호소하는 호세아의 호소는 사회의 각 계층 혹은 다른 집단에 대해 각각 호소한다고 볼 수 도 있지만, 그 분위기는 전체 이스라엘 백성을 향한 세

번의 거듭된 호소로 볼 수도 있다. 즉 두 번째 호소에서 "이스라엘 집"이란 범주는 첫 번째의 "제사장" 집단과 세 번째의 "왕의 집"을 포함할 수 있는 범주임으로 세 번의 호소는 전체를 향한 호소의 반복으로 볼 수 있다는 것이다.[82] 신명기 32장에서도 "하늘"과 "땅"에 대해 각각 호소를 하고 있지만 이 역시 전체를 향한 반복된 호소이지 하늘과 땅을 구별해서 호소하는 자세는 아닌 것이다.

또한 호소 이후에 계속되는 구절들은 경청해야할 이유들을 담고 있는 점도 유사하다(호 5:1b-5; 신 32:2). 전통적으로 신 32:2은 지혜자의 교육적인 내용으로 이해되었고 그러한 의미로 번역되어 왔지만 그러한 해석과 번역 보다는 심판이라는 시각에서 본 해석과 번역이 훨씬 설득력이 있다. 신 32:2를 사역하면 다음과 같다;

> 나의 말이 폭우[83]와 같이 부숴뜨릴 것이며[84]
> 나의 말은 이슬과 같이 내리 덮을터인데[85]
> 어린 새싹 위에 폭풍우[86]와 같이,
> 자라나는 초목위에 억수같을 것이라.

82 Yair Mazor, "Hosea 5:1-3: Between Compositional Rhetoric and Rhetorical Composition," JSOT 45(1989) 116; J. M. Ward, *Hosea: A Theological Commentary,* (New York: Harper & Row, 1966) 93.

83 **מטר**는 '비'이지만 이 문장에서는 강한 힘을 지닌 비이기에 번역에는 폭우로 강조할 필요가 있다. 특히 **כמטר**로 사용될 때는 긍정적인 경우(시 72:6 - 왕의 힘을 비유함, 욥 32:6)와 부정적인 경우(시 32:6 - 폭우, 잠 26:1 - 추수 때 내리는 비) 모두 강한 힘을 비유하는 언어로 사용되었다.

84 **ערף**는 '떨어지다'와 '부수다'라는 두 가지의 의미를 내포한 단어이다. 구약에는 '부수다'라는 의미로 빈번히 사용되었는데 그 예를 들면 다음과 같다; 출 13:13; 34:20; 신 21:4, 6; 사 66:3; 호 10:2.

85 이슬'은 온 지면을 한꺼번에 덮는 것으로 때로는 위력 있는 것을 비유할 때 사용되는 단어이다(미 5:6; 삼하 17:12). 위력 있는 이슬의 모습은 함께 나타나는 **נזל**이라는 단어와 연관되어진다. 이 단어는 '(물이) 흐르다'는 기본적인 의미가 있는데 굳이 이 단어를 사용한 데는 이슬의 조용함 보다 이슬의 위력을 강조하려는 의도가 있음을 알 수 있다.

86 **개역**에 '가는 비'로 번역된 **שְׂעִירִם**은 비 혹은 폭풍우로 번역될 수 있는 단어이지만 구약에 나타난 이 단어는 주로 폭력적인 이미지를 내포하고 있다(사 28:2). LXX(ομβρος)와 불가타(imber)에서도 이러한 이미지를 가진 '폭풍우'로 나타나 있으며 이러한 번역은 2절 전체의 분위기와도 조화를 이룬다.

그리고 신 32:2에서 직유법을 네 번씩 계속해서 사용하는 수사학적 기법은 호세아 가운데 여러 곳에서 발견된다. 호 13:3과 호 13:7-8에서는 정확히 직유법을 연속하여 네 번 사용된 모습을 볼 수 있고 호 6:3에는 직유법이 세 번씩 반복되어 사용되고 있음을 발견할 수 있다;

> 폭우와 같이 ... 이슬과 같이 ... 폭풍우와 같이 ... 억수같이 ... (신 32:2)
> 아침 구름과 같이 ... 이슬과 같이 ... 쭉쩡이같이 ... 연기같이 ... (호 13:3)
> 사자 같이 ... 표범 같이 ... 곰같이 ... 암사자같이 ... (호 13:7-8)
> 새벽같이 ... 소나기와 같이 ... 봄비와 같이 ... (호 6:3)

신 32:1-43과 비슷하게 호 5:14과 호 13:4에서 동일하게 전능의 야웨 상을 강조하고 있으며 일인칭 대명사 '내가'를 반복하고 있는 점도 유사한 점이다.

> 보라 내가, 바로 내가 그니라.
> 나 외에는 다른 신이 없노라.
>
> 내가 죽이기도 하고 내가 살리기도 하며
> 내가 상처 입히기도 하고 내가 치료하기도 하노라.
> 내 손에서 건져낼 자가 아무도 없노라(신 32:39).
>
> 참으로 나는 에브라임에게는 사자같고,
> 유다 집에는 어린 사자 같도다.
> 내가, 바로 내가 찢기도 하고 내가 행할 것이며,
> 옮기기도 할것이나 아무도 건져낼 수가 없을 것이다(호 5:14).

나는 이집트 땅에서부터 너희 하나님 야웨니라.
나외에 어떤 다른 신도 너는 알지 말것이라.
나외에는 구원자가 없노라(호 13:4).

לא חכם(지혜가 없음)이란 구절은 신 32:6과 호 13:13에만 나타나는 특이한 표현이다. 호세아에서는 태아가 어머니의 자궁에서 밖으로 나오기를 거부하는 "어리석은 아들"로 에브라임을 묘사할 때 이 구절을 사용하였다. 호세아에서는 부정을 나타내는 단어들인 **לא**와 **אין**이 종종 위협과 책망의 말을 표현할 때 사용되었으며 때로는 탄식하는 소리를 묘사할 때도 사용되었는데[87] 신명기 32장의 시에도 이와 유사한 의미로 부정적인 단어들이 사용되었다.

반역 행위를 묘사하는 단어 가운데 **זרים**(외부인들)이라는 단어가 신 32:16에 나타나며 호세아에는 5:7; 7:9; 8:7 등에 나타난다. **개역**에는 "다른 신"(신 32:16)으로 번역되어 있지만 이러한 번역은 문제가 있다. 왜냐하면 **זר**라는 단어가 "다른 신"으로 번역될 때는 **אל**이라는 단어와 함께 있다(시 44:21; 81:10). 또 다른 경우 이 단어가 회화적(繪畵的) 언어로 사용되며 동시에 '외국' 또는 '외국의 구조자' 등을 의미하는 단어일 경우 **אל**이라는 단어가 없어도 "다른 신"으로 번역할 수도 있다(사 43:12; 렘 2:25; 3:13). 그러나 신 32:16이나 호세아의 경우 이러한 경우가 아니므로 "다른 신"으로 번역하는 것은 무리다. 따라서 신 32:16의 이 단어는 "다른 신"으로 번역하기보다 '외부인들(strangers)'이라 번역하는 것이 좋다.

신 32:16의 이 단어는 야웨가 원하지 않는 백성(외부인들)과 국제조약을 체결하는 행위를 야웨를 향한 반역 행위라 규정하고 비판하는 문맥에서 사용되

87 M. Buss, *The Prophetic Word of Hosea,* (Berlin: Alfred Töpelmann, 1969) 89.

었다. 호 5:7에서도 이 단어는 야웨를 향해 반역하는 무리를 일컫는 단어이다. "사생자"로 번역된 이 단어의 뜻은 이스라엘과 에브라임이 생산한 자식이지만 유산을 상속받지 못하는 자식을 의미하며 '버려진 자식' 혹은 '외부인'을 뜻한다. "사생자"는 반역하는 무리이며 이는 야웨가 원하지 않는 국제정치적인 행위의 동조자일 가능성이 있다. **개역**에서는 이 단어가 "이방인"으로 번역되어 있다(호 7:9; 8:7). 그러나 이 단어의 뜻이 "외국인"이라기보다 국내에 거주하는 나그네를 포함하고 있으므로 '외부인'이라 번역하는 것이 더욱 적합하다. 그러므로 신 32:16에서나 호세아에서는 זָרִים이라는 단어가 '외부인'이라는 동일한 의미로 사용된 것은 언어사용에 있어서 공통점이 있다는 것을 보여주는 것이다.

신 32:8과 호 2:1에도 언어 사용의 공통적인 면을 발견할 수 있다. 신 32:8의 MT 본문은 원래 בני ישׂראל로 되어 있지만 LXX와 4QDt를 근거로 בני אלהים으로 수정할 때 이러한 유사성을 발견할 수 있다.[88] 즉 "살아계신 하나님의 아들들"이란 구절은 구약성서 가운데 단 한번 호 2:1에만 나타나는데 "살아계신"이란 단어가 결여된 "하나님의 아들들"이란 독특한 구절은 신 32:8에서 볼 수 있다.

חדשׁ는 '새로운 것'이라는 기본적인 뜻이 있는 단어인데 보통 '새로운 달' 혹은 '새로운 백성' 그리고 '새로운 신' 등의 뜻으로 번역되는 단어이다. **개역**에는 신 32:17에서 이 단어를 "새 신"이라 번역하였지만 삿 5:8을 참고해 볼 때 이러한 번역은 무리가 있음을 알 수 있다. 왜냐하면 삿 5:8에는 אלהים חדשׁים이라 명백히 밝히고 있기 때문이다. 신 32:17의 이 단어는 신을 가리키기보다 새로운 세력의 '파멸자'를 지칭하는 것으로 볼 수 있다. 이러한 의미는 호 5:7에서

88 이 구절의 본문비평에 관한 논의는 다음의 논문들을 참조하라; K. Budde, Das Lied Mose's, *Deut. 32,* (Tübingen: J. C. B. Mohr(Paul Siebeck), 1920) 17-20; G. von Rad, *Deuteronomy: A Commentary,* (OTL; Nashville: Abingdon Press, 1966) 192; W. F. Albright, "Some Remarks on the Song of Moses in Deuteronomy XXXII," VT 9(1959) 343; P. Skehan, "A Fragment of the 'Song of Moses' Dt 32(37-43) from Qumran," BASOR 136(1954) 12; 정중호, "모세의 노래와 호세아-베가의 갈등," **신앙과 신학** 제8집(1991) 122.

명백히 나타나는데 호 5:7에서의 이 단어의 의미는 '파멸자'(destroyer)로서 신 32:17과 유사성을 보여주고 있다.

III. 양식과 구조의 유사성

이 장에서는 신 32:1-43과 유사성이 깊은 호세아의 본문들을 선별하여 양식과 구조의 유사성을 구체적으로 점검해 보고자 한다. 선별된 호세아의 본문들은 9:10-17, 11:1-7, 13:1-14:1 등이다.

호 9:10-17은 신명기 32장의 시 가운데 특히 10-42절 부분과 서로 유사한 언어, 양식, 구조, 모티프 등을 보여주고 있다.

(1) 야웨가 이스라엘을 양자로 맞아들임 (신 32:10; 호 9:10a-b)
(2) 반항하는 아들에 대한 야웨의 고발 (신 32:15-18; 호 9:10c-d)
(3) 반항을 보여주는 증거들의 나열과 야웨의 심판 (신 32:19-42; 호 9:11-17)

호 11:1-7도 호 9:10-17과 마찬가지로 입양이라는 모티프를 중심으로 구성되어 있으며 이는 신 32:10-42의 중심 모티프이기도 하다.

(1) 야웨가 이스라엘을 양자로 맞아들임 (신 32:10; 호 11:1)
(2) 반역하는 아들에 대한 야웨의 고발 (신 32;15-18; 호 11:2)
(3) 야웨가 역사 가운데서 아들에게 내려준 은혜들을 열거함 (신 32:7-14; 호 11:3-4)
(4) 야웨의 심판 (신 32:19-42; 호 11:5-7)

호 13:1-14:1과 신 32:1-43은 동일하게 처음에는 광야를 언급하며 그 다음 반역한 이스라엘을 강하게 응징하는 구조로 구성되어 있다.

(1) 중심이 되는 주제를 소개하고 설명함 (신 32:1-3; 호 13:1-3)
(2) 야웨의 선한 행위 (신 32:7-14; 호 13:4-6a)
(3) 야웨에 대항하여 반역을 일으키는 이스라엘 (신 32:15-19; 호 13:6b)
(4) 야웨의 심판 (신 32:20-43; 호 13:7-14:1)

Ⅳ. 모티프의 유사성

신 32:1-43과 호세아에서 공통으로 발견되는 모티프 가운데는 입양 모티프가 가장 강하게 부각되며 입양 모티프와 관련되어 반역 모티프 및 이와 관련된 몇 가지 모티프들을 들 수 있다.

1. 입양 모티프

신 32:1-43에는 부모와 자식과의 관계를 은유적으로 사용하는 입양 모티프가 중심 모티프라면 호세아 역시 이 모티프를 여러 곳에서 중심 모티프로 사용하고 있다(호세아 1-3장, 9장, 11장, 13장 등). 신명기 32장에 나타나는 입양모티프는 '입양 - 배역 - 파양'이라는 구조로 되어 있으며 그 내용을 요약하면 다음과 같다; 야웨는 이스라엘을 황무한 광야에서 발견하여(10절) 양자로 입양시킨다. 야웨는 양자에 대해 친부모와 같이 "획득하고"(6절) "낳은"(18절) 부모로 묘사되어 있으며 야웨는 부모로서 양자를 양육하고 교육시킨다. "그 눈의 눈동자같이"(10절) 야웨는 양자를 보호하고, 독수리가 새끼를 훈련시키듯 양자를 교육시킨다(11절). 야웨는 양자에게 생활의 기반인 땅을 주고 먹을 것을 주며 충분히 필요한 것을 넘치도록 공급한다(13-14절). 그러나 양자는 배부를 때 교만하여 양부인 야웨를 배역하고 발로 차버리고 야웨를 잊어버리게 된다(15절). 양자로부터 배역당한 야웨는 분노하며 그 죄악들을 열거하고 결국 파양을 선언하게 된다(5, 20절).

입양 모티프에서 먼저 나타나는 것은 양부가 양자를 입양하는 모습이다. 이때 나타나는 단어는 מצא(발견하다)인데 이 단어는 입양을 암시하는 아카디아어 masu(획득하다)와 어원이 비슷하다. 또한 입양을 의미하는 수메리아 구절 'TUL-TA PAD'(개천에서 발견된 자)도 히브리어 מצא의 의미를 담고 있다.[89] 따라서 신 32:10에 나타나는 "그가 사막에서, 황량한 광야의 황무지에서 그를 발견하였다"라는 구절은 야웨가 이스라엘 백성을 입양하여 양자로 삼았다는 구절임을 알 수 있다. 호세아도 이 히브리어 단어를 사용하여 입양모티프를 전개시키고 있는데 호 9:10-17의 첫 부분에서 이 단어를 사용하였다;

> 광야에서 포도같이, 나는 이스라엘을 발견하였으며(מצא),
> 이른 계절의 무화과 나무 첫 열매와 같이,
> 나는 너희 조상들을 보았다(호 9:10).

한편 고대 근동 문헌에 의하면 입양을 나타내는 다른 표현도 있음을 알 수 있으며, 이러한 표현이 호세아나 신명기 32장에 동시에 나타남을 찾아볼 수 있다.

89 G. R. Driver and J. C. Miles, *The Babylonian Laws vol. I,* (Oxford: The Clarendon Press, 1955) 391.

함무라비 법전(170:45)에 의하면 입양을 나타내는 전형적인 구절은 다음과 같다; maru^{mes}-u-a(너는 나의 아들이다).[90] 샬롬 폴(Shalom Paul)도 그의 연구에서 널리 사용된 전형적이 입양 구절 혹은 아들임을 선언하는 구절은 "그는 너의 아들이다"라는 구절임을 주장하였다.[91] 그런데 이러한 표현이 호 11:1에 나타남을 볼 수 있으며 따라서 호 11:1이 입양을 묘사하는 표현임을 알 수 있다;

> 이스라엘이 어렸을 때 내가 그를 사랑하였으며,
> 이집트에서부터 내가 그를 "나의 아들"이라 불렀다(호 11:1).

또한 신 32:19에는 독특한 표현인 "그의 아들들과 그의 딸들"이란 표현이 나타나는데 이러한 독특한 표현은 고대 근동 문헌과 호 11:1에 나타나는 입양선언의 표현과 유사함을 알 수 있다. 신명기 32장에 나타나는 시는 전체 분위기가 입양 모티프로 가득 차있는 점을 고려해볼 때 이러한 독특한 표현이 입양을 나타내는 표현임을 더욱더 확실히 알 수 있다.

양부는 입양시킨 양자를 사랑하며 정성으로 양육하게 된다. 신 32:10-14에는 광야에서 부터 야웨가 이스라엘 백성을 "그 눈의 눈동자같이" 보호하고 양육하였으며 독수리가 새끼를 훈련시키듯 야웨가 이스라엘 백성을 훈련시키고 교육시켰음이 묘사되어 있다. 호세아도 광야를 회상시키면서 양부와 양자가 친밀함을 강조하였다(호 13:5). 호세아는 '에브라임에게 걸음을 가르치고 내 팔로 안았다'(호 11:2)라는 표현으로 양부가 양자를 교육시키고 사랑을 퍼부었음을 묘사하였다. 특히 야웨 외에 다른 신이 개입되지 않고 야웨만 이스라엘 백성을 인도하고 양부와 양자의 비밀스러운 독점적인 사랑의 관계를 신명기 32장과 호

90 G. R. Driver and J. C. Miles, *The Babylonian Laws vol. II,* (Oxford: The Clarendon Press, 1955) 64-65.

91 S. Paul, "Adoption Formulae: A Study of Cuneiform and Biblical Legal Clauses," *MAARAV* 2/2(1980) 179.

세아 모두 강조하고 있다(신 32:12; 호 13:4). 양부가 양자에게 제공해주는 기본적인 것은 역시 음식물이다. 신명기 32장의 저자는 양부가 양자에게 제공해준 음식물이 풍부하고 최상의 품질임을 화려하게 나열하였다. 바위에 흐르는 꿀과 기름진 고기 그리고 최상의 곡식과 붉은 포도주는 맛을 한껏 돋우어 주며 양자는 먹고 마셔 배부르게 된다(신 32:13-14). 호세아는 간단하게 양자가 '먹고 배불렀다'고 묘사하였지만 이 말은 양부의 사랑과 양자의 만족을 신명기 32장 못지않게 함축적으로 묘사한 것이다(호 13:6a).

2. 반역 모티프

그러나 배부른 양자는 양부를 멸시하며 배역하고 패역한 행위를 저지르게 된다. 신명기 32장과 호세아에 동시에 나타나는 이러한 '배부름과 반역'이라는 도식은 양부의 분노로 이어진다. 신명기 32장의 시에서 양부인 야웨를 향한 반역의 상황이 묘사된 부분은 5-6, 15-21, 32-33절 등이다. 5-6절에는 반역 모티프가 소개되어 있고 32-33절에서는 반역의 기원을 밝혀놓았고 15-21절에서는 반역과 파멸이 묘사되어 있다. 야웨가 풍부한 음식으로 그의 백성을 배부르게 먹였더니 그 백성이 야웨를 경멸하고, 발로 차 버리고, 잊어버려 야웨를 분노케 하였다는 내용이 신 32:15-16에 나타나 있다.[92] 이와 유사한 내용이 호 13:6에도 나타나는데 바로 포만함으로 야웨를 잊어버린다는 내용이다;

> 여수룬이 살찌매 차버렸구나.
> 너는 살찌고 부대하고 윤택하여 졌구나.
> 그런데 그는 그를 만드신 하나님을 버렸구나.

92 아카디아어 문헌에도 이와 유사한 내용이 있다. *CAD* 1, 133.

그는 자기의 구원자이신 하나님을 홀대하였도다(신 32:15).
그들이 먹이운대로 배불렀고,
배불렀을 때 그들의 마음이 교만하여졌으며,
이로 인해 그들은 나를 잊어버렸다(호 13:6).

야웨를 반역한 이스라엘 백성의 모습은 구약 여러 곳에서 보통 '우상 숭배'라는 형태로 부각되어 있는데 신명기 32장의 시와 호세아에서도 예외는 아니다. 그러나 특이한 점은 이들의 언어가 야웨를 반역하면서 동시에 정치적인 반란과 관련이 있는 언어를 공통적으로 사용하고 있다는 점이다. 반역 모티프가 표현된 단어 중에 호 11:8과 신 32:20에 나타나는 הפך라는 단어가 있다. 이 단어의 기본적인 의미는 "뒤엎다" 혹은 "내던져 버리다" 등이다. 세이볼드(K. Seybold)는 주장하기를 이 단어에서 파생되는 명사는 "혁명" 혹은 "반역" 혹은 "저항" 등의 의미를 나타낸다고 하였다.[93] 호 11:8에서는 "…에 대항하여"라는 의미를 지닌 전치사 על이 이 단어 뒤에 연속되면서 이 단어는 반란의 의미를 분명히 나타내고 있다.

반역 행위를 묘사할 때 호세아는 바알브올 사건을 언급하였다(호 9:10c). 호세아가 이 사건을 언급한 것은 광야에서 일어났던 반역 행위(민 25:3, 28)를 단순히 상기시켰다기보다 호세아 당시에 일어났던 반역 행위를 묘사한 것으로 볼 수 있다.[94] 아마도 바알브올은 요단강 동편 지역에 있는 '브올(이라는 지역)의 주인(왕)'을 지칭한 것으로 짐작할 수 있다. 즉 호세아는 이스라엘이 요단강 동편의 반역적인 세력과 정치적 혹은 군사적인 연합을 도모한 사실을 비판한

93 K. Seybold, "הפך" *TDOT* vol. 3, 423.

94 호 9:13의 역사적 배경을 재구성하는 문제에 대해서는 쿠안의 논문을 참조하라; J. K. Kuan, "Hosea 9.13 and Josephus, Antiquities IX, 277-287," *PEQ* 123(1991) 103-108.

것이다. 지중해 연안의 국가들이 앗수르에 대항하여 연합체를 형성하는 사건들은 빈번히 있어왔던 사건이었으며 두로의 경우도 이와 유사한 경우이다(호 9:13). 이러한 호세아의 국제정치관은 신 32:15-18에 나타나는 국제정치관과 유사한 점이 있다.[95]

호세아가 두로를 언급할 때는 부정적인 시각에서 두로를 언급하였다;

> 오 에브라임이여! 즐거운 곳에 심기워진 두로를 내가 보아온 바와 같이, 마찬가지로 에브라임은 그의 자녀들을 살륙자에게 끌어내는구나.[96]

그런데 두로로 번역되는 히브리어 단어는 צור이며 이 단어에 모음부호를 붙이지 않을 경우 '반석'이라는 뜻의 צור와 동일한 단어가 된다. '반석'이라는 뜻의 צור는 구약에서 한 곳외에는 모두 긍정적인 의미로 사용되었는데 유독 신명기 32장의 시(詩)의 경우 부정적으로 사용되었다; "거짓된 반석"(신 32:31, 37). 이러한 독특한 사용법은 동일한 국제정치적 경향을 나타내며 동일한 자음으로 나타나는 단어인 "두로"와 언어유희를 겨냥한 사용법으로 이해할 수 있다. 즉 호세아나 신명기 32장 시(詩)의 저자 모두 두로를 부정적으로 평가하며 동일한 국제정치적 시각이 있음을 알 수 있는 언어 사용법이다.

95 신 32:1-43의 국제정치적 시각에 대해서는 저자의 저서를 참조바람. 정중호, **이스라엘의 국제관계와 예언자**, (계명대출판부, 2005).

96 참조; J. K. Kuan, "Hosea 9.13," 106., 호 9:13

3. 심판 모티프

양부에게 패역한 행위를 한 양자는 양부로부터 처벌을 받게 되는데, 때로는 양자가 파양 당하기도 한다. 수메리아와 아카디아 문헌에서는 "너는 우리의 아들이 아니다"라는 표현이 파양을 선언하는 전형적인 선언문임을 보여 주고 있다.[97] 아마도 신 32:5에 나타나는 표현 "그의 아들이 아님"이란 표현이라든가, 호 1:9에 나타나는 "너희는 나의 백성이 아니며 나는 너희를 위하지도 아니할 것이다"라는 표현도 이러한 의미가 있음을 배제할 수는 없을 것이다.[98]

야웨에게 반역한 집단에 대해서 야웨는 심판을 하게 되는데 야웨가 맹수같이 혹은 맹수를 사용하여 심판한다는 모티프가 호세아와 모세의 노래(신 32:24b, 33)에 동시에 나타남을 볼 수 있다. 호세아에는 야웨가 사자와 어린 사자같이 에브라임과 유다를 심판한다는 내용이 있으며(호 5:14a) 모세의 노래 가운데는 맹수의 이빨과 독사의 독이 심판의 도구로 활용되고 있음을 볼 수 있다. 또한 호세아는 사나운 동물들을 열거하여 에브라임에 대한 야웨의 심판을 극적으로 묘사하는 기법을 13장에서도 사용하고 있으며(호 13:4-12), 호 6:1에는 간접적으로 동물을 연상시키는 단어들을 사용하여 야웨의 심판 능력을 묘사하였다.

그리고 반역의 죄에 대한 심판을 이야기할 때 반역의 죄를 인봉하여 저장한다는 이미지가 모세의 노래와 호세아에 동시에 나타나고 있다. 예레미야(32:6-15)에서도 인봉하여 저장한다는 단어들이 나타나는데 이 경우 예레미야가 아나돗에 있는 숙부 하나멜의 밭을 매수하는 상거래 문서를 관리하는 관습을 묘사하는데 이 단어들이 사용되었다. 때로는 조약문서나 저주가 포함된 봉신계약

97 수메리아 - DUMU NU. ME. EN. 아카디아어 - u-ul ma-ru-niat-ta, S. Paul, "Adoption Formulae," 180.

98 호세아에 나타나는 부정적인 단어들, 예를 들면 '로암미' 혹은 '로루하마' 등의 단어들에 관한 연구는 다음의 저서를 참조하라; M. Buss, *The Prophetic Word of Hosea,* (Berlin: Alfred Töpelmann, 1969) 88-89.

문서를 신전에 보관시키기도 하는데 이러한 문서들은 모두 법률적인 문서들로 그 문서의 효력을 지속시키기 위한 방편이었다. 그러나 신 32:34과 호 13:12에 나타나는 내용들은 이러한 법률적인 관습을 묘사한 것이 아니라 이러한 관습의 이미지를 은유적으로 사용한 것들이다. 즉 죄악의 내용이 결코 사라지지 않게 보관하여 기어이 대가를 치르도록 하겠다는 야웨의 심판 의지를 은유적으로 표현하는 것이다.[99]

이 외에도 반역한 이스라엘을 심판하는 용어와 이미지들이 신명기 32장의 시와 호세아에 공통으로 나타나고 있다. 먼저 야웨를 향한 반역과 그에 따른 야웨의 심판의 양상을 반역의 죄로 인한 부정(טמא)과 이를 정화시키는 제사장적 용어들이 신 32:43과 호 5:3에 공통으로 나타나고 있다. 또한 심판이라는 맥락으로 "하나님의 숨어 계심"이라는 주제가 공통으로 나타난다(호 5:6; 신 32:20). 또한 호 5:3에는 이스라엘이 하나님의 눈을 피해 숨지 못함을 지적하는 내용도 들어있다. 그리고 동일한 용어가 나타나지는 않았지만 반역의 죄로 인해 이스라엘과 에브라임 그리고 유다가 넘어지며(호 5:5) 배역자들이 넘어지는 모습(신 32:35)은 유사한 이미지가 공통으로 사용되었음을 알 수 있게 한다.

V. 맺는말

신명기 32장의 시와 호세아의 예언은 언어와 수사학적 기법의 유사성, 구조의 유사성, 모티프 사용의 유사성 등 여러 면에서 서로 유사함이 강력함을 보여주고 있다. 동일한 언어가 사용된 언어의 빈도 수 뿐만 아니라 수사학적 기법에서 경청을 호소하는 2중/3중적 호소의 기법이라든가 직유법을 네번씩 계속해

99 H. W. Wolff, Hosea, (Philadelphia: Fortress, 1974) 228.

서 사용하는 표현방법 그리고 חרשׁ, זר, לא חכם 등의 단어들이 독특한 공통의 의미를 나타내며 사용된 것을 발견할 수 있다. 구조면에서는 호 9:10-17; 11:1-7; 13:1-14:1 등이 신 32:1-43의 특징적인 구조와 유사함을 알 수 있다. 모티프 가운데는 입양 모티프가 가장 강하게 공통으로 나타나며 이 모티프와 관련된 반역과 심판 모티프가 또한 공통으로 나타난다. 반역과 심판 모티프 가운데는 입양 모티프와 상관없는 내용들도 공통으로 나타나는데 예를 들면 반역의 죄를 인봉하여 저장한다는 이미지와 "하나님의 숨어계심"이라는 공통의 주제를 발견할 수 있다. 전체적인 면에서 호 2:1-25; 5:1-6:6; 9:10-17; 11:1-7; 13:1-14:1 등과 신 32:1-43 사이의 특별한 유사성을 발견할 수 있다.

많은 학자들은 호세아와 신명기 32장의 시 사이의 유사성은 한편이 다른 편에 영향을 주어서 일어난 현상으로 해석하는 경향이 있다. 그러나 본 연구 과정에서 나타난 것과 같이 이들 간의 유사성이 특별히 강한 점으로 미루어 보아 신 32:1-43의 저자와 호세아는 한편이 다른 편에 영향을 주었다기보다 이들이 동일 저자의 산물일 가능성을 생각할 수 있다. 또한 저자의 선행 연구결과와 종합해 볼 때 이러한 가능성을 더욱 진지하게 생각할 수밖에 없다. 선행 연구 결과에 의하면 신 32:1-43의 저자와 호세아는 동시대에 살고 있었으며 여러 면에서 동일한 견해를 표명하고 있다는 것과 그 관심도 동일한 내용, 즉 이스라엘 왕위를 차지하려는 호세아와 이에 대항한 베가 사이에 일어났던 내전에 두 저자는 관심을 기울이고 있었다는 것이다.[100] 그러므로 본 필자는 위와 같은 연구 결과를 바탕으로 신 32:1-43의 저자가 호세아라는 하나의 가설을 제기한다.

100 선행 연구의 결론 부분; Joong Ho Chong, "The Song of Moses", 323-33.

제2부 전기 예언서 해석

제1장
예언자 사무엘의 고별사

제2장
예언자 엘리사와 나아만

제3장
예언자 엘리사와 수넴 여인

The origin and interpretation of the prophets

제1장 예언자 사무엘의 고별사

사무엘이 누구인가? 어릴 때부터 실로 성소에서 제사장 엘리의 교육을 받으며 제사장과 예언자로 성장하였고, 전쟁이 일어나면 군대사령관의 역할을 해야 하는 사사의 직무를 또한 감당하였다. 사무엘은 단순한 종교지도자가 아니었다. 사사로서 종교와 정치 및 군사를 총괄 지휘하는 강력한 지도자였다. 그러나 ...

"보라 나는 늙어 머리가 희었고..."(삼상 12:12 * 참조; 삼상 8:1)

사무엘은 이제 노인이 되어 육체적인 한계를 절감하게 되었다. 그러나 노인이 된 사무엘은 쇠약해진 자신의 모습을 들여다 볼 여유가 없었다. 사무엘이 당면한 가장 큰 고민은 왕을 세워달라는 백성들의 요구였다. 처음에는 거부하였지만 결국 사무엘은 왕제도를 인정할 수 밖에 없었고 초대왕으로 사울을 세우게 되었다. 사사인 사무엘이 살아있었는데도 불구하고 왕이 또한 활동하고 있었다. 사무엘의 권한이 축소될 수밖에 없었고 사무엘의 지도력이 위축되기 시작하였다. 거기에다 노인으로 기력도 약해지기 시작하였다.

설상가상으로 사무엘은 자신의 아들들로 인해 타격을 받을 수밖에 없었다. 사무엘에게는 두 아들이 있었는데 요엘과 아비야였다. 그들은 브엘세바에서 사사로 활동하였으나 뇌물을 받고 재판을 불공정하게 하는 부패한 사사로 낙인 찍혀 있었다(삼상 8:1-3). 당연히 백성들의 원성이 높아갔다. 그렇다고 해서 사무엘이 모든 일을 감당할 수 있는 나이도 아니었다. 이미 늙어 기력이 약해져 있었다. 새로운 왕은 동녘의 태양같이 떠오르는데 백성들은 사무엘과 사무엘의 아들들에게 기대할 수 있는 것이 별로 없었다. 이제 이러한 상황에서 사무엘이 무엇을 할 수 있다는 말인가?

신명기에서 열왕기하에 이르는 소위 신명기 역사서(Deuteronomistic History)의 한 부분을 차지하고 있는 본문은, 신명기 신학을 충실히 피력한 중요한 본문으로 알려져 있다. 앞으로 살아있을 날들이 많지 않은 사무엘은 혼신의 힘을 다해 중요한 설교를 하고 있는 모습이 본문에 나타난다. 이제까지 본문을 해석한 주석서들을 보면, 본문은 초대 왕 사울이 즉위하고 왕정이 시작됨으로 인해 사사시대까지 이어져 온 전통적인 신학과 신앙이 위협을 받고 있는 시점에서 사무엘이 전통적인 신학의 위용을 유감없이 강조한 내용으로 알려져 있다. 이러한 해석경향 때문에 본문은 반왕조적이며 전통적 계약신학에 충실한 예언으로 알려져 있기도 하다.

그러나 본문에는 또 다른 메시지가 있다. 시대적 변천의 와중에서 종교지도자인 사무엘이 어떻게 처신하였는가에 주목할 필요가 있다. 시대는 급속도로 변화하는데 종교지도자의 지도력은 약화되어가는 위기의 상황 속에서 지도자가 할 수 있는 것이 무엇인가 하는 질문에 본문이 대답하고 있음을 발견할 수 있다. 21세기만큼 급변하는 시대도 드물다고 본다. 이러한 변화의 시대에 기독교지도자는 어떻게 지도력을 발휘할 수 있을 것인가라는 실제적인 물음을 던지면서 본문을 통해 그 해답을 듣고자 한다.

I. 삼상 12:1-25 번역

1 사무엘이 온 이스라엘에게 이르되 보라 너희가 내게 한 말을 내
가 다 듣고 너희 위에 왕을 세웠더니
2 이제 왕이 너희 앞에 출입하느니라 보라 나는 늙어 머리가 희어
졌고 내 아들들도 너희와 함께 있느니라 내가 어려서부터 오늘까
지 너희 앞에 출입하였거니와
3 내가 여기 있나니 야웨 앞과 그의 기름 부음을 받은 자 앞에서 내
게 대하여 증언하라 내가 누구의 소를 빼앗았느냐 누구의 나귀를
빼앗았느냐 누구를 속였느냐 누구를 압제하였느냐 내 눈을 흐리
게 하는 뇌물을 누구의 손에서 받았느냐 그리하였으면 내가 그것
을 너희에게 갚으리라 하니
4 그들이 이르되 당신이 우리를 속이지 아니하였고 압제하지 아니
하였고 누구의 손에서든지 아무것도 빼앗은 것이 없나이다 하니
라.
5 사무엘이 백성에게 이르되 너희가 내 손에서 아무것도 찾아낸 것
이 없음을 야웨께서 너희에게 대하여 증언하시며 그의 기름 부음
을 받은 자도 오늘 증언하느니라 하니 그들이 이르되 그가 증언
하시나이다 하니라.
6 사무엘이 백성에게 이르되 모세와 아론을 세우시며 너희 조상들
을 애굽 땅에서 인도하여 내신 이는 야웨이시니
7 그런즉 가만히 서 있으라 야웨께서 너희와 너희 조상들에게 행하
신 모든 공의로운 일에 대하여 내가 야웨 앞에서 너희와 담론하
리라 .

8 야곱이 애굽에 들어간 후 너희 조상들이 야웨께 부르짖으매 야웨께서 모세와 아론을 보내사 그 두 사람으로 너희 조상들을 애굽에서 인도해 내어 이 곳에 살게 하셨으나

9 그들이 그들의 하나님 야웨를 잊은지라 야웨께서 그들을 하솔 군사령관 시스라의 손과 블레셋 사람들의 손과 모압 왕의 손에 넘기셨더니 그들이 저희를 치매

10 백성이 야웨께 부르짖어 이르되 우리가 야웨를 버리고 바알들과 아스다롯을 섬김으로 범죄하였나이다 그러하오나 이제 우리를 원수들의 손에서 건져내소서 그리하시면 우리가 주를 섬기겠나이다 하매

11 야웨께서 여룹바알과 베단과 입다와 나 사무엘을 보내사 너희를 너희 사방 원수의 손에서 건져내사 너희에게 안전하게 살게 하셨거늘 칠십인 역본에는,

12 너희가 암몬 자손의 왕 나하스가 너희를 치러 옴을 보고 너희의 하나님 야웨께서는 너희의 왕이 되심에도 불구하고 너희가 내게 이르기를 아니라 우리를 다스릴 왕이 있어야 하겠다 하였도다.

13 이제 너희가 구한 왕, 너희가 택한 왕을 보라 야웨께서 너희 위에 왕을 세우셨느니라.

14 너희가 만일 야웨를 경외하여 그를 섬기며 그의 목소리를 듣고 야웨의 명령을 거역하지 아니하며 또 너희와 너희를 다스리는 왕이 너희의 하나님 야웨를 따르면 좋겠지마는

15 너희가 만일 야웨의 목소리를 듣지 아니하고 야웨의 명령을 거역하면 야웨의 손이 너희의 조상들을 치신 것 같이 너희를 치실 것이라.

16 너희는 이제 가만히 서서 야웨께서 너희 목전에서 행하시는 이 큰 일을 보라.

17 오늘은 밀 베는 때가 아니냐 내가 야웨께 아뢰리니 야웨께서 우레와 비를 보내사 너희가 왕을 구한 일 곧 야웨의 목전에서 범한 죄악이 큼을 너희에게 밝히 알게 하시리라.

18 이에 사무엘이 야웨께 아뢰매 야웨께서 그 날에 우레와 비를 보내시니 모든 백성이 야웨와 사무엘을 크게 두려워하니라 .

19 모든 백성이 사무엘에게 이르되 당신의 종들을 위하여 당신의 하나님 야웨께 기도하여 우리가 죽지 않게 하소서 우리가 우리의 모든 죄에 왕을 구하는 악을 더하였나이다.

20 사무엘이 백성에게 이르되 두려워하지 말라 너희가 과연 이 모든 악을 행하였으나 야웨를 따르는 데에서 돌아서지 말고 오직 너희의 마음을 다하여 야웨를 섬기라.

21 돌아서서 유익하게도 못하며 구원하지도 못하는 헛된 것을 따르지 말라 그들은 헛되니라.

22 야웨께서는 너희를 자기 백성으로 삼으신 것을 기뻐하셨으므로 야웨께서는 그의 크신 이름을 위해서라도 자기 백성을 버리지 아니하실 것이요

23 나는 너희를 위하여 기도하기를 쉬는 죄를 야웨 앞에 결단코 범하지 아니하고 선하고 의로운 길을 너희에게 가르칠 것인즉

24 너희는 야웨께서 너희를 위하여 행하신 그 큰 일을 생각하여 오직 그를 경외하며 너희의 마음을 다하여 진실히 섬기라.

25 만일 너희가 여전히 악을 행하면 너희와 너희 왕이 다 멸망하리라.

Ⅱ. 대화형식의 본문 구조

〈사무엘과 백성의 대화〉

I. 사무엘 중심의 대화	1-5
A. 사무엘의 질문	1-3
B. 백성의 대답	4
C. 사무엘의 결론	5a
D. 백성의 동의	5b
II. 백싱 중심의 대화	6-25
A. 사무엘의 심판 예언	6-17
B. 해설	18
C. 백성의 반응	19
D. 사무엘의 예언	20-25

12장 전체는 예언자의 설교같다. 그러나 자세히 살펴보면 대화형식으로 진행하고 있음을 발견할 수 있다. 바로 사무엘과 이스라엘 백성들 간의 대화이다. 물론 대부분의 내용이 사무엘의 설교로 되어 있지만 백성의 반응이 있은 후 이어지고 있다.

12장 전체에서 해설은 그리 큰 분량을 차지하고 있지 않다. 18절 전체와 4, 5, 6, 20절 부분에서 해설자의 역할이 나타나고 있을 뿐이다. 12장에서 해설자는 사무엘과 백성의 대화를 이어주는 간단한 연결고리의 역할만 하고 있다.

왜 대화형식이 필요했는가? 설교를 할 때는 진리를 제시하는 것도 중요하지만 듣는 사람들에게 호소할 수 있는 설득력이 있어야 한다. 이러한 목적을 달성하기 위해서는 일방적인 주장을 강요하기보다 대화를 통해서 쌍방의 의사가 합치될 수 있는 일치점을 찾는 것이 무엇보다 중요하다. 설교는 듣는 사람들이 동의할 때 설득력이 배가될 수 있다.

특히 본문의 상황을 살펴보면 사무엘과 백성들이 서로 다른 생각, 더 정확히 이야기한다면 상반되는 주장을 하고 있는 상황이다. 백성들은 왕을 중심으로 하는 왕정에 기대를 걸고 있는데, 사무엘은 왕정을 탐탁치 않게 여기고 있는 것이다. 이러한 갈등과 반목 상황에서는 쌍방이 마음을 터놓고 대화할 수 있는 분위기가 먼저 형성되어야 하는 것이다.

대화를 진행하는 모습을 보면, 먼저 말을 시작한 사무엘이 자신의 모습을 내보이면서 자신의 진실성과 열린 마음의 자세를 보여주고 있다(1-5절). 그다음 사무엘은 백성들이 자신들을 성찰하고 마음문을 열 수 있도록 유도하고 있음을 발견할 수 있다(6-25절).

한 가지 덧붙일 것은 본문의 형식상 문제이다. 사무엘상 12장은 사무엘의 고별설교인가? 여호수아의 고별설교를 살펴보면 비슷한 점이 있음을 발견할 수 있다. 여호수아와 마찬가지로 사무엘도 늙어 기력이 쇠하였음을 밝힌 대목이라든가(수 23:1-2; 삼상 12:2), 온 백성을 모아놓고 다짐을 받는 모습이 마치 고별설교인 것처럼 보인다. 그러나 중요한 것은 사무엘이 이 설교 이후 곧 바로 은퇴하지 않았다는 사실이다. 그리고 백성에게 다짐을 받기도 하였지만 자신도 스스로 결단하며 무엇을 할 것인가를 분명히 제시하였다는 점을 주목해야 한다. 사무엘은 시대의 변화에 대응해서 중요한 결단을 내리고 새로운 지도력을 보여준 것이지 모든 일을 마감하고 은퇴하는 태도를 보이지 않았다. 그러므로 본문을 고별설교라는 범주에 넣기보다 급변하는 시대 상황 속에서 중대한 결단을 촉구하는 사무엘의 대표적 설교로 보아야 할 것이다.

Ⅲ. 시대의 변화와 신앙 패턴의 변화

노인이 된 사무엘은 사사시대에서 왕정시대로 넘어가는 전환점의 한가운데서 있었다. 실로 제사장 엘리의 죽음과 전쟁의 패배로 인해 법궤가 탈취 당하는 수모를 겪은 이스라엘 백성들이 사무엘이 노인이 되었을 무렵 왕을 세워 달라고 요청하였다.

백성들이 왕제도를 요청하는 이유는 자신들을 보호해 줄 강력한 군대를 원했기 때문이다. 주변의 나라들 특히 블레셋이 왕을 중심으로 상비군을 갖추고 잘 훈련된 강력한 군사력으로 이스라엘을 괴롭히고 있었기 때문에 이스라엘은 자구책을 마련해야만 하는 실정이었다. 당시 지중해 연안에는 여러 작은 국가들이 속속 왕정을 도입하여 왕국으로 부상하고 있었다. 국제적 환경을 살펴보면 당시 국제적으로 강대국들의 활동이 잠시 주춤하고 있었기 때문에 군소국가들이 손쉽게 왕정을 갖출 수 있었음을 발견할 수 있다. 이스라엘 백성들도 이러한 좋은 기회를 놓치지 않으려고 사무엘에게 왕정을 요청하였던 것이다.

그러나 백성들의 이러한 요청은 두가지 면에서 파격적이었다. 우선 사사시대에는 왕이 없었고 오직 하나님만 왕으로 계실 수 있었다. 그러나 왕정이 들어서면 인간 왕이 백성들의 섬김을 받게 되고 하나님의 위상이 모호해질 가능성이 있다. 하나님과 인간 왕의 자리매김을 해야할 필요가 있다. 사무엘상 12장은 바로 이러한 자리매김의 장인 것이다. 즉 새로 등극하는 사울 왕은 결코 신(神)이 아니며 인간에 불과하고 하나님의 통치를 받아야 하는 위치라는 점을 강조하였다. 왜냐하면 당시 주변 나라들은 왕이 신의 아들이거나 신이라는 제왕 이데올로기가 유행하고 있었기 때문에 사울 왕이 이러한 유혹에 빠지지 않도록 미리 예방할 필요가 있었던 것이다.

왕을 요구하는 백성들의 요구는 또 다른 면에서 파격적인 점이 있다. 바로 사무엘 자신의 위상에 관한 것이다. 만일 왕정이 들어서게 되면 사사의 위치는 몰락하게 될 것이 뻔한 사실이다. 사무엘이 엄연히 살아있음에도 불구하고 백성들이 왕정을 원한다는 것은 사무엘 자신에게는 엄청난 타격이 될 수 있을 것이다. 사무엘의 위치가 어떤 위치였는가? 제사장이며 예언자였고 사사였다. 종교적인 권력과 정치-군사적인 권한을 모두 확보한 최대의 권력자가 아니었던가? 사무엘은 지금 자신의 권력 중 핵심적인 권력을 내 놓아야 할 처지에 이른 것이다.

보다 더 중요한 문제는 시대의 변화에 따른 신앙 패턴의 변화이다. 신명기 신학의 전통적인 패턴은 (1) 백성들이 범죄할 때, (2) 백성들은 하나님의 형벌을 받아 고통을 당하고, (3) 하나님께 부르짖으니, (4) 하나님께서 구원자를 보내어서 백성을 구원하게 하심 등으로 이어진다. 그러나 사사시대에서 왕정으로 넘어갈 때 신앙 패턴에 변화가 생겼다. 사울이 왕으로 등극하여 왕정이 시작되었을 때 이러한 일이 일어났다. 사무엘상 11장에 보면 이스라엘 백성들이 범죄하여 하나님의 형벌을 받아 고통 속에 있었음에도 백성들이 하나님께 부르짖지 않았다. 다만 암몬 사람 나하스가 쳐들어 왔을 때 길르앗 야베스 사람들은 그 두려움 때문에 통곡하였고, 사울 왕은 압제 당한 백성들의 울음소리를 듣고 나타나 백성을 구하는 장면이 나타날 뿐이다. 그러나 중요한 것은 이러한 새로운 신앙 패턴에도 하나님이 함께 하셨다는 사실이다. 암몬 사람들을 격퇴할 때 사울 왕은 하나님의 신에 감동되어 그 큰 구원의 역사를 일으킬 수 있었다(삼상 11:6). 신앙의 패턴이 달라진 것이다. 사무엘은 이러한 시대적 변화와 신앙 패턴의 변화를 어떻게 보았으며 어떻게 대처하였는가?

IV. 해석을 위한 단서

2절. "왕이 너희 앞에 출입하느니라 ... 내가 ... 너희 앞에 출입하였거니와" 새로 등극한 왕과 사무엘 자신을 대비시키면서 "너희 앞에 출입하다"라는 말을 반복하고 있다. "너희 앞에 출입하다"라는 말의 뜻은 "너희(백성)들을 위해 무슨 역할을 하다"라는 뜻이다. 설교의 서두에서 이러한 표현을 반복하는 이유는 사무엘의 설교가 왕의 역할에 대한 설교임을 미리 암시해 주기 위한 것이다.

3절. **개역**에 "내 눈을 흐리게 하는 뇌물을 뉘 손에서 취하였느냐?"로 번역된 부분은 히브리어 성경(MT)를 따라 번역된 데 반해 헬라어 성경(LXX)는 "신발 한 켤레라도 내가 뇌물을 뉘 손에서 취하였느냐?"로 되어있다. 멕카터(P. Kyle McCarter, Jr.)는 LXX역본을 선호하고 있다.[101] 특히 스파이져(E. A. Speiser)는 신발을 벗어 던지는 장면이 법적으로 중요한 의미가 있다는 예(룻기 4:7)를 들면서 이 부분도 사무엘이 뇌물을 받지 않고 깨끗하다는 것을 법적으로 강조하는 의미가 있다고 주장하였다.[102] 그러나 LXX역을 중요시할 필요가 있고 참고할 필요는 있지만 MT를 수정할 만한 충분한 근거를 제공해 주지는 못한다. 현재 MT 본문은 나름대로 의미를 명료하게 전달해 주고 있고 사본 상의 하자가 없으므로 MT를 택하기로 한다.

101 P. Kyle McCarter, Jr. *I Samuel* (The Anchor Bible; Garden City: Doubleday & Company, Inc., 1980) 208-209.

102 E. A. Speiser, "Of Shoes and Shekels(I Samuel 12:3; 13:21)," *BASOR* 77 (1940) 15-20.

3, 5절에 왕을 소개할 때 '기름 부음 받은 자'로 소개하고 있다. 이러한 표현 속에는 사무엘이 왕을 정식으로 인정하며 왕정을 수용한다는 뜻도 들어 있고, 왕이 하나님에 의해 세워진 지도자임을 천명하면서 왕이 하나님과의 깊은 관계를 유지해야 한다는 뜻도 들어 있다.

11절에 '베단'은 누구인가? 과연 그러한 사사가 있었는가? 헬라어 성경(LXX)에는 사사기 4-5장에 나타나는 '바락'으로 번역되어 있다. 그리고 랍비 전통에는 '단에서 온 사람'이란 뜻으로 보아 '삼손'으로 추정하고 있다.[103] 자코비치(Zakovitch)는 역대기상 7:17의 예를 들면서 베단과 입다는 동일인물의 두 가지 이름이라고 주장하였다. 즉 기드온을 여룹바알이라고도 부르듯이 베단과 입다는 동일 인물을 가리킨다고 주장하였다.[104] 참고로 역대기상 7:17의 길르앗의 아들 '브단'이나 본문 11절의 '베단'의 히브리어 단어는 동일하다(בדן). 정확히 결론을 내리기는 어렵지만 베단과 입다가 동일인물이라는 주장이 보다 더 설득력이 있다.

14-15절에는 축복과 저주가 담겨있다. 야웨를 경외하고 그 목소리를 들으면 야웨의 축복이 임하지만, 야웨의 목소리를 듣지 않고 거역한다면 야웨의 형벌이 임한다는 것이다. 여기서 주목할 점은 축복도 야웨로부터 나오고 형벌도 야웨로부터 나온다는 사실이다. 구약 신학에는 선신과 악신의 대결구도가 있을 자리가 없다. 모든 것이 하나님의 손 안에 있고 하나님의 통치 영역을 벗어나는 것은 아무것도 없다.

103 Babylnian Rosh ha-Shanah 25a; P. Kyle McCarter, Jr. *I Samuel*, 211에서 재인용.
104 Y. Zakovitch, "יפתח = בדן" *VT* 22(1972) 123-125.

V. 사무엘이 할 수 있는 일

1. 왕정을 수용하여 바로 세우는 일

시대의 흐름은 이미 왕정(王政)으로 기울어지고 있었다. 사무엘이 눈을 뜨고 보고 있는 가운데서 유지할 사사시대에서 왕정시대로 넘어가고 있었다. 그러나 사무엘은 한탄하거나 시대의 흐름에 항거하지 않았다. 현명한 사무엘은 이러한 시대적 흐름을 역행하지 않고 수용하면서도 '왕정'이라는 새로운 제도를 굳건한 신학의 틀 위에 바로 세우고자 노력하였다.

사무엘은 온 이스라엘 백성을 불러모아 이러한 작업을 하였는데 사울 왕을 옆에 세우고 왕이 듣는 가운데 왕정 바로 세우기 작업을 진행하였다. 사무엘은 먼저 자신의 경험을 들면서 지도자가 어떻게 처신하여야 하는지를 왕에게 그리고 백성에게 가르쳐 주었다.

사무엘은 왕('기름부음 받은 자' - 3절)을 옆에 세우고서 백성들에게 자신의 결백함을 주장하였다.

> 내가 뉘 소를 취하였느냐?
> 뉘 나귀를 취하였느냐?
> 누구를 속였느냐?
> 누구를 압제하였느냐?
> 뇌물을 뉘 손에서 취하였느냐? (3절)

사무엘이 강조하는 내용은 뜻밖에도 종교적인 것이 아니라 정치권력에 관한 것이요 경제와 관련된 것이다. 그리고 계속 반복되는 단어는 "취하다"라는 뜻의 단어인 "라카흐(לקח)"다. 사무엘은 백성에게 "내가 취하였느냐?"고 물었으며, 사무엘의 질문에 백성들은 한 목소리로 사무엘이 백성의 것을 취하지 않았으며 착취하거나 압제하지 않았다고 증언하였다. 여기서 우리는 왜 사무엘이 자신의 결백함을 이렇게 강조하였는지 그 이유를 밝힐 필요가 있다.

중요한 단서는 "기름부음 받은 자" 즉 왕이 옆에 있었고 또한 그가 사무엘의 결백함을 증거하고 있다는 사실이다(3, 5절). 사무엘은 백성에게 질문하고 있지만 사실 더 중요한 것은 옆에 서 있는 왕이 들으라고 소리치고 있는 것이다. 왜냐하면 왕은 언제나 절대권력을 휘두르고 싶은 유혹에 빠지기 쉽기 때문이요 백성들의 것을 착취하거나 백성들을 압제하기 쉽기 때문이다. 고대 중동의 상황을 보더라도 왕정이 들어서면 보통 왕은 다음과 같은 행동을 하기 쉽다. 즉 왕은 젊은이들을 징집하여 군대를 만들고, 여러 사람들을 데려다가 부역을 시키기도 하고 왕실의 하인으로 복역하도록 한다. 또한 땅을 징발하여 왕의 신하인 관리들에게 나누어 주고 무거운 세금을 징수한다(삼상 8:11-17).

왕정이 들어서면서 왕이 백성의 것을 착취하는 불행한 사태를 미연에 방지하기 위해 사무엘은 자신의 정치행적을 보여주면서 왕을 설득하고 왕정의 기초를 놓으려 하였다. 왕을 세우되 백성의 것을 착취하지 않고 하나님을 두려워할 줄 아는 왕이 되도록 사무엘은 국가의 방향을 조정하였다. 이러한 방향설정의 기초가 되는 것은 왕도 백성의 한 사람으로서 하나님의 법을 지켜야 한다는 기본 전제이다.

한편 사무엘은 백성들이 일반적으로 생각하고 기대하는 왕정에 대해서 일침을 가하고 있다. 즉 백성들이 왕을 구하는 것이 하나님께 죄가 된다는 사실을 지적하였다.

> ... 너희가 왕을 구한 일,
> 곧 야웨의 목전에 범한 죄악이 큼을
> 너희로 밝히 알게 하시리라(17절).

왕을 요구한 것이 왜 죄가 되었는가? 사무엘은 구체적으로 암몬 왕 나하스가 침략해 왔을 때 이스라엘 백성이 대응했던 사건을 들어 질타하였다(12절). 암몬 왕 나하스가 침략해 왔을 때는 전통적인 패턴, 즉 신명기 신학에 나타나는 패턴을 깨뜨리고 이스라엘 백성이 하나님께 부르짖지 않았다. 더구나 당시 사사인 사무엘이 엄연히 살아있었고 사사의 직무를 수행하고 있었는데도 말이다. 백성들은 하나님께 부르짖지 않았고 왕을 요구하고 왕에게 희망을 걸었다. 이것이 바로 하나님께 죄를 짓는 것이라고 사무엘은 주장하였다.

사무엘은 백성들의 이러한 잘못을 지적하면서도 결코 왕정을 배격하라고 강요하지 않았다. 새로운 시대가 요구하는 왕정을 수용하되 왕정에 대한 종래의 생각을 버리고 하나님 신앙을 바탕에 둔 왕정을 강조하였다.

만일 너희가 여전히 악을 행하면
너희와 너희 왕이 다 멸망하리라(25절).

이스라엘 왕정에는 절대군주 개념이 없었다. 궁극적으로 하나님이 왕이시며 지상의 왕은 하나님께 복종하도록 되어 있었다. 만일 왕이 하나님께 순종하지 않는다면 멸망할 수도 있다는 사실을 분명히 지적하여 왕정을 하나님 신앙의 틀 안으로 끌어들이고 있다.

새로운 시대에 일어나는 새로운 제도와 새로운 문화의 물결을 거스리기 보다 신학작업을 통해 하나님을 믿는 신앙의 틀 안에서 재구성하는 창의적인 노력이 필요하다. 그리고 신학 자체도 새로운 시대에 걸맞는 형태로 변화할 수 있도록 유연성을 가미해야 한다. 살아계신 하나님이 새로운 시대에 무엇을 창조하실까 궁금해 하면서 하나님의 손길에 주목하는 태도, 바로 그러한 자세가 하나님의 역사에 참여하는 자세가 될 수 있을 것이다. 하나님은 사무엘을 통해 새로운 시대가 요청하는 새로운 제도를 올바르게 세우는 작업을 진행하셨다.

2. 기도하며 가르치는 일

본문 가운데 가장 많이 알려진 절이 있다면 사무엘이 기도하기로 결단하는 말이 있는 23절일 것이다. 그런데 한가지 주목할 점은 기도하리라는 결심이 그 다음 이어지는 결심과 연관되어 있다는 점이다.

> 나는 너희를 위하여 기도하기를 쉬는 죄를
> 야웨 앞에 결단코 범치 아니하고,
> 선하고 의로운 도로 너희를 가르칠 것이다.

노인이 된 사무엘이 어떻게 이러한 일을 계속할 수 있다고 생각하였는가? 특히 자식 교육에 실패한 사무엘이! 그리고 정치권력과 군사적 권력을 청년 왕 사울에게 양도할 수 밖에 없는 마당에! 그러나 앞에서도 살펴보았듯이 사무엘은 왕정을 수용하면서도 왕정의 틀을 신앙의 바탕 위에 세워 놓았다. 그리고 이러한 작업은 한 번으로 완성될 수 있는 일이 아니었다. 부단히 가르치고 깨우치는 목소리가 필요하였다. 더구나 새로운 시대에 백성을 위해 신앙 지도를 하는 역할은 왕이 할 수 있는 일이 아니었다. 예언자이며 제사장인 사무엘이 담당해야할 일이었다.

한편 권력이나 지도력 측면에서 본다면 사무엘의 이러한 결심은 가장 효과적이고 현명한 처사였다. 왕이 세워져 이미 정치권력이나 군사권력은 사무엘의 손을 떠났다. 사무엘은 그러한 권력에 더 이상 미련을 두지 않았다. 사무엘은 종교적 지도력에 촛점을 맞추어 자신의 영향력을 강화하려 하였다.

사무엘은 자신이 하나님께 기도함으로 추수계절에 갑자기 천둥이 치고 비가 내리는 기적을 행하였다. 기도의 능력이 사무엘 지도력의 바탕이 되었으며 실제적인 무기가 된 것이다. 바꾸어 말하면 사무엘의 기도를 통해 나타나는 하나님의 능력이 백성들의 마음을 압도한 것이다.

기도하면서 백성을 가르치는 사무엘의 역할은 현대 목회자의 모습에서 그 전형을 찾아 볼 수 있다. 목회자는 정치권력이나 군사력이 없다. 그러나 가장 중요한 지도력을 발휘할 수 있다. 바로 하나님의 능력을 의지하며 기도함으로 가르칠 때 그 지도력을 발휘할 수 있는 것이다. 하나님과의 지속적인 대화와 교제를 바탕으로, 가르치는 목회를 할 때 목회자는 특수한 영향력을 행사할 수 있게 된다. 하나님께 기도하지 않는 것을 죄라고 규정짓는 사무엘의 태도에서 목회자의 기본적인 자세를 찾아볼 수 있다.

또한 기도하면서 가르치는 일은 비단 목회자에 한정할 필요가 없다. 더구나 자녀를 신앙으로 가르치는 일에는 연령제한이 없다(신 6:7). 육체적으로 쇠약해진 노인도 할 수 있는 일이요 하나님을 믿는 모든 사람들이 할 수 있는 일이다. 이제 인터넷 시대를 맞이해서 평신도 개개인도 세계 여러 사람들에게 영향력을 미칠 수 있는 길이 열리고 있다. 사무엘의 결단이 하나님의 백성 모두의 결단이 될 때 이 말씀은 오늘 우리 가운데 다시 살아 생명력을 발휘하게 될 것이다.

제2장 예언자 엘리사와 나아만

I. 머리말

예수님께서 "예언자 엘리사 때에 이스라엘에 많은 나병환자가 있었으되 그 중의 한 사람도 깨끗함을 얻지 못하고 오직 시리아 사람 나아만 뿐이었느니라" (눅 4:27)고 말씀하신 것을 보면 나아만의 이야기는 예수님 당시에도 널리 알려진 이야기임을 알 수 있다. 나아만이 엘리사를 통해 치유받았다는 이 이야기에는 극적인 장면도 나타나고 통쾌한 장면도 들어있다. 이야기 자체로도 재미있는 이야기임에 틀림없다. 이 이야기는 재미있는 이야기이면서 우리의 가슴에 신앙적인 충격을 또한 주고 있다. 처음에는 나아만이 치유받는 이야기가 중심이 되는 것 같은데 이야기가 진행되는 것을 보면 나아만이 영적으로 치유받고 회복되는 모습으로 전개되는 것을 볼 수 있다.

이 이야기에는 나아만만 주인공이 아니라 엘리사가 주인공으로 등장하며 포로로 잡혀온 이스라엘인 하녀와 나아만의 부하들 등 소위 "작은 사람들"이 또한 중요한 인물로 등장하고 있다. 나아만과 엘리사같은 "크고 존귀한 사람들"만의 이야기가 아니라 큰 사람들과 작은 사람들이 어우러져서 만든 이야기이다.

이 이야기에는 하나님의 나타나심도 없고 하나님의 신비한 음성이 들리지도 않는다. 그러나 등장인물들을 통해 보이지 않는 하나님의 능력과 사랑과 인도하시는 손길이 점점 더 강하게 부각되어 있다. 이 이야기를 읽는 사람들이 이 이야기를 통해 하나님의 손길을 맞잡을 수 있다면, 그리고 이 이야기를 오늘을 살아가는 우리들의 눈물과 웃음과 희망이 담긴 "우리들의 이야기"로 가슴 깊이 느낄 수 있다면 하나님의 말씀은 우리들 가운데서 살아 역사하게 될 것이다.

Ⅱ. 왕하 5:1-19 번역

1 아람 왕의 군대 장관 나아만은 그의 주인 앞에서 크고 존귀한 자니 이는 야웨께서 전에 그에게 아람을 구원하게 하셨음이라 그는 큰 용사이나 나병환자더라.

2 전에 아람 사람이 떼를 지어 나가서 이스라엘 땅에서 어린 소녀 하나를 사로잡으매 그가 나아만의 아내에게 수종들더니

3 그의 여주인에게 이르되 우리 주인이 사마리아에 계신 선지자 앞에 계셨으면 좋겠나이다 그가 그 나병을 고치리이다 하는지라.

4 나아만이 들어가서 그의 주인께 아뢰어 이르되 이스라엘 땅에서 온 소녀의 말이 이러이러하더이다 하니

5 아람 왕이 이르되 갈지어다. 이제 내가 이스라엘 왕에게 글을 보내리라 하더라 나아만이 곧 떠날새 은 십 달란트와 금 육천 개와 의복 열 벌을 가지고 가서

6 이스라엘 왕에게 그 글을 전하니 일렀으되 내가 내 신하 나아만을 당신에게 보내오니 이 글이 당신에게 이르거든 당신은 그의 나병을 고쳐 주소서 하였더라.

7 이스라엘 왕이 그 글을 읽고 자기 옷을 찢으며 이르되 내가 사람을 죽이고 살리는 하나님이냐 그가 어찌하여 사람을 내게로 보내

그의 나병을 고치라 하느냐 너희는 깊이 생각하고 저 왕이 틈을
타서 나와 더불어 시비하려 함인줄 알라 하니라.
8 하나님의 사람 엘리사가 이스라엘 왕이 자기의 옷을 찢었다 함을
듣고 왕에게 보내 이르되 왕이 어찌하여 옷을 찢었나이까 그 사
람을 내게로 오게 하소서 그가 이스라엘 중에 선지자가 있는 줄
을 알리이다 하니라.
9 나아만이 이에 말들과 병거들을 거느리고 이르러 엘리사의 집 문
에 서니
10 엘리사가 사자를 그에게 보내 이르되 너는 가서 요단 강에 몸을
일곱 번 씻으라 네 살이 회복되어 깨끗하리라 하는지라,
11 나아만이 노하여 물러가며 이르되 내 생각에는 그가 내게로 나와
서서 그의 하나님 야웨의 이름을 부르고 그의 손을 그 부위 위에
흔들어 나병을 고칠까 하였도다,
12 다메섹 강 아바나와 바르발은 이스라엘 모든 강물보다 낫지 아니
하냐 내가 거기서 몸을 씻으면 깨끗하게 되지 아니하랴 하고 몸
을 돌려 분노하여 떠나니
13 그의 종들이 나아와서 말하여 이르되 내 아버지여 선지자가 당신
에게 큰 일을 행하라 말하였더면 행하지 아니하였으리이까 하물
며 당신에게 이르기를 씻어 깨끗하게 하라 함이리이까 하니
14 나아만이 이에 내려가서 하나님의 사람의 말대로 요단 강에 일곱
번 몸을 잠그니 그의 살이 어린 아이의 살 같이 회복되어 깨끗하
게 되었더라.
15 나아만이 모든 군대와 함께 하나님의 사람에게로 도로 와서 그의
앞에 서서 이르되 내가 이제 이스라엘 외에는 온 천하에 신이 없

는 줄을 아나이다 청하건대 당신의 종에게서 예물을 받으소서 하
니
16 이르되 내가 섬기는 야웨께서 살아 계심을 두고 맹세하노니 내가
그 앞에서 받지 아니하리라 하였더라 나아만이 받으라고 강권하
되 그가 거절하니라.
17 나아만이 이르되 그러면 청하건대 노새 두 마리에 실을 흙을 당
신의 종에게 주소서 이제부터는 종이 번제물과 다른 희생제사를
야웨 외 다른 신에게는 드리지 아니하고 다만 야웨께 드리겠나이
다.
18 오직 한 가지 일이 있사오니 야웨께서 당신의 종을 용서하시기를
원하나이다 곧 내 주인께서 림몬의 신당에 들어가 거기서 경배하
며 그가 내 손을 의지하시매 내가 림몬의 신당에서 몸을 굽히오
니 내가 림몬의 신당에서 몸을 굽힐 때에 야웨께서 이 일에 대하
여 당신의 종을 용서하시기를 원하나이다 하니
19 엘리사가 이르되 너는 평안히 가라 하니라 그가 엘리사를 떠나
조금 가니라.

III. 배경과 구조

이스라엘 왕이 시리아 왕의 편지를 받고 두려워하며 과민반응을 보이는 점과 (7절) 시리아가 이스라엘을 침략한 사건(2절) 등으로 미루어 보아 이 이야기의 배경은 이스라엘이 시리아의 압제를 받고 있었던 시대였음을 알 수 있다. 또한 5장이 여호람 왕 시대(3장)와 예후 왕(9장) 시대 사이에 배치된 것을 보아도 이

스라엘이 약소국가로서 어려움을 겪고 있었던 시대였음을 알 수 있다. 이 이야기의 정확한 시대적 배경을 찾는 것은 큰 의미가 없지만 만약 여호람 왕 시대였다면 때는 주전 9세기 후반으로 이스라엘은 힘을 잃어가고 있었고 시리아는 주변에 영향력을 확대하며 주변국가들을 압박하고 있었던 시대로 볼 수 있다. 중요한 것은 이러한 시대에 강대국 시리아의 권력자가 이스라엘의 예언자에게 도움을 청했다는 것은 희한한 일이었으며 이스라엘의 청중들은 참으로 통쾌한 이야기를 들은 것이 된다.

〈구조〉

1. 문제 발생과 배경	1-2
2. 문제 해결	3-14
A. 치유받기 위해 노력하는 나아만	3-8
(1) 시리아에서	3-5
(2) 이스라엘에서	6-8
B. 치유받아 회복된 나아만	9-14
(1) 엘리사의 집에 온 나아만	9-10
(2) 엘리사를 떠나 요단강으로	11-14
C. 나아만의 영적인 변화	15-19

엘리사와 나아만의 이야기는 나아만의 행적을 지도에 그려 보면 1-27절 전체가 하나의 이야기 단위임을 알 수 있다. 즉 시리아에서 출발한 나아만은 네 장소에서 정지한 후 다시 시리아로 돌아갔다. 그런데 엘리사의 집과 요단강에서 정지한 일들은 하나님의 은혜를 체험하는 머무름이라면, 이스라엘 왕과 게

하시를 만나는 정지점은 나아만의 행로에 실망을 안겨주는 장소들이었고 시리아와 목적지 사이에 각각 위치해 있다. 따라서 게하시의 사건도 후대의 첨가 부분이 아니고 전체 이야기의 중요한 부분을 차지하고 있다. 그러나 본 주석에서는 지면 관계상 본문을 19절까지 한정시켜 해석하기로 한다.

본문의 흐름을 살펴볼 때 서로 대비 혹은 대조되는 것들이 엮어져서 이야기가 극적인 클라이멕스로 향하고 있음을 발견할 수 있다. "크고 존귀한" 시리아의 군대장관이 포로로 잡혀온 "작은" 하녀의 한 마디에 희망을 걸고 외국으로 향한다는 첫머리의 이야기는 처음부터 인물을 대비시키며 상당히 극적인 장면을 보여주고 있다. 또한 자신의 옷을 찢으며 절망 속에 허덕이는 이스라엘 왕에 비해 자신있게 나서는 예언자 엘리사가 대비되어 있다. 강대국의 군대장관 나아반을 대분 밖에 세워두고 심부름꾼을 통해 말만 전달하는 엘리사의 태도가 또한 대비되어 있다. 더욱 중요한 대비장면은 종교적 의식으로 병을 고쳐달라는 나아만의 주문에 대해 하나님의 말씀에 순종하라는 엘리사의 처방이 충돌하는 장면이다. 요단강에 가서 일곱 번 씻으라는 엘리사의 전갈을 듣고 화를 내며 돌아가려는 나아만과 간절하게 상관에게 간청하는 나아만의 부하가 대조되어 나타난다. 또 한 번의 충돌은 예물을 드리고자하는 나아만과 예물을 거절하는 엘리사의 모습이다. 이러한 대비와 충돌 장면을 통해 나아만은 치유 뿐만 아니라 회복되어 하나님을 섬기는 공동체 안에 들어오게 되며 영적인 회복에 이르는 모습을 보게 된다.

본문은 엘리사에 관한 예언자 설화로서 엘리사를 부각시킨 이야기임에는 틀림없다. 엘리사의 장점으로는 하나님의 말씀에 확신을 가지고 있었다는 점과 개인의 특성을 살펴 적절하게 나아만을 인도하는 목회자적 지도력을 들 수 있다. 나아만이 부각되는 면은 "엘리사에 관한 소문"을 듣고 나아만 스스로 엘리사를 찾아 갔으며 엘리사의 냉정한 태도에도 부하의 충고를 들으면서 엘리사를 통한 하나님의 말씀에 순종하는 모습 등이다. 특히 치유받은 후 하나님을 주목하고 신앙을 고백하는 모습과, 자신의 미약함을 파악하는 통찰력과 분별력도 있었다. 엘리사와 나아만, 그리고 "작은자들"의 사랑과 협력과 결단이 어우러지면서 이 이야기는 하나님의 보이지 않는 손길을 점점 확연하게 느낄 수 있도록 독자들을 인도해 준다.

IV. 해석

1절. "큰(위대한) 사람(이쉬 가돌 איש גדול)"으로 나타난 나아만은 4장에 나타나는 "큰(위대한) 여인"인 수넴 여인과 비교 되는 인물이다. 두 사람 모두 엘리사와 더불어 기적을 이룬 사람들이다.

"존귀한 자"로 번역된 구절을 직역하면 "얼굴이 들려진 자(느수 파님 נשא פנים)"로 그 의미는 "존경을 받는 사람"이란 뜻이다. "크고 존귀한 자"도 치유가 필요한 사람에 속할 수 있음을 보여주는 이야기가 시작되는 것이다.

"야웨께서 전에 저로 아람을 구원하게 하였음이라." 시리아도 하나님의 통치 아래 있음을 나타내는 말이며, 하나님이 온 천하를 통치하신다는 점이 처음부터 강조되어 있다.

"문둥병(차라아트 צרעת)"은 오늘날 한센스 병(Hansen's disease)이라 부르는 문둥병이 아니라 피부병이나 곰팡이 종류로서 사람 뿐만 아니라 건물 벽이나 옷에도 생길 수 있는 것이었다(레 13장).[105] 신약시대 이전에 문둥병이 있었는지는 불확실하다. 병이 든 나아만

105 D. P. Wright and R. N. Jones, "Leprosy," *ABD*, vol.4. 277-282.

이 왕에게도 접근할 수 있는 것만 보아도 오늘날의 문둥병은 아니었음을 알 수 있다.

2절. “떼”로 번역된 “그두딤(גדודים)”은 신속히 습격하는 부대의 한 단위를 말한다(삼상 30:8, 15).

3절. “주모”로 번역된 “그비라(גברה)”는 귀부인이나 왕비(왕상 11:19) 혹은 대비(왕상 15:13; 왕하 10:13) 등을 지칭하는 단어이다. 나아만과 그 부인의 신분이 상당함을 알 수 있다.

“저가 ... 고치리이다”는 “저가 틀림없이 고치리이다(아즈 에에소프 אז יאסף)”의 뜻이 있다. 이스라엘에서 온 하녀가 확신있는 말을 하고 있었으며 그만큼 엘리사는 널리 알려진 인물이었음을 알 수 있다. 이 구절에서 “고치다”로 번역한 “아사프(אסף)”(3, 6, 7, 11절)는 “모으다/(모아서) 제거하다”의 뜻이 있는데 3절의 이 구절을 직역하면 “저가 그의 문둥병으로부터 그를 틀림없이 제거(자유롭게)할 것이라”가 된다.

“사마리아에 계신 선지자.” 엘리사가 갈멜이나 길갈에 있다고 하지 않고 사마리아에 있다고 소개한 것을 보면 엘리사가 사마리아에서도 활동하고 있었음을 알 수 있다. 또 다른 가능성은 이스라엘을 단순히 사마리아라는 단어로 표현하였을 수도 있다.

5절. 나아만의 선물은 어마어마하였다. "금 육천개"는 "금 육천 세겔"로 번역할 수 있는데 그 무게는 약 52.5kg의 금을 말한다. 그리고 은 십 달란트는 약 306kg이며 나아만은 옷 열 벌도 준비하였다.[106]

7절. "사람을 죽이며 살릴 수 있다"는 표현은 삼상 2:6; 신 32:39(호6:2; 시 71:20) 등에서 발견할 수 있으며 주로 하나님의 능력을 묘사하는데 사용된 표현이다.
"자기 옷을 찢으며" 불안에 휩싸여 있는 이스라엘 왕의 행동을 보아 이스라엘에 비해 시리아는 강대국이었음을 알 수 있다. 그리고 "읽다(카라 קרא)"와 "찢다(카라 קרע)"가 동일한 발음으로 언어유희의 기법이 사용되었음을 또한 알 수 있다.

8절. "저가 이스라엘 중에 선지자가 있는 줄을 알리이다." 1-14절 전체 이야기의 핵심이 담긴 문장으로 예언자를 높이는 예언자 전승의 한 특징을 보여주는 표현이다(왕하 3:11). 동시에 이스라엘에 하나님이 계심을 강조한 엘리사의 답변이기도 하다.

9절. 군대를 거느리고 엘리사의 집 문에 서있는 나아만의 모습은 엘리사에게 경의를 표하며 엘리사를 기다리는 행동이기도 하지만, 위풍당당한 강대국의 군대장관으로 엘리사가 존경을 표시해 주기를 기다리는 행동이기도 하다.

106 무게 단위는 시대 별로 통일되어 있지 않으며 이 계산은 그당시 많이 통용되던 고대 앗수르와 바벨론의 무게단위 중 가벼운 무게 단위(Light Standard) 가운데 왕실 무게단위(Royal Standard)에 의해 계산한 것이다 (O. R. Sellers, "Weights and Measures," *IDB*. vol.VI. 828-839).

10절. 시리아 왕이 이스라엘 왕에게 전갈 하듯이 엘리사가 나아만을 직접 만나지도 않고 사자를 보내어 말만 전하였다. 나아만의 몸을 치유하는 것은 물론이요 나아만의 영적인 병도 치유하여 회복시키려는 엘리사의 독특한 목회자적 지도력이 발휘되는 대목이다. 요단강 물로 씻어라는 것은 요단강의 물이 특별해서가 아니라 예언자의 말에 순종하라는 것이며 더 나아가서 하나님의 말씀에 순종하라는 것이다.

11-12절. 분노하며 돌아서는 나아만의 모습과 그의 말투가 그려져 있다. 나아만이 분노한 이유를 들면 다음과 같다;

1) 강대국의 대신을 융숭하게 접대하지 않았기 때문이다. "저가 반드시 내게로 나아와서 ..."란 말 속에는 엘리사를 약소국의 신하 정도로 생각하는 나아만의 태도를 볼 수 있으며, 엘리사가 나아만의 위치와 선물에 당연히 압도당해야 할 것으로 여기는 나아만의 생각을 엿볼 수 있다. 그런데 엘리사가 버선발로 뛰어 나오기는 커녕 왕이 신하에게 하듯 사자를 보내어 나아만에게 지시한 것이다.
2) 나아만은 그당시 종교적으로 널리 행해졌던 "의식을 통한 치유"를 기대했지만 엘리사는 "말씀에 순종"이라는 새로운 방법을 사용하여 서로가 충돌을 일으켰기 때문이다. 나아만은 엘리사가 "그(엘리사)의 신(神)의 이름을 부르며 ..." 치유의식을 거행하기를 원했다. 이러한 사고방식은 "당처 위에 손을 흔들어"라는 구절에서도 볼 수 있다. 이 구절에서 "흔들어"로 번역된 용어 "헤니프(הניף)"는 "올리다(raise/lift)"의 뜻이 있으며(사 10:15) 이 동사의 명사형인 "트누파

(תנופה)"도 "요제"(레 7:30)라 번역하기 보다 "올리는 제사(elevation offering)"로 볼 수 있다.[107] 그리고 "당처"로 번역된 "함마콤(המקום)"은 "그 장소"라 번역할 수도 있지만 "그 성소"라 번역할 수도 있다. 나아만이 사용한 언어를 살펴보면 나아만이 기대한 것은 치유를 위한 종교적 의식이었다.

나아만은 마치 병자가 의사에게 요구하듯 하는 태도를 보였으며 어려운 사람이 무당에게 요구하듯 하였다. 나아만의 관심은 치유에 있었지 치유를 하시는 하나님에게는 관심이 없었으며 하나님은 엘리사의 신이지 자신의 신은 아니었다. 그러나 엘리사는 신하가 왕의 명령을 따르듯 하나님의 말씀에 따르기를 요청하면서 치유 이상의 회복을 위한 처방을 하였다.

3) 시리아의 강인 아바나와 바르발은 분명 요단강 보다 더 맑고 좋은 강이었다. 아바나 강은 MT의 난외주 읽기(크레 קרא)를 따라 "아마나"로 읽을 수 있으며 이 강은 오늘날 "바라다 강"인데 안티레바논 산맥 동편에서 흘러나오는 강이다. 바르발 강은 오늘날 다메섹 남쪽에 흐르는 "아와즈 강"으로 여겨진다. 엘리사는 강의 크기와 맑음에 관심을 둔 것이 아니라 하나님의 말씀에 순종하기를 요구했지만 나아만은 강의 크기와 맑음에만 관심을 둔 것이다. 더 나아가서 약소국인 이스라엘의 것을 하찮게 여기는 강대국 사람의 교만한 마음이 나타나고 있다.

13절. 종이 주인에게 "내 아버지"라고 부르는 것은 거의 찾아 보기 힘든 표현이다. 종의 간곡한 충언임을 알 수 있는 표현이다. 또한 "내 아

107 J. Milgrom, *Leviticus 1-16,* (Anchor Bible vol. 3; New York: Doubleday, 1991) 461-473.

버지"라 번역한 "아비(אבי)"를 "바이(בי)"의 미완료 일인칭 단수로 보아 "간구하다/간청하다"로 번역할 수도 있음을 보아도(욥 34:36 참조) 나아만의 종의 간곡함을 분명히 알 수 있다. 나아만의 종은 분명히 "작은 자"였음에도 나아만의 행동을 극적으로 변화시키고 하나님의 역사를 진행시킬 수 있도록 협력한 "큰 일"을 한 사람이었다.

14절. "하나님의 사람의 말씀대로" 나아만이 요단강에 일곱번 몸을 "잠그니" 어린 아이 살같이 되었고 "깨끗하여졌다." 부하의 충고를 듣고 나아만은 혹시나 하면서 "씻어 깨끗하게 한다"는 일반적인 기대를 품고 요단강에 내려갔지만 기적적인 치유를 경험하였다. 또한 엘리사를 가리키는 호칭이 "하나님의 사람"이라 변경되고 있음도 주목할 만한 점이다(15절 참조).

엘리사의 처방이 병을 치유하는 것 이상으로 나아만의 전체적인 회복을 위한 목회자적 처방이었다는 것은, 14절의 표현이 문둥병자가 완쾌되어 다시 집으로 돌아오는 의식이 나열되어 있는 레위기 14장의 의식과 유사한 점에서 그 근거를 찾을 수 있다. "잠그다(타발 טבל)"란 용어는 주로 제사의식이나 정결의식에서 피나 물에 담그는 행동을 표현하는 단어이다. 7번이라는 숫자도 7일이라는(레위기 14장) 숫자와 같은 숫자이며 "깨끗하다/정결하다(타하르 טהר)"라는 용어도 제사의식이나 정결의식에서 많이 사용되는 중심 단어이다. "깨끗하다"라는 것은 단순히 피부의 깨끗함만을 의미하는 것이 아니라 하나님의 백성의 일원으로 들어 온다는 이중적인 의미가 있다. 주목할 점은 14절의 표현과 비슷한 레위기 14장의 의식은 병이 완쾌된 후의 절차이지 치유절차가 아니라는 점이다. 따라서 엘리사의 의도가 단순히 나아만을 치료하는데 그치는 것이 아니고 나아만이 하나님을 섬기는 공동체의 일원으로 회복될 수 있도록 인도하는데 있었음을 알 수 있다. 엘리사가 처방한 것은 "하나님의 말씀에 순종하는 것"이었으며 이 처방으로 인해 나아만은 하나님의 전체적인 치유와 회복을 경험할 수 있었다. 이러한 엘리사의 행동을 보아예언자인 엘리사의 목회자적 배려는 제사장 신학과 부합되는 일면이 있음을 발견할 수 있다.[108]

15절. 나아만이 하나님의 사람 엘리사에게 다시 돌아와서 하는 말은 자신을 낮추는 말이며("당신의 종"), "이스라엘의 신"인 하나님을 찬양하는 말이었다. 그러나 아직도 나아만은 하나님을 "이스라엘의 신"으로 부르고 있으며 자신과는 직접적인 연관성을 맺지 못하고 있다.

16절. "나의 섬기는"이라 번역된 "아마드티(עמדתי)"를 직역하면 "내가 서 있는"으로 번역할 수 있다. 즉 나아만이 엘리사 앞에 서 있고(15절) 엘리사는 나아만 앞에 서 있지만 엘리사의 정신적 자세는 하나님 앞에 서있었다. 이러한 엘리사의 자세가 엘리사로 하여금 나아만의 "선물" 이상의 귀중한 하나님의 의도를 감지할 수 있도록 하였다.

17절. 엘리사가 왜 나아만의 선물을 받지 않았는지 그 이유를 알 수 있는 대목이다. 나아만이 선물을 주려고 한 것은 치료의 댓가를 지불하

108 레위기 14장에 나타나는 정결의식의 의미에 관해서는 필자의 논문("제사장신학 연구," **계명신학** 제9집 〔1994〕 39-61)을 참조하라.

려는 것으로 만약 엘리사가 그 선물을 받았다면 십중팔구 나아만은 "치료해 주셔서 감사합니다"라는 인삿말을 남기고 떠났을 것이다. 그러나 엘리사가 바라는 바는 이러한 반응이 아니었다. 나아만이 하나님을 알고 하나님을 섬길 수 있는 사람이 되기를 원했던 것이다. 병의 치유 이상으로 하나님을 섬기는 공동체의 일원으로 회복되기를 원했던 것이다. 과연, 나아만은 엘리사가 선물을 거절했을 때 엘리사의 진심을 파악하고 하나님만을 섬기겠노라는 다짐을 하면서(야웨를 위해 제단을 만들 수 있는) 흙을 달라고 요청하였다. 굳이 엘리사에게 요청하지 않아도 이스라엘의 흙을 가져갈 수 있지만 나아만은 이 말을 통해 엘리사에게 신앙고백을 한 것이다. 나아만의 입에서 처음으로 "야웨"의 이름이 불려졌다. 나아만은 이제 "이스라엘의 신"이 아닌 자신의 하나님으로 연결될 수 있었다.

"다른 제사 (제바흐 זבח)"는 화목제로 번역할 수 있다. 번제와 화목제를 제사장이 아닌 평민이 야웨께 드릴 수 있다는 것은 레위기에 나타나는 제사규정과 부합하지 않지만, 이방 땅에서 그리고 이방사람의 경우이기에 있을 수 있는 예외적인 현상으로 볼 수 있다.

18-19절. 이 글이 자리잡은 그 위치를 살펴보면 나아만이 엘리사 앞에서 엘리사에게 이야기한 것으로 이해되지만, 그 형식은 나아만이 하나님에게 드리는 간구의 형식으로 하나님을 2인칭으로 부르고 있다. 나아만이 드디어 하나님을 향해 기도를 드리고 있는 것이다! 그런데 그 간청의 내용은 파격적이며 도저히 용납될 수 없을 것 같은 내용이다. 하나님 외에 다른 신전에서 다른 신을 숭배하는 것을 용서해 달라는 내용인 것이다. 개역에 나아만이 "몸을 굽히다"로 번역된 단어는 히트팔렐형인 "히쉬타하와(השתחוה)"인데 이 단어는

"숭배하다, 예배드리다"라는 뜻이다. 이 단어는 18절에서 시리아 왕이 림몬 신전에서 "숭배하다"고 할 때 사용된 단어이기도 하다. 다시 말하면 나아만이 림몬 신전에서 할 일은 그 예배 의식에 완전히 참여하는 것을 말한다. 다만 그가 마음으로 림몬을 섬기는 것은 아닌 것이다.

그런데 엘리사는 왜 나아만을 막지 않고 "평안히 가라"라고 전송하였는가? 브리커만(E. J. Brickerman)은 주장하기를 이방 땅에서 이방 사람들이 우상을 숭배하는 것을 율법서에서는 죄로 여기지 않았다고 하였다.[109] 다시 말하면 엘리사는 그당시의 신학에 비추어 보아 나아만의 간청을 용인할 수도 있다고 판단하였을 가능성이 있다. 또 다른 측면을 본다면, 만약 나아만이 림몬 신전 의식에 참여할 수 없다고 했을 때 그의 직위는 물론이고 자신 뿐만 아니라 그의 가족이 위험할 수도 있고 그들의 생활기반까지도 파멸될 것이다. 그것은 생존의 문제였다. 이제 신앙의 걸음마를 걷고 있는 나아만이 감당하기 어려운 것으로 엘리사는 판단하였을 가능성이 있다. 그러기에 엘리사는 그 간청을 막지않고 "평안히 가라"라는 말로 나아만을 위로하고 그를 전송하였던 것이다.

분명 나아만의 연약한 모습을 보고 있지만 이제 하나님을 섬기는 일에 걸음마를 배우는 나아만이 희망있는 발걸음을 옮기고 있음을 엘리사는 보고있는 것이다. 엘리사가 희망을 거는 것은 나아만이 가지고 가는 흙을 믿어서가 아니라 이제까지 나아만을 인도하신 하나님의 손길과 그 의지를 믿기 때문이었다. 병을 통해서, 어린 하녀를 통해서, 엘리사를 통해서 나아만을 인도하시는 하나님

109 E. J. Bickerman, "The Babylonian Captivity," *The Cambridge History of Judaism,* (W. D. Davies ed.; Cambridge: Cambridge University Press, 1984) I. 352-353.

을 믿는 믿음 가운데서 엘리사는 연약하지만 온 힘을 다해서 용기 있게 출발하려는 나아만을 격려한 것이다.

V. 신학적 메시지

1. "포로된 작은 자"가 무엇을 할 수 있는가?

강대국 시리아의 군대장관의 병이 하나님의 능력으로 고침을 받고 그가 하나님만 섬기는 사람으로 변화된 큰 사건은 "포로된 작은 여자 아이"의 확신에 찬 말에서 출발하였다. 작은 자가 하나님을 믿는 믿음에서 큰 자를 변화시킨 사건이요 작은 자가 큰 일을 한 사건이다. 객관적으로 볼 때 포로된 여자 아이는 희망이 꺽이고 매인 몸이며 천대 받을 수 밖에 없는 처지이다. 불만과 증오와 좌절 속에 뒹굴 수 밖에 없는 형편이다. 이러한 사람이 자유와 권세와 재물을 소유한 사람을 측은히 여기는 마음에서 도와 준 것이다. 문둥병이 걸린 주인을 위해 엘리사를 소개한 것이다. 육신은 포로되었고 힘없는 작은 자였지만 그 마음은 신앙 안에서 자유로왔고 넉넉하여 주위의 사람을 돌아볼 줄 알았다. 누가 자유인이며 누가 포로인가? 누가 큰 자이며 누가 작은 자인가?

또한 나아만이 엘리사의 지시를 듣고 분노하며 시리아로 돌아가려 할 때 나아만의 종이 간청하여 나아만을 치유와 회복의 길로 들어서도록 도왔다.

"포로된 작은 자"가 "하나님의 큰 일"을 "출발"시킨 것을 보았고, "종"이 간곡한 마음으로 주인을 구하며 하나님의 일을 진행시키는 것을 보았다. 서로 "불쌍히 여기는 마음"을 품을 때 큰 자와 작은 자의 갈등이, 있는 자와 없는 자의 갈등이 풀어질 수 있으며 하나님의 일을 도울 수 있다. 여러가지 압박 속에 시달리며 어려움을 겪는 현대의 "작은 자들"도 각자 삶의 터전에서 "하나님의 큰 일"을 출발시킬 수 있고 그 일을 도울 수 있다. 농부가 부지런히 씨앗을 뿌리고 가꾸듯이 하나님께서 이루실 "큰 일"의 씨앗을 우리가 뿌리고 가꾸어야 할 것이다.

2. 하나님은 병으로 고통받고 있는 사람에게 무엇을 기대하시는가?

나아만이 엘리사를 찾아간 이유는 그 당시에 널리 퍼진 종교의식을 통해 자신의 병을 치료받기 위해서였다. 병에만 집중되어 있는 나아만의 모습을 볼 수 있다. 병으로 고통을 받고 있었던 나아만으로서는 당연한 태도였다. 그러나 엘리사는 병자에게서 그 이상을 기대하였고 하나님 역시 그러하였다. 나아만을 전체적으로 회복시키기 위해서 엘리사는 나아만이 기대했던 종교의식을 거행해 주지 않았고 나아만 자신이 하나님을 신뢰하고 그의 "말씀을 순종"함으로 병고침 받도록 권유하였다.

중요한 것은 엘리사를 의존하지 않고 나아만 자신이 하나님의 말씀과 정면으로 대면할 수 있도록 하였다는 점이다. 요단강에 가야할 사람도 나아만 혼자 뿐이었고 강물 속으로 들어갈 결단을 할 사람도 나아만 혼자였다. 하나님 앞에서 결단할 수 있는 사람은 "병자" 한 사람 뿐이었다. 고통이나 병이 무익한 것만은 아니었다. 하나님과 정면으로 부딪칠 수 있는 기회도 제공할 수 있고 단독으로 하나님 앞에 설 수 있는 기회도 제공할 수 있다. 병으로 인해 영혼이 다시 살아날 수 있는 기회도 가질 수 있다. 고통이나 병을 의학적인 단어로만 풀이할 것이 아니라 신앙적인 언어로 풀이해야 할 것이다. 이러한 하나님의 뜻이 잘 이루어지기 위해서는 목회자가 협력을 잘 해야 한다. 병자로 하여금 하나님과 마주 대면할 수 있도록 하나님을 만날 수 있게 도우고 협력해야 할 것이다. 또한 주위의 이웃들이 작은 정성이지만 따뜻한 마음으로 병자를 격려하며 하나님을 만날 수 있도록 도와야 할 것이다.

하나님의 눈에는 병자의 고통도 소중하며 병자를 치유하며 회복시키는 전체의 과정이 무엇보다 중요하다. 일곱번 요단강에서 몸을 씻는 과정은 레위기 14장을 참고하여 볼 때 치료받는 과정이라기 보다 완쾌된 사람이 거쳐야 할 정결의식에 속함을 알 수 있다. 즉 요단강 물이 치료 약물이 아니라는 것이다. 하나님의 말씀에 순종함으로 이미 치료받은 나아만이 여러사람들이 지켜보는 가운데 요단강에서 정결의식을 거행한 셈이다. 이러한 의식을 통해 나아만은 자기의 동족과 가족들에게 건강한 사람으로 받아 들여지게 되는 것이다. 하나님은 병자의 병을 고치실 뿐만 아니라 병자가 완쾌되어 이웃과 가족의 품에 온전히 합류할 수 있도록 배려하신 것이다. 치유에서 회복의 단계로 접어든 것이다.

완쾌된 나아만이 엘리사를 다시 찾아왔을 때 그가 말한 첫마디는 하나님을 높이는 말을 하였다; "이스라엘 외에는 온 천하에 신이 없는 줄을 아나이다." 이제 나아만의 관심이 자신의 "병"에서 "병을 고치는 이스라엘의 신"에게 조금 옮겨졌다. 그러나 나아만에게는 아직도 하나님은 "이스라엘의 하나님"이지 자신의 하나님은 아니었다. 엘리사가 예물을 거절했을 때 나아만은 비로소 야웨가 자신의 하나님임을 고백하면서 야웨만 섬기겠노라 결단하였다. 하나님은 은혜받은 사람에게 이러한 신앙고백을 기대하시는 것이다. 이것이 바로 고통받고 있는 사람을 치유하며 기대하시는 것이다.

그리고 엘리사는 이러한 하나님의 기대에 어긋나지 않게 자신의 임무를 충실히 수행하였다. 군대장관이며 부자인 나아만으로부터 그 신분에 어울리는 답례를 받는 것은 하등 거리낄 것이 없는 일이었지만 나아만의 관심을 하나님에게로 향하도록 인도하기 위해서 당연히 받을 수 있는 것을 엘리사는 과감히 거절한 것이다. 한 생명을 살리고자 할 때 그 생명이 부자이든 가난한 사람이든 세력가이든 약자이든 상관없이 그 생명을 구원할 수 있는 가장 효과적인 방법을 모두 동원하여야 할 것이다.

3. 홁을 주소서.

나아만은 야웨만 섬기겠노라 결단하면서도 걸음마를 연습하는 연약한 자신의 믿음을 돌아 보면서 신앙의 보조물인 "이스라엘의 흙"을 요구하였다. 자신이 이해할 수 있는 수준에서, 그리고 자신이 확신하는 바에 근거하여 자신의 신앙 성장에 필요한 것을 요구하였다. 그리고 그것을 소중하게 사용할 것을 다짐하였다. 오늘날 우리들은 우리의 신앙 성장을 위해서 다양한 보조물들을 활용하고 있다. 예를 들면 예배를 드리는 건물과 예배형식, 기도의 형식과 성경공부 모임, 봉사와 선교를 위한 성도들의 활동 등이 있다. 자신의 연약함을 살피는 성도라면, 자신에게 신앙보조물이 필요한 것을 깨달은 성도라면 이러한 신앙의 보조물을 소중히 여기며 활용할 것이다. 신앙의 보조물을 하나님께 요청하고 그것을 아끼는 마음은 하나님 앞에서 우리의 모습을 고백하는 겸손한 모습이며 동시에 희망있는 몸짓이기도 하다.

4. 림몬의 신전에서 허리를 굽혀야 하는 기독교인에게도 희망은 있는가?

나아만의 두번째 요구는 기독교인들이 용납할 수 없는 요구로 보여진다. 우상인 림몬의 신전에서 허리를 굽혀 예배드리는 것을 용서해 달라는 요구이다. 그런데 놀라운 것은 엘리사가 이 요구를 거절하지 않고 "평안히 가라"라고 하면서 나아만을 책망하기 보다 오히려 나아만의 용기를 격려해 주었다. 야웨만 섬기겠다고 신앙고백을 한 나아만이(17절) 어떻게 이러한 요구를 할 수 있을까? 엘리사가 잘못 판단한 것인가? 하나님은 왜 나아만의 그러한 의도를 막지 않았을까?

그러면 이제 우리의 모습을 돌아보자. 우리는 자유로운 사회에 살고 있지만 과연 한번도 "우상의 신전"에서 허리를 굽힌 적이 없는가? 아니 우리 사회에는 내가 허리를 굽힐 가능성이 있는 "우상의 신전"은 없는가? 먹고 살기 위해서, 출세를 위해서, 자식을 위한다는 명분으로 한번도 재물의 신전에서, 체면의 신전에서, 권력의 신전에 허리를 굽힌 적이 없는가? 우리에게 필요한 자세는 나아만과 같은 용기있는 자세이다. 솔직히 잘못을 인정하면서 이 땅에 발을 딛고 가족과 이웃을 위해 나의 책임을 다하는 것이다. 나의 삶의 몫을 회피하지 않고 온 몸으로 그 짐을 짊어져야 할 것이다. 그래서 자기 십자가를 지라고 하셨던가? 죄인이 지는 십자가 말이다. 엘리사가 우상 숭배를 해도 좋다고 허락한 것은 아니다. 그러나 최선을 다해 하나님을 섬기면서 자신의 삶의 몫을 감당하고자 하는 용기있는 결단을 격려한 것이다.

특히 나아만은 하나님을 향해 직접 기도를 드리며 자신의 특수한 상황에 대해 호소하였다. 전통적인 신앙이 해결해 주지 못한 새로운 문제를 붙안고 나아만은 절망하기 보다 하나님께 직접 마음을 쏟아놓는 방법을 택했다. 하나님은 나아만의 사정을 헤아렸듯이 우리의 사정도 알고 계시며 격려하고 계신다. 우상신전을 두려워할 것이 아니라 하나님의 인도하심과 도우심에 희망을 걸면서 나의 십자가를 지고 가는 것이다. 엘리사는 나아만의 연약함 보다 나아만을 인도하시는 하나님을 신뢰하며 희망을 품고 나아만의 용기를 격려한 것이다. 변화산상에 머물려고 하는 제자들을 산 아래로 보내시는 예수님의 심정은 나아만을 시리아에 보내신 하나님의 심정이며, 우리를 세상에 보내신 주님의 심정인 것이다.

제3장 예언자 엘리사와 병자들

움츠러진 대지가 기지개를 펴고 새싹을 밀어내는가 했더니 벌써 꽃망울들이 무지개 빛으로 봄의 잔치를 준비하고 있다. 바위 밑에 눌려 있던 씨앗도 그 생명력으로 바위를 밀치고 싹을 틔우며 일어선다. 개울가에도 들판에도 뒷동산에도 푸르른 생명의 함성들이 합창을 하고 있다. 봄이 오는 것을 막을 수 없듯이 생명이 살아 활동하는 그 활력을 막을 장수는 없다.

엄동설한같이 얼어붙은 세상의 인심에도 생명이 있기에 희망을 걸 수 있다. 부정부패가 만연하고 억울한 자들의 분노가 일고 있지만 갓난아기의 맑은 눈망울과 옴지락거리는 손가락의 감촉을 느끼는 순간 사랑이 가득찬 가슴을 느낀다. 생명의 감촉이요 생명이 일으키는 기적인 것이다.

4월에 만나는 하나님의 말씀에는 생명을 살리기 위해 용기를 내어 모험을 하는 사람들의 이야기가 있다. 웃음이 배어있으면서도 눈물이 얼룩진 이야기이다. 굶주린 사람들의 이야기요 배고픈 사람들의 이야기이다. 필자가 춘궁기에 태어나서 일까? 압록강 두만강 지역을 떠도는 배고픈 동족들의 서러움 때문일까? 왠지 본문의 이야기가 남의 이야기 같지 않다.

4월의 말씀 가운데서 생명을 살리는 사람들의 비법을 함께 알아보자. 생명을 살리는 말씀을 선포하고 설교하는 예언자의 당당한 모습을 주목하자. 생명을 창조하시고 생명을 풍성하게 하시며 오늘도 생명을 살리기에 여념이 없으신 주님의 일터에 함께 찾아가자.

I. 본문의 범위확정

본문은 예언자 엘리사의 위대한 능력을 이야기하는 여러개의 설화 가운데 하나이며 시대적으로는 여호람 왕 시대의 사건으로 배열되어 있다. 본문이 열왕기하 6:24부터 시작된다는 것은 23b절의 내용과 24절의 내용이 일치하지 않은 데서 우선 찾아볼 수 있다. 그리고 "이 후에"(24절)라는 구절도 새로운 이야기의 서두임을 표시해 주는 말이다.

다음은 본문의 끝을 정하는 일인데 6장 33절에서 끝내어야 할지 7장 20절에서 끝내어야 할지 결정해야 한다. 왜냐하면 열왕기하 6:24-33 부분과 7:1-20 부분이 하나의 단위인가 아니면 별개의 서로 다른 단위인가에 대한 논란이 있기 때문이다. 그러나 다음과 같은 이유에서 7장 20절을 본문의 끝으로 확정할 수 있다; (1) 서로 다른 이야기같지만 6장 24-33절이 7장의 원인과 배경을 제공해 준다는 면에서 서로 분리할 수 없다. 즉 위기발생과 위기해결이라는 연관성이 있다. 그리고 위기상황과 위기해결을 동일하게 시장 물가로 표현하고 있다. (2) 동일한 사건 속에서 무능한 왕의 모습이 6장과 7장에 계속 나타나며, 능력있는 예언자 엘리사의 모습도 계속 나타나고 있다. (3) "병자 네사람의 이야기"(왕하 7:3-10)가 독립적으로 존재하는 것이 아니듯이 "왕에게 호소하는 여인의 이야기"(왕하 6:24-33)도 6-7장 전체와 연결되어 있다.

해석을 위한 문학단위를 결정할 때는 다소 큰 단위(왕하 6:24-7:20)로 정하지만 실제 설교 현장에서 본문을 읽을 때는 예배시간을 고려해서 7장 3-10절 부분을 읽고 설교하는 것도 한 방법이라 생각된다. 필자도 이 부분을 중심해서 전체의 본문을 해석할 예정이다.

II. 왕하 6:24-7:20 번역

6 : 24 이 후에 아람 왕 벤하닷이 그의 온 군대를 모아 올라와서 사마리아를 에워싸니

25 아람 사람이 사마리아를 에워싸므로 성중이 크게 주려서 나귀 머리 하나에 은 팔십 세겔이요 비둘기 똥 사분의 일 갑에 은 다섯 세겔이라 하니

26 이스라엘 왕이 성 위로 지나갈 때에 한 여인이 외쳐 이르되 나의 주 왕이여 도우소서

27 왕이 이르되 야웨께서 너를 돕지 아니하시면 내가 무엇으로 너를 도우랴 타작 마당으로 말미암아 하겠느냐 포도주 틀로 말미암아 하겠느냐 하니라

28 또 이르되 무슨 일이냐 하니 여인이 대답하되 이 여인이 내게 이르기를 네 아들을 내놓아라 우리가 오늘 먹고 내일은 내 아들을 먹자 하매

29 우리가 드디어 내 아들을 삶아 먹었더니 이튿날에 내가 그 여인에게 이르되 네 아들을 내놓아라 우리가 먹으리라 하나 그가 그의 아들을 숨겼나이다 하는지라.

30 왕이 그 여인의 말을 듣고 자기 옷을 찢으니라 그가 성 위로 지나갈 때에 백성이 본즉 그의 속살에 굵은 베를 입었더라.

31 왕이 이르되 사밧의 아들 엘리사의 머리가 오늘 그 몸에 붙어 있으면 하나님이 내게 벌 위에 벌을 내리실지로다 하니라.

32 그 때에 엘리사가 그의 집에 앉아 있고 장로들이 그와 함
께 앉아 있는데 왕이 자기 처소에서 사람을 보냈더니 그
사자가 이르기 전에 엘리사가 장로들에게 이르되 너희는
이 살인한 자의 아들이 내 머리를 베려고 사람을 보내는
것을 보느냐 너희는 보다가 사자가 오거든 문을 닫고 문
안에 들이지 말라 그의 주인의 발소리가 그의 뒤에서 나
지 아니하느냐 하고

33 그들과 이야기할 때에, 보라 그 사자가 그에게 내려왔다.
그리고 그가 말하기를, 보라 이 재앙이 야웨께로부터 왔
으니 어찌 더 이상 야웨를 기다리겠는가.

7 : 1 엘리사가 이르되 야웨의 말씀을 들을지어다 야웨께서 이
르시되 내일 이맘때에 사마리아 성문에서 고운 밀가루
한 스아를 한 세겔로 매매하고 보리 두 스아를 한 세겔로
매매하리라 하셨느니라.

2 그 때에 왕이 그의 손에 의지하는 자 곧 한 장관이 하나
님의 사람에게 대답하여 이르되 야웨께서 하늘에 창을
내신들 어찌 이런 일이 있으리요 하더라 엘리사가 이르
되 네가 네 눈으로 보리라 그러나 그것을 먹지는 못하리
라 하니라.

3 성문 어귀에 나병환자 네 사람이 있더니 그 친구에게 서
로 말하되 우리가 어찌하여 여기 앉아서 죽기를 기다리
랴

4 만일 우리가 성읍으로 가자고 말한다면 성읍에는 굶주림
이 있으니 우리가 거기서 죽을 것이요 만일 우리가 여기
서 머무르면 역시 우리가 죽을 것이라 그런즉 우리가 가

서 아람 군대에게 항복하자 그들이 우리를 살려 두면 살
것이요 우리를 죽이면 죽을 것이라 하고
5 아람 진으로 가려 하여 해 질 무렵에 일어나 아람 진영
끝에 이르러서 본즉 그 곳에 한 사람도 없으니
6 이는 주께서 아람 군대로 병거 소리와 말 소리와 큰 군대
의 소리를 듣게 하셨으므로 아람 사람이 서로 말하기를
이스라엘 왕이 우리를 치려 하여 헷 사람의 왕들과 애굽
왕들에게 값을 주고 그들을 우리에게 오게 하였다 하고
7 해질 무렵에 일어나서 도망하되 그 장막과 말과 나귀를
버리고 진영을 그대로 두고 목숨을 위하여 도망하였음이
라.
8 그 나병환자들이 진영 끝에 이르자 한 장막에 들어가서
먹고 마시고 거기서 은과 금과 의복을 가지고 가서 감추
고 다시 와서 다른 장막에 들어가 거기서도 가지고 가서
감추니라.
9 나병환자들이 그 친구에게 서로 말하되 우리가 이렇게
해서는 아니되겠도다 오늘은 아름다운 소식이 있는 날이
거늘 우리가 침묵하고 있도다 만일 밝은 아침까지 기다
리면 벌이 우리에게 미칠지니 이제 떠나 왕궁에 가서 알
리자 하고
10 가서 성읍 문지기를 불러 그들에게 말하여 이르되 우리
가 아람 진에 이르러서 보니 거기에 한 사람도 없고 사람
의 소리도 없고 오직 말과 나귀만 매여 있고 장막들이 그
대로 있더이다 하는지라.

11 그가 문지기들을 부르매 그들이 왕궁에 있는 자에게 말
하니
12 왕이 밤에 일어나 그의 신복들에게 이르되 아람 사람이
우리에게 행한 것을 내가 너희에게 알게 하노니 그들이
우리가 주린 것을 알고 있으므로 그 진영을 떠나서 들에
매복하고 스스로 이르기를 그들이 성읍에서 나오거든 우
리가 사로잡고 성읍에 들어가겠다 한 것이니라 하니
13 그의 신하 중 한 사람이 대답하여 이르되 청하건대 아직
성중에 남아 있는 말 다섯 마리를 취하고 사람을 보내 정
탐하게 하소서 그것들이 성중에 남아 있는 이스라엘 온
무리 곧 멸망한 이스라엘 온 무리와 같으니이다 하고
14 그들이 병거 둘과 그 말들을 취한지라 왕이 아람 군대 뒤
로 보내며 가서 정탐하라 하였더니
15 그들이 그들의 뒤를 따라 요단에 이른즉 아람 사람이 급
히 도망하느라고 버린 의복과 병기가 길에 가득하였더라
사자가 돌아와서 왕에게 알리니
16 백성들이 나가서 아람 사람의 진영을 노략한지라 이에
고운 밀가루 한 스아에 한 세겔이 되고 보리 두 스아가
한 세겔이 되니 야웨의 말씀과 같이 되었고
17 왕이 그의 손에 의지하였던 그의 장관을 세워 성문을 지
키게 하였더니 백성이 성문에서 그를 밟으매 하나님의
사람의 말대로 죽었으니 곧 왕이 내려왔을 때에 그가 말
한 대로라.
18 하나님의 사람이 왕에게 말한 바와 같으니 이르기를 내
일 이맘 때에 사마리아 성문에서 보리 두 스아를 한 세겔

로 매매하고 고운 밀가루 한 스아를 한 세겔로 매매하리
라 한즉
19 그 때에 이 장관이 하나님의 사람에게 대답하여 이르되
야웨께서 하늘에 창을 내신들 어찌 이 일이 있으랴 하매
대답하기를 네가 네 눈으로 보리라 그러나 그것을 먹지
는 못하리라 하였더니
20 그의 장관에게 그대로 이루어졌으니 곧 백성이 성문에서
그를 밟으매 죽었더라.

Ⅲ. 구조

Ⅰ. 사건의 배경 - 포위된 사마리아	6:24-25
A. 전체의 상황 - 시리아 사람이 사마리아를 포위함	24
B. 특수한 상황 - 굶주림	25
Ⅱ. 심각한 위기	26-31
A. 이야기의 배경	26a
B. 여인의 호소	26b-29
C. 왕의 응답(탄식)	30-31
Ⅲ. 엘리사의 예언	32-7:2
A. 배경	32-33
B. 엘리사의 예언(1)	7:1
C. 엘리사의 예언(2)	7:2
Ⅳ. 위기의 해소 - 병자 네사람과 왕	7:3-16a

A. 병자 네사람과 도망친 시리아 군대 3-8
B. 왕에게 기쁜 소식을 알리는 병자들 9-11
C. 시리아 군대의 동정을 확인하는 왕 12-15
D. 시리아 진영에서 굶주림을 면하는 사마리아 사람들 16a

V. 맺는말 - 예언의 성취 16b-20
A. 예언(1)의 성취 16b
B. 예언(2)의 성취 17-20

본문은 "위기의 도래와 위기의 해결" 혹은 "예언과 예언의 성취"라는 큰 구조 속에 배열되어 있다. 시리아의 공격으로 포위된 사마리아 성은 굶주림 속에서 참담한 상태까지 이르렀는데 하나님의 능력으로 그 위기가 해소되었다는 이야기이다. 그런데 하나님의 능력이 예언되고 그 능력이 실현되어 구체화되는 과정에서 약하고 병든 사람들이 큰 활약을 하고 있는 특이한 상황을 발견할 수 있다. 당연히 큰 능력을 행사해야 할 왕과 그 신하들은 하나님의 능력을 신뢰하지 못하는 가운데 수치를 당하고 죽임을 당하는 모습이 크게 대조되어 나타난다.

이 이야기가 전개되어 가는 방식을 보면 전체적인 상황을 더듬어 가는 형식이 아니라, "왕에게 호소하는 여인의 이야기"와 "병자 네 사람의 이야기" 등 특수한 사건들을 집중적으로 조명하여 이야기의 맥락을 날카롭게 제시해주는 기법이 사용되고 있음을 발견할 수 있다. 이러한 흐름 속에 부각되는 인물들은 예언자 엘리사와 이름을 밝히지 않은 네사람의 병자이다. 누구보다도 가장 부각되는 주인공은 바로 숨어 계셔서 활동하시는 야웨이시다. 엘리사가 예언자로서의 능력을 행할 수 있는 것은 바로 야웨의 말씀이 있었기 때문이며, 약한자들이 구원의 사건을 이루는데 결정적인 역할을 할 수 있었던 것은 숨어 계신 하나님의 활동이 있었기 때문이다.

Ⅳ. 위기에 처한 사람들

전쟁이 일어났다. 시리아의 침략이 시작된 것이다. 시리아 군대가 이스라엘 왕국의 수도인 사마리아성을 에워싸고 항복하도록 압박하고 있었다. 사마리아 사람들은 비축해둔 양식으로 얼마간은 버티었지만 결국 양식은 바닥이 났고 가축을 잡아먹기 시작했다. 가축도 없어지니 전투력의 핵심인 말까지 잡아먹었다.[110] 더욱 비참한 것은 사람을 잡아먹는 지경에까지 이르렀다는 것이다.

사마리아 성 중의 한 여인이 왕에게 재판을 요청하며 호소하였다. "하루는 내 아들을 삶아먹고 하루는 네아들을 먹자"고 약속을 했는데 그 약속을 지키지 않았다는 사연이다. 왕은 이 어처구니없는 참담한 말에 판결을 내리는 대신 자신의 옷을 찢으며 탄식하였다(6:26-30).

사마리아 사람들, 그들 가운데는 권력을 누린 사람들과 부유한 생활을 즐긴 사람들 그리고 학식있는 사람들도 많았다. 그러나 이제 그들의 위기타개책이 "사람 잡아먹는 일"이 되고 말았다. 재판을 신청하는 사안도 "왜 사람 잡아먹는 일을 방해하는가"하는 어처구니 없는 것이었다.

튼튼한 사마리아 성벽이 자신들을 보호해 줄 수 있을 것이라 기대했는데 이제 이 성벽은 자신들을 가두어두는 쇠창살이 되어 버렸다. 정치력과 군사력을 한 손에 쥐고 있으며 절대적인 권위를 가진 왕에게 기대를 걸고 도움을 요청하였지만 왕은 무능하여 탄식밖에 할 줄 몰랐다. 사마리아 사람들은 자신의 생명을 지키기도 힘들었으며 더구나 다른 사람들의 생명을 구하는 일은 엄두도 내지 못하였다. 한마디로 속수무책이었다.

한편 이들 가운데에도 깨어있는 사람들이 있었다. 예언자 엘리사였으며 그를 찾아온 장로들이었다(6:32). 사마리아 사람들의 기대를 모으고 있었던 왕은 하

110 7장 13절에 말 다섯필 밖에 남아 있지 않았다는 말에서 추측할 수 있는 상황이다.

나님을 더 이상 신뢰하지 않았고 절망가운데 빠져있었지만(6:33), 예언자 엘리사는 하나님의 능력과 의지를 신뢰하고 희망의 메시지로 설교하고 있었다(7:1)

전쟁의 와중에서 가장 비참한 사람들이 있었다. 병에 걸려 부정하다 하여 사마리아 성에서 쫓겨나가 성문 밖에 살고 있었던 병자들이었다.[111] 이들은 성내 사람들의 적선으로 겨우 겨우 연명을 하고 있었는데 이제는 그나마도 기대를 할 수 없는 형편이 되고 말았다. 전쟁이 일어나도 성안으로 피신할 수도 없었던 버려진 사람들이었다. 그런데 그들이 이 총체적인 위기를 타개한 일등공신이 되었다. 자신의 굶주림도 해결하였고 수많은 사마리아 성 사람들의 생명을 구해내는 큰 일을 해낸 용기있고 믿음있는 사람들로 부각되어 있다.

V. 왕과 예언자

"나의 주 왕이여 도우소서"(6:26). 한 여인의 처참한 호소가 있었다. 그러나 왕은 정식 재판을 요청하는 여인에게 한탄하는 말만 하고 있었다. "타작마당으로 말미암아 하겠느냐 포도주 틀로 말미암아 하겠느냐?" 타작마당에는 곡식이 있는 곳이요 포도주 틀에는 포도주가 흘러나오는 곳으로 양식이 있는 곳을 말한다(민 18:27, 30; 신 15:14; 16:13). 왕은 여인이 먹을 것을 요청하는줄 미리 짐작하고 자신이 도무지 양식을 구할 수 없음을 한탄조로 반문하고 있는 것이다.

절대 권력자 왕, 군의 최고 통수권자인 왕은 당연히 능력의 표본으로 나타나야겠지만, 이 이야기에는 왕이 "무능력의 표본"으로 묘사되어 있다. 그가 할 수

111 문둥이로 번역된 히브리어 단어 "차라아트(צרעת)"는 오늘날 한센스 병(Hansen's disease)이라 부르는 문둥병이 아니라 피부병이나 곰팡이 종류로서 사람 뿐 만 아니라 건물 벽이나 옷에도 생길 수 있는 것이었다(레위기 13장); D. P. Wright and R. N. Jones, "Leprosy," ABD, vol.4. 277-82. 이 병은 부정한 병으로 알려져 있고 그 환자는 추방될 수 밖에 없었다.

있었던 일은 "속 살에 굵은 베를 입는"(6:30) 것과 "자기 옷을 찢는"(6:30) 정도 뿐이었다. 이러한 행위는 제의적인 탄식으로 종교적 귀감이 될 수 있을지는 몰라도 실제로 능력을 행사하는 것과는 거리가 멀었다.

왕은 무능력할 뿐만 아니라 "불신(不信)의 표본"이 되고 말았다. 6장 33절을 자세히 보자.

> 그들과 이야기할 때에, 보라 그 사자가 그에게 내려왔다.
> 그리고 그가 말하기를 "보라 이 재앙이 야웨께로부터 왔으니
> 어찌 더 이상 야웨를 기다리겠는가."

이 번역에서 볼 수 있듯이 야웨와 재앙에 대해 말한 사람은 "그 사자"이거나 엘리사이다. 그러나 엘리사가 이러한 불경스러운 말을 했다고 보기보다 7장 2절을 참고해 볼 때 "그 사자"가 이러한 말을 했을 것으로 볼 수 있다. 사자는 왕의 신하이며 사자가 한 말은 곧 왕의 의사를 전달한 것이므로 왕과 그의 신하들은 모두 야웨께 어떠한 희망도 걸고 있지 않음을 알 수 있다.

왕의 태도는 "왕이 그 손에 의지하는 자"(7:2, 17)인 심복 장관의 말과 행동에 그대로 반영되어 있다. 그 장관은 엘리사의 예언을 정면으로 반박하였으며(7:2) 그 결과 엘리사의 예언대로 사마리아 성문에서 백성들에게 밟혀 죽었다(7:20). 한가지 주목할 것은 이 장관이 왕의 명령을 받고 성문을 지켰다는 것이다. 굶주린 백성들이 살기위해 성문으로 돌진하는 그 물결을 이 장관이 왕의 명령을 받고 막으려 했을 것임을 짐작할 수 있다. 그러나 생명을 구하기 위해 돌진하는 배고픈 사람들의 물결은 그 누구도 막을 수 없었다. 장관만 죽은 것이 아니라 왕의 권위도 땅에 떨어져 밟혀 버렸다.

또한 왕은 하나님의 예언자 엘리사를 죽이려 하였다. 6장 32절에 보면 왕을 "살인한 자의 자식"이라 부르는 구절이 나온다. 왕의 아버지가 살인자라는 말이 아니라 "왕"이 살인자라는 표현이다. 엘리사가 왕을 혹독하게 공개적으로 비난하고 있으나 왕은 엘리사의 집 안에 들어갈 수도 없었다. 7장 17-18절을 참고해 볼 때 왕도 사자와 함께 엘리사를 죽이려 엘리사의 집으로 온 것을 알 수 있다. 왕이 사자와 함께 오는데 엘리사는 단순히 "문을 닫음"으로 왕을 막아내고 있다. 엘리사의 능력이 부각된 반면 왕의 무능력이 또 한번 드러나는 대목이다.

병자들은 시리아 군사들이 퇴각한 기쁜 소식을 밤길을 더듬어 급히 알렸지만 왕은 그 소식을 적군의 함정이라 단정하고 움직이려 들지 않았다(7:12). 수많은 사람들의 생명을 살릴 수 있는 길이 있었음에도 왕은 자신의 절망감과 패배감 속에서 의심만 할 뿐 생명을 살리기 위해 모험하려 들지 않았다. 다만 부하의 충언을 듣고 시리아 군대를 정탐하도록 허락하여 주는 정도였다.

한편 예언자 엘리사는 사뭇 대조적으로 묘사되어 있다. 백성의 지도자들인 장로들이 왕을 찾아가지 않고 엘리사를 찾아왔으며, 엘리사의 명령을 받들고, 왕의 뜻에 반대하는 행동을 하고 있었다. 왜냐하면 엘리사에게는 하나님의 말씀이 있었기 때문이었다.

전쟁과 굶주림 속에서도 하나님의 말씀은 예언자의 입술을 통해 중단하지 않고 울려 퍼졌다. 하나님의 구원을 선포하였으며(7:1) 그 예언은 어김없이 성취되었다(7:16). 하나님의 말씀을 정면으로 반박했던 장관에 대한 심판 예언도(7:2) 정확하게 성취되었다(7:20). 전쟁과 굶주림 속에서도 그리고 왕의 협박 속에서도 예언자는 당당하게 설교하였고 능력있는 모습을 보여 주었다. 어두움을 꿰뚫는 예언자의 예지와 능력은 하나님께서 주시는 말씀을 통해서만 가능한 것이다.

VI. 시장 물가로 표현된 예언자의 설교

사마리아 사람들이 당한 위기상황은 시장 물가로 표현되어 있다. 6장 25절에 보면 "나귀 머리 하나에 은 팔십 세겔"이라는 시장 물가로, 포위된 사마리아 성이 얼마만큼 굶주려 있는지 그 실상을 보여주고 있다. "나귀 머리"는 보통 먹지 않고 버리는 것인데 이것이 80세겔에 팔린다는 것이다. 80세겔이면 평상시 곡식 80스아(약 576리터)를 구입할 수 있는 돈이다(참조; 7:1).

또한 "합분태 사분 일 갑에 은 다섯 세겔"이라는 물가도 나와있다. 합분태는 비둘기의 똥이며 "갑"이란 단위는 여기서만 나타나는 단위로 1/6스아(약 1.2리터)에 해당하는 것으로 추정된다. 한 움큼도 되지 않는(0.3리터) "비둘기 똥"이 평상시 곡식 5스아(약 36리터)를 살 수 있는 돈을 지불해야 한다는 것이다. "비둘기의 똥"이 음식이었느냐 땔감이었느냐는 논란이 있지만, 단정하기는 어려우며 다만 보통 때는 역겨워할 수 밖에 없는 것들이 비싼 돈을 주고 구입해야 하는 참담한 실정을 묘사하고 있다. 참고로 "합분태"를 *NEB*에는 "locust beans(구주 콩)" *NJPS*에서는 "carob pod(구주 콩깍지)" 등으로 번역되어 있는데 이는 아카디아어를 참고하여 번역한 것이다.[112]

그리고 예언자의 설교내용도 물가로 표현되어 있다. 하나님의 구원 메시지가 경제적인 용어로 표현된 것은 특이한 일이다. 하나님의 구원이 이르면 시장 물가가 "고운 가루 한 스아에 한세겔"(7:1)이 될 것이라는 설교였다. 한 스아는 약 7.2리터 즉 두되 반 정도되는 곡식이며 이것을 한 세겔로 살 수 있다면 보통 때보다는 다소 높은 가격이다. 바벨론에서는 은 한세겔로서 약 100리터를 살 수 있었다. 비록 보통 때 보다는 다소 비싸지만 전쟁 후 가격임을 고려할 때 이 가

112 M. Held, "Studies in Comparative Semitic Lexicography," AS 16(1965) 395-406.

격은 정상적인 가격이요 평화가 다시 찾아 오리라는 예언임을 알 수 있다. 그리고 구원이 성취되었을 때도 시장 물가로 그 구원을 묘사하였다(7:16).

경제학 강의가 바로 설교가 되는 것은 아니다. 그러나 생명의 문제와 직결되는 경제문제는 설교에서 제외시킬 수 없다. 자본주의 체제 하에 살고 있는 현대인들은 경제의 위력이 얼마나 대단한 가를 피부로 느끼며 살고 있다. 평범한 사람들이 먹고 살기위해서 목숨을 내걸어야하는 상황이 되지 않도록 이끄는 것을 구원의 구체적인 모습이라 이야기하고 있다. 하나님은 시장 물가보다 생명에 더 관심을 기울이신다. 그러나 물가가 생존에 직결될 때 단연코 물가를 안정시키시려는 노력을 기울이신다.

Ⅶ. 생명을 살리는 사람들

7장 3절 이하에 전개되는 병자 네 사람의 이야기는 웃음과 눈물을 동시에 자아내게 만드는 특이하면서도 극적인 이야기이다. 병자들이 큰 일을 하였지만 그들이 최초로 움직이기 시작한 것은 백성을 구하겠다는 거창한 뜻을 가진 것이 아니라 자신들의 생명을 보존하려는 본능적이며 근본적인 욕구에 의한 것이었다. 추방당한 병자이면서도 자신의 생명을 귀중히 여기며 무엇인가 살 길을 찾아 노력하는 모습이 돋보인다. 이러한 태도가 바로 큰 일을 이룰 수 있는 출발점이 될 수 있음을 보여주고 있다. 하나님은 순교와 희생이라는 거창한 단어만 찾는 것이 아니라 일상생활에서 자신의 생명과 가족의 생명을 보존하기 위해 애쓰는 평범한 사람들을 통해서도 큰 구원의 역사를 이루시고 계시는 것이다.

이들이 함께 의논하는 가운데 "저희가 우리를 살려두면 살려니와 우리를 죽이면 죽을 따름이라"(7:4)는 말을 한다. 그들의 말투는 마치 민족을 위해 비장한 결단을 한 에스더의 말 "... 죽으면 죽으리이다"(에 4:16)와 같이 들린다. 선택의 여지가 없는 상황에서 자신의 목숨을 구하려고 결단한 것이 무엇이 그리 대단한지 한편 우스꽝스럽지만, 자신들에게는 삶과 죽음에 대해 비장하게 결단한 모습임을 주목해야 한다. 연약한 자나 병자의 목숨도 천하보다 귀중한 것이며 하나님으로부터 선물로 받은 생명을 귀하게 여기는 것은 남의 생명을 구하는 것만큼 귀중한 것이다.

이들이 "황혼에 일어나" 아픈 몸을 이끌고 시리아 군대 진영을 향하였을때 시리아 진영에서는 대혼란이 일어났다. 그들의 귀에는 군마(軍馬)소리와 전차소리 등 큰 군대의 이동소리가 들려왔던 것이다. 장기간 사마리아 성을 포위하고 있으면서도 혹시나 다른 나라의 구원병이 올까봐 조마조마 했는데 결국 오고야 말았다는 생각이 들었다. 필시 히타이트 군대와 이집트 군대가 이스라엘 왕에게 매수되어 구원병을 파견한 것이라 결론을 얻은 그들은 황급히 퇴각하기 시작했다.

이 장면에서 주목할 단어는 시리아 군대가 퇴각한 시각이 "황혼"이었다는 점이다. 바로 병자 네 사람이 아픈 몸을 끌고 시리아 진영으로 가고 있었을 때였다. 그리고 7장 6절에서 분명히 밝히기를 하나님께서 시리아 군사들이 큰 군대의 소리를 듣게 하셨다고 되어 있다. 하나님께서는 병자 네 사람의 발소리를 천군만마의 이동소리로 바꾸어 놓으셨는가? 우리는 그 상세한 내막을 알 수는 없다. 그러나 이야기 전체를 조망해 보건데 그 가능성을 배재할 수 없는 것이다. 자신의 생명을 살리기 위해 아픈 몸을 끌고 이동하는 가련한 사람들의 발걸음을 중요하게 여기시는 하나님의 마음이 이러한 모습으로 표현된 것은 아닐까? 저자가 "황혼"이라는 단어를 의도적으로 배열한 모습에서 그 해답을 발견할 수 있는 것이다.

병자들은 아무도 없는 시리아 진영에서 굶주린 배를 채우고 값진 물건들을 챙기다가 문득 굶주려 죽어가는 사마리아 사람들 생각이 났다. 그들은 이런 말들을 나누었다;

> 우리의 소위가 선치 못하도다. 오늘날은 아름다운 소식이 있는 날이어늘 우리가 잠잠하고 있도다. 우리가 밝은 아침까지 기다리면 벌이 우리에게 미칠찌니 이제 떠나 왕궁에 가서 고하자(7:9).

병자들은 아름다운 소식, 즉 생명을 살릴 수 있는 양식이 있다는 소식을 전하지 않고 있는 자신들을 비판할 줄 알았다. 그리고 아름다운 소식을 전하지 않으면 벌이 자신들에게 미친다고 생각하고 행동하였다. 마치 바울이 "전하지 않으면 화로다"라고 말한 것과 같다. 누가 강제한 것도 아니다. 다만 배고픈 생명끼리 느낄 수 있는 아픔에 대해 양심의 아픔에 대해 말한 것이요, 그 양심에 따라 행동한 것이다.

그들은 "왕궁에 가서 고하자"고 했다. 왕궁과 추방당한 병자들과 무슨 상관이 있었겠는가? 그들을 추방하였고 적군이 쳐들어 왔을 때도 성안으로 들여 보내지 않은 사람들에게 생명의 소식을 전하기 위해 아픈 몸을 끌고 어두운 밤길을 걸어 다시 돌아오는 이들의 모습을 무엇이라 설명할 수 있겠는가? 민족을 구하려 했다는 거창한 말 보다는 예수님의 비유가 생각난다;

> 우리가 너희를 향하여 피리를 불어도 너희가 춤추지 않고 우리가 애곡하여도 가슴을 치지 아니하였다(마 11:17).

마음과 마음이 통하고 생명과 생명이 통하는 그 통로가 막히지 않은 사람들이었기 때문에 밤중에 그 소식을 전하러 달려간 것이 아니겠는가? 주님께서 진정 우리에게 원하시는 아름다운 모습이 바로 이러한 모습일 것이다.

VIII. 신학적 메시지

동물복제가 현실로 나타나고 인간복제가 눈 앞에 와있다는 뉴스가 들린다. 유전공학을 포함한 과학문명의 질주 속에 "생명"의 귀중함이 뒷전으로 밀리고 있는 느낌이다. 경쟁의 원리 속에서 그리고 이해타산의 계산기가 돌아가는 소리 가운데 굶주리는 사람들의 하소연이 크게 들리지 않고 있다.

그러나 하나님은 분명히 들으시고 오늘도 생명을 살리기 위해 분주히 일하고 계신다. 본문을 통해서 우리는 "생명을 살리시는 하나님의 일터"를 함께 찾아가 보았다. 연약한 자들을 통해서, 자신의 생명을 살리려고 애쓰는 평범한 사람들을 통해서 큰 구원의 역사를 펼치는 모습을 보았다. 시장물가로 표현되는 구원의 모습도 보았으며 예언자가 당당하게 설교하는 모습도 보았다.

하나님의 구원역사를 해외선교, 통일, 순교, 희생 등 우리가 높이 인정하고 있는 거대한 단어에서 찾을 뿐만 아니라 생명을 살리시려는 하나님의 따뜻한 가슴을 느끼는 평범한 사람들의 발걸음에서도 찾아야 할 때다.

제4장 예언자 엘리사와 수넴 여인

I. 머리말

열왕기하 4장은 서로 다른 세 가지 이야기가 연결되어 있다. "엘리사와 과부가 이룬 기적"(1-7절)과 "엘리사와 수넴 여인"(8-37절) 및 "굶주림에서 풍성함으로"(38-44절)의 세 이야기는 각각 다른 이야기들이다. 그러나 세 부분의 공통되는 점은 문제 발생과 문제 해결이라는 구조로 이야기들이 구성되어 있으며 엘리사를 통해 기적적으로 문제가 해결되었다는 것과 하나님은 숨어 계시나 예언자의 말을 통해 그 능력이 나타났다는 사실 등이다.

그 중에서도 "하루는"으로 시작되는 수넴 여인의 이야기는 1-7절 부분과는 별개의 단위이며 38-44절의 이야기들과도 별개의 부분이다. 이 이야기는 예언자 엘리사에 관한 전승으로 백성들 가운데 특히 예언자 집단에서 전승되어 온 이야기로 보여 지며 그 지리적 배경은 갈멜산과 그 부근이다. 분명 기적을 일으키는 엘리사가 주인공으로 등장하지만 문제가 발생했을 때에는 오히려 "위대한 여인(אִשָּׁה גדולה 잇샤 거돌라, 8절)"의 행동이 부각되어 있으며 엘리사의 행동은 상대적으로 약화되어 있음을 볼 수 있다. 죽은 아이를 살리는 이야기는 엘리야의 예언자 전승에서도 찾아 볼 수 있는데 엘리야와 시돈의 사렙다 과부와의 이야기에도 비슷한 사건이 전개되어 있다(왕상 17:17-24).

II. 왕하 4:8-37 번역

8 하루는 엘리사가 수넴에 이르렀더니 거기에 한 귀한 여인이 그를
간권하여 음식을 먹게 하였으므로 엘리사가 그 곳을 지날 때마다
음식을 먹으러 그리로 들어갔더라.
9 여인이 그의 남편에게 이르되 항상 우리를 지나가는 이 사람은
하나님의 거룩한 사람인 줄을 내가 아노니
10 청하건대 우리가 그를 위하여 작은 방을 담 위에 만들고 침상과
책상과 의자와 촛대를 두사이다 그가 우리에게 이르면 거기에 머
물리이다 하였더라.
11 하루는 엘리사가 거기에 이르러 그 방에 들어가 누웠더니
12 자기 사환 게하시에게 이르되 이 수넴 여인을 불러오라 하니 곧
여인을 부르매 여인이 그 앞에 선지라.
13 엘리사가 자기 사환에게 이르되 너는 그에게 이르라 네가 이같이
우리를 위하여 세심한 배려를 하는도다. 내가 너를 위하여 무엇을
하랴 왕에게나 사령관에게 무슨 구할 것이 있느냐 하니 여인이
이르되 나는 내 백성 중에 거주하나이다 하니라.
14 엘리사가 이르되 그러면 그를 위하여 무엇을 하여야 할까 하니
게하시가 대답하되 참으로 이 여인은 아들이 없고 그 남편은 늙
었나이다 하니
15 이르되 다시 부르라 하여 부르매 여인이 문에 서니라.
16 엘리사가 이르되 한 해가 지나 이 때 쯤에 네가 아들을 안으리라
하니 여인이 이르되 아니로소이다 내 주 하나님의 사람이여 당신
의 계집종을 속이지 마옵소서 하니라.

17 여인이 과연 잉태하여 한 해가 지나 이 때쯤에 엘리사가 여인에
게 말한 대로 아들을 낳았더라.
18 그 아이가 자라매 하루는 추수꾼들에게 나가서 그의 아버지에게
이르렀더니
19 그의 아버지에게 이르되 내 머리야 내 머리야 하는지라 그의 아
버지가 사환에게 말하여 그의 어머니에게로 데려가라 하매
20 곧 어머니에게로 데려갔더니 낮까지 어머니의 무릎에 앉아 있다
가 죽은지라.
21 그의 어머니가 올라가서 아들을 하나님의 사람의 침상 위에 두고
문을 닫고 나와
22 그 남편을 불러 이르되 청하건대 사환 한 명과 나귀 한 마리를 내게
로 보내소서 내가 하나님의 사람에게 달려갔다가 돌아오리이다 하니
23 그 남편이 이르되 초하루도 아니요 안식일도 아니거늘 그대가 오
늘 어찌하여 그에게 나아가고자 하느냐 하는지라 여인이 이르되
평안을 비나이다 하니라.
24 이에 나귀에 안장을 지우고 자기 사환에게 이르되 몰고 가라 내
가 말하지 아니하거든 나를 위하여 달려가기를 멈추지 말라 하고
25 드디어 갈멜 산으로 가서 하나님의 사람에게로 나아가니라.
하나님의 사람이 멀리서 그를 보고 자기 사환 게하시에게 이르되
저기 수넴 여인이 있도다.
26 너는 달려가서 그를 맞아 이르기를 너는 평안하냐 네 남편이 평
안하냐 아이가 평안하냐 하라 하였더니 여인이 대답하되 평안하
다 하고
27 산에 이르러 하나님의 사람에게 나아가서 그 발을 안은지라. 게하
시가 가까이 와서 그를 물리치고자 하매 하나님의 사람이 이르되

가만 두라 그의 영혼이 괴로워하지마는 야웨께서 내게 숨기시고
이르지 아니하셨도다 하니라.
28 여인이 이르되 내가 내 주께 아들을 구하더이까 나를 속이지 말
라고 내가 말하지 아니하더이까 하니
29 엘리사가 게하시에게 이르되 네 허리를 묶고 내 지팡이를 손에
들고 가라. 사람을 만나거든 인사하지 말며 사람이 네게 인사할
지라도 대답하지 말고 내 지팡이를 그 아이 얼굴에 놓으라 하는
지라.
30 아이의 어머니가 이르되 야웨께서 살아 계심과 당신의 영혼이 살
아 계심을 두고 맹세하노니 내가 당신을 떠나지 아니하리이다. 엘
리사가 이에 일어나 여인을 따라가니라.
31 게하시가 그들보다 앞서 가서 지팡이를 그 아이의 얼굴에 놓았으
나 소리도 없고 듣지도 아니하는지라 돌아와서 엘리사를 맞아 그
에게 말하여 아이가 깨지 아니하였나이다 하니라
32 엘리사가 집에 들어가 보니 아이가 죽었는데 자기의 침상에 눕혔
는지라.
33 들어가서는 문을 닫으니 두 사람 뿐이라 엘리사가 야웨께 기도하고
34 아이 위에 올라 엎드려 자기 입을 그의 입에, 자기 눈을 그의 눈
에, 자기 손을 그의 손에 대고 그의 몸에 엎드리니 아이의 살이 차
차 따뜻하더라.
35 엘리사가 내려서 집 안에서 한 번 이리 저리 다니고 다시 아이 위
에 올라 엎드리니 아이가 일곱 번 재채기 하고 눈을 뜨는지라.
36 엘리사가 게하시를 불러 저 수넴 여인을 불러오라 하니 곧 부르
매 여인이 들어가니 엘리사가 이르되 네 아들을 데리고 가라 하
니라.

37 여인이 들어가서 엘리사의 발 앞에서 땅에 엎드려 절하고 아들을 안고 나가니라.

III. 구조

A. 이야기의 배경과 주요 등장 인물	8-11
1. 수넴에 여행한 엘리사	8a
2. 음식과 거처를 제공한 여인	8b-10
3. 여인의 집을 다시 방문한 엘리사	11
B. 아들을 낳을 것이라는 약속과 성취	12-17
1. 여인에게 준 엘리사의 약속(답례)	12-16
1) 엘리사의 첫번째 답례와 여인의 거절	12-13
2) 엘리사가 다른 답례를 모색함(게하시와의 대화)	14
3) 엘리사의 두번째 답례(약속)와 여인의 불신	15-16
2. 약속이 성취됨	17
C. 문제 발생: 아들의 죽음	18-25a
1. 아들의 죽음	18-20
2 . 여인의 반응	21-25a
D. 문제 해결: 아들이 다시 살아남	25b-35
1. 여인이 엘리사에게 호소함	25b-30
2. 게하시의 행동	31
3. 엘리사의 성공: 아들이 다시 살아남	32-35
E. 후기	36-37

Ⅳ. 해석

8절. "수넴"은 잇사갈 지파의 도시였으며(수 19:18) 이스르엘 계곡 지역의 모라산 기슭에 있는 술렘 부근에 있었던 오래된 도시였다. 또한 수넴은 다윗의 후궁 아비삭(왕상 1:3)의 고향이기도하다.

"귀한 여인"으로 번역된 אשה גדולה(잇샤 거돌라)는 재산이 많거나 신분이 높은 여인을 말하며 직역하면 "큰(위대한) 여인"이라 번역할 수 있다.

9절. "항상 우리에게로 지나는." 엘리사가 이스르엘 계곡과 갈멜산(25절) 부근을 자주 다니고 있었음을 알 수 있다.

"하나님의 거룩한 사람." 거룩하다는 표현은 주로 제사장이나 성전에 관련된 사람 혹은 나실인에게 주어지는 수식어이나 예언자 가운데 엘리사에게는 유일하게 이러한 수식어가 붙어 있다. 엘리사에게 최고의 칭호를 선물한 사람은 여인이었다.

10절. "작은 방을 담 위에 짓고." 히브리어 성경를 직역하면 "담(벽)이 있는 작은 방을 건축하고"로 번역할 수 있다. 벽이 있는 방이란 임시로 거처하도록 만든 방이 아니라 영구적으로 사용할 수 있도록 튼튼히 지은 방을 말하며 방해 받지 않는 독립된 방을 말한다. 여기에 방이라 번역된 עליה(알리야) 는 여러 용도로 사용될 수 있는 공간을 말하며 왕의 침실을 가리킬 때도 있다(삿 3:20, 23, 24, 25).

"책상"은 바닥 위에 메트를 깔고 그 위에 가죽을 펴는 소위 테이블(삼하 9:11; 시 23:5)을 말하며, "의자"는 영예로운 좌석을 말하는데 왕의 보좌라고 할 때도 이 단어가 사용된다. 귀중한 손님을 정성껏 모시는 모습을 볼 수 있다.

"촛대"라는 단어는 주로 성전이나 성막에서 사용되는 단어로(왕하 25:14, 15; 출 25:31; 레 24:4) 테이블과 보좌라는 단어와 더불어 성전 내부를 방불케 하는 단어들이 사용되어 있다. "거룩한 사람"에게 어울리는 예우로 여겨진다.

12-13절. "게하시"는 엘리사에게 수종드는 사람으로 자주 등장하는 인물인데 비참한 말로를 당하는 비극적인 인물이다(왕하 5:27). 엘리사는 수넴 여인을 불러서 그 여인이 엘리사 앞에 서 있지만 직접 그 여인과 대화하지 않고 게하시를 통해서 이야기하는 장면은 마치 왕이 백성을 대하는 태도같아 보인다. 왕이 공신에게 무엇을 하사하듯이 "왕에게나 군대장관에게 무슨 구할 것이 있느냐"하면서 위풍당당하게 말하는 엘리사의 제의를 수넴 여인은 정중하게 거절해 버린다.

"네가 이같이 우리를 위하여 생각이 주밀하도다." 이 문장에 사용된 חרדה(하라다)라는 단어는 원래 "떨림"이라는 뜻으로 여인이 엘리사에게 한 행동들이 경외감에 가득차 성심을 다해서 대접하였다는 의미를 담고 있다.

"내가 너를 위하여 어떻게 하랴." 엘리사가 질문을 했다기보다 무엇을 여인에게 답례할 것인가 말해주는 내용의 머리말로 이해할 수 있다.

"나는 내 백성 중에 거하나이다." 현재 상태에 만족하며 더이상 요구할 것이 없다는 뜻인데 "나의 백성"이라 부르는 이 여인의 백성은 누구를 말한 것일까? 단순히 친족이라는 의미로도 볼 수 있지만 지방 호족의 주위를 둘러싸고 있는 주민을 지칭하는 말일 수도 있다.

14-16절. 엘리사는 답례를 할 수 있는 것을 찾고 있는 가운데 게하시가 그 여인에게 아들 없음을 엘리사에게 알린다. 다시 불려 온 여인에게 엘리사가 아들이 태어날것이라 예언하였다. 나그네를 대접하던 아브라함과 사라에게 이삭을 선물로 준 이야기와도 비슷하다(창 18:1-15).

"돐이 되면"(16, 17절)으로 번역된 구절은 히브리어로 "생명의 시간에(כעת חיה 크에트 하이야)"인데 이 뜻은 "봄이 돌아오면" 혹은 간단히 말해서 "내년에"라는 뜻이다.

"아니로소이다... 속이지 마옵소서" 여인의 말은 엘리사가 주려는 선물을 거부하는 말이거나 혹은 남편이 늙었는데 어떻게 자식을 낳을 수 있겠는가 하는 의심을 표명한 말이다. 나중에 아이가 죽었을 때 여인은 이 말을 반복하면서 왜 나를 속였는가(28절) 하면서 엘리사에게 항의하는 것을 보아 이 말은 설사 아이가 태어난다 하여도 온전하게 성장하겠는가 하는 우려를 표명한 말이기도 하다. 이러한 부정적인 뜻을 전하면서도 여인은 "내 주 하나님의 사람이여"라고 더욱 존경의 예를 갖추었다.

18-20절. 새로운 장면이 또 "하루는"이라는 단어로 시작되고 있다.

"내 머리야 내 머리야"는 아이가 고통을 호소하는 소리이다. 병명은 알 수 없지만 일사병일 수도 있을 것이다 ("낮의 해가 너를 상치 아니하며 ..."[시 121:6]). "그를 데려가라"로 번역된 단어 שאהו (스에후)는 "들고 가라"는 의미이며 이 단어로 보건데 아이는 쓸어

졌거나 걷기가 힘든 상태임을 알 수 있다. 아이가 고통을 호소하는 순간부터 죽을 때까지는 한나절 밖에 걸리지 않았다. 응급환자인 어린 아이를 대하는 아버지의 태도가 너무 무관심하였으며 반대로 어머니인 수넴 여인의 모습은 아주 적극적이었다. "어미의 무릎에서" 죽은 자식을 바라보는 어머니는 얼마나 참담하였을까!

21-24절. 아이의 울음소리도 어미의 울음소리도 들리지 않는다. 다만(위대한) 여인의 신속한 행동만 그려져 있다. 엘리사는 이 문제를 해결할 수 있다고 믿는 여인은 황급히 엘리사에게 달려갔다. 아이의 시체에 연연하지 않고 남편의 질문에도 아주 간단히 대답하고 나귀를 타고 달려갔다.

"초하루도 아니요 안식일도 아니거늘." 이러한 남편의 질문에서 초하루와 안식일에는 여인이 엘리사를 방문하였을 것을 짐작할 수 있으며 적어도 이러한 날들은 여인들이 자유롭게 외출할 수 있는 날임을 짐작할 수 있다.

"평안이니이다(שלום 샬롬)"는 인사말일 수도 있지만 23절의 경우는 "잘 될 것입니다"의 뜻으로 볼 수 있다.

25-27절. "갈멜산"은 이스르엘 계곡 끝에서 지중해 연안으로 이어지는 산으로 엘리야와도 관련이 있고 엘리사가 있었던 산이며 아마도 예언자 무리들이 있었던 산으로 짐작된다.

엘리사가 먼저 여인을 발견하고 게하시를 보내어 안부를 묻게 하였으나 여인은 게하시에게는 간단히 대답하고 곧 바로 엘리사에게 다가와 "발을 안았다." 여인이 재빨리 다가와 넘어지다시피(무릎을

꿇고) 발을 잡은 이 행동은 발을 붙잡고 간절히 청원하는 행동으로 게하시의 저지도 아랑곳 하지 않은 행동이었다.

"야웨께서 내게 숨기시고 이르지 아니하셨도다." 예언자는 선견자(先見者-미리 보는 사람)이나 엘리사는 자신이 예언자로서 문제가 있음을 고백한 말이다. 엘리사의 당황한 모습은 이미 26절의 말속에도 나타나 있다. 엘리사가 게하시에게 지시한 말은 여인을 영접하라는 말 이상으로 상세하였다. 여인과 남편 그리고 아이의 안부를 상세히 묻도록 하는 그의 지시는 무엇인가? 여인의 다급한 행동의 이유를 미리 알아내고자 하는 엘리사의 의도를 읽을 수 있다. 그러나 게하시도 엘리사도 그 정보를 얻지 못했으며 여인과 엘리사가 맞대면하게 되었다. 엘리사는 여인의 행동에서 심각한 문제가 일어났음을 직감하고 무례한 여인의 행동을 받아 주었으며, 엘리사는 자신의 문제, 즉 "미리 보지 못한" 무능력에 집착하지 않았다.

28-30절. "인사하지 말며 ..." 이 구절에 사용된 ברך(바라크)는 "축복하다"라는 기본적인 뜻이 있으며 여기서는 "인사하다"는 뜻의 피엘형이 사용되었다. 사람을 만날 때 반가움을 표시하는 것 이상으로 상대방을 축복해 주는 이스라엘의 관습을 알 수 있는 단어이다. 과거 우리의 풍습에도 그러하였듯이 중동 지역의 풍습에는 인사가 길어서 때로는 인사하는데 10분이 넘게 걸린다는 이야기를 들은 적이 있다.

"야웨의 살아계심과 당신의 목숨의 살아계심을 두고 맹세합니다. 저는 당신을 떠나지 아니하겠습니다." 이러한 고백은 엘리사가 승천할 스승 엘리야를 집요하게 따라가며 예언자로서의 능력을 받으려 애쓸 때 엘리사가 여러 번 고백한 말이다(왕하 2:2, 4, 6). 여인은 아이를 잃은 어미로서의 슬픔 속에서 몸부림치기보다 어떻게 하든지 아이를 살리려고 엘리사에게 매달리고 있는 것이다. 엘리사는 여인의 행동에서 아이에게 변고가 생겼음을 감지하고 게하시에게 지팡이를 주어 아이에게 급히 보내어 아이를 구하려 하였다. 엘리사가 이제까지 행해오던 품위 있는 행동 양식대로 사환을 보낸 것이었다. 그러나 아이를 잃은 "아이의 어미"(30절)는 엘리사의 조치를 수락하지 않았다. 게하시가 아니라 엘리사 자신이 가야만 아이가 살 수 있다는 고집을 부리며 엘리사를 재촉하였고 엘리사도 여인의 요청에 응하였다. 30절 마지막 말은 "그녀를 뒤따라갔다"로 표현되어 있다. 예언자가 주도권을 쥐는 모습이 아니라 여인이 주도권을 쥐고 예언자를 데리고 가는 모습이며 예언자는 수동적인 태도로 따라가는 모습을 보여 주었다.

31절. "지팡이를 그 아이의 얼굴에 놓았으나." 이러한 상징적 행동은 고대 중동에서 기적적(마술적)으로 병을 치료할 때 행한 방법이었으며 엘리사가 시키는 대로 게하시가 시도하였지만 실패하였다.

"소리도 없고 듣는 모양도 없는지라." 게하시가 한 행동은 단순히 지팡이만 놓은 것이 아니라 말도 했을 가능성이 있으며 그 효과를 기대하고 있었음을 알 수 있다.

32절. "보라 아이가 죽었는데 ..." **개역**에는 나타나 있지 않지만 "보라"라는 놀라움을 나타내는 단어가 히브리어 성경에는 있다. 엘리사의 처지가 딱하게 되었고 상황이 긴박해져 있음을 해설자는 이 단어를 통해 표현하고 있는 것이다.

33-35절. "야웨께 기도하고." 수넴 여인과의 이야기 가운데는 처음으로 엘리사가 기도하였다는 사실을 밝혀놓고 있다. 여기에 기도한 사실이 기록되어 있다는 것은 엘리사가 더욱 하나님께 의지하며 모험을 시도하고 있음을 알 수 있다.

"아이의 위에 올라 ..." 엘리야의 행동과 비슷하게(왕상 17:21) 엘리사도 마른 막대기 대신에 자신의 몸으로 아이를 덮었다.

"그 몸에 엎드리니"(34, 35절)를 히브리어 성경에서 직역하면 "그 위에 구부리니"이다. 엘리야가 얼굴을 무릎사이에 넣고 구부리는 동작을 묘사할 때도 이 단어가 사용되었다(왕상 18:42). 아이와 어른의 키 차이를 생각하면 쉽게 짐작되는 동작이다.

죽은 아이를 살리는 엘리사의 행동이 세밀히 단계적으로 묘사되어 있다. 문을 닫아 다른 사람들이 접근하지 못하도록 하고 시체 앞에서 야웨께 기도를 먼저 드렸다. 그리고 아이 위에 그의 몸을 엎드려 있으니 아이의 몸이 따뜻해 졌다. 중간에 한번 이리 저리 다닌 후에 다시 그러한 행동을 반복할 때 드디어 아이가 눈을 떴다. 하나님의 능력이 엘리사의 열성을 통해 아이를 살린 것이다.

36-37절. "엘리사의 발 앞에서 땅에 엎드려 절하고." 엘리사의 발을 붙잡고 엘리사를 책망하던 여인이 이제는 신에게 경배하듯 예언자로서의 능력을 회복한 엘리사에게 최고의 경의를 표시하였다.

V. 신학적 메시지

죽은 아이를 살리는 기적이 어떻게 해서 일어날 수 있었는가? 경제 문제도 중요하고 인권 문제도 중요한 문제이지만 죽음의 문제만큼 큰 문제는 없다. 모든 것을 앗아가는 것이 죽음인 것이다. 엘리사가 죽은 아이를 살렸다! 그런데 이러한 기적 이야기를 펼쳐 보이면서 성경는 엘리사만 칭찬한 것이 아니었다. 오히려 "큰(위대한) 여인" 수넴 여인을 크게 부각시켰다.

수넴 여인은 자원하여 나그네를 대접하는 여인이었으며 하나님의 사람을 정성껏 대접하는 여인이었다. 엘리사가 자원해서 답례를 하고 싶을 만큼 엘리사를 대접하였다. 그러면서도 엘리사가 분에 넘치는 선물을 하고자 했을 때 단호히 사양하는 지혜로운 여인이었다. 남편이 늙었는데, 아들을 낳을 것이라는 선물은 합리적이 아니라고 분명하게, 감히 하나님의 사람 앞에서 의심을 표시하기도 하였다. 그러나 엘리사의 예언은 성취되어 아들이 태어났으며 엘리사는 더욱 존경을 받는 하나님의 사람이 되었다. 예언자 엘리사는 여인과 그 가정에 가장 필요한 부분을, 그들 부부가 감히 바랄 수도 없는 부분을 충족시켜 주었다. 하나님의 기적적인 능력이 아니면 불가능한 일이다.

그러나 수넴 여인의 아들이 죽었을 때 엘리사는 주도권을 쥐고 하나님의 사람답게 행동하지 못하였다. 여인이 무엇 때문에 달려오는지도 몰랐고 게하시를 보내어 아이를 살리고자 했을 때도 실패한 예언자였다. 엘리사는 "선견자(先見者)"였는데 왜 미리 보지 못하였을까? 왜 예언자가 처음에 아이를 살리는데 실패하였을까? 왜 하나님은 엘리사에게 미리 알려 주시지 않으셨을까? 이유를 알 수가 없다. 하나님의 침묵을 통해 엘리사를 단련시키려는 하나님의 훈련방식인지 아니면 엘리사의 잘못 때문인지 분간하기가 힘들다. 만약 엘리사의 잘못을 굳이 든다면 엘리사는 상당히 권위적이었고 전통적인 방법으로 사태를 해결하려 하였다는 점이다. 그는 언제나 게하시를 통해서 말을 전달하였고 왕의 권력을 행사할 수 있음을 시사하였으며, 죽은 아이를 살리는 힘든 문제에 봉착하였음에도 지팡이를 게하시에게 주어 문제를 해결하고자 하는 안일하며 전통적인 방법으로 대처하였다.

"야웨의 알려 주심"이 없는 자격 미달의 예언자요 생명을 살리는 일에 실패한 예언자를 예언자답게 만들어 준 것은 바로 "아이 잃은 어미"였다. 죽음에 강력히 저항하는 한 여인의 간절함이 아이의 생명을 살렸고 예언자에게 도약의 발판을 마련해 주었다. 여인은 주저하지 않고 침착하면서도 강력하게 예언자를 재촉하였고 예언자는 여인을 "따라갔으며" 결국 아이를 살렸다. 엘리사는 예언자로서의 능력을 회복한 것이다.

그러나 이 일을 성공시키는 과정에서 우리는 엘리사의 장점도 눈여겨 볼 필요가 있다. "야웨의 알려 주심"이 없는 상황이었지만 당황하거나 회피하지 않고 여인의 절박한 요구를 충분히 살폈으며 아이를 살릴 때도 먼저 하나님께 기도하고 침착하게 단계적으로 최선을 다하는 열성을 보여 주었다. 하나님께서 숨어 계시는 동안 답답한 가슴을 안고 자신의 임무를 충실히 수행하는 엘리사의 모습은 오늘날 답답한 가슴을 안고서도 열심히 일하는 "숨어 계시는 하나님"을 경험하는 하나님의 일꾼들에게 한 줄기의 빛을 제공해 줄 수 있을 것이다. 하나님은 나타나지 않으시나 결코 떠나시지 않으시며 기도로 준비하는 주의 일꾼들로 죽음의 세력을 정복하도록 도약시키고 계시는 것이다. 무엇보다도 생명을 살리는 일에 목회자와 평신도가 함께 협력함으로 무능력한 목회자는 능력을 회복하고 아이 잃은 평신도는 자식을 다시 얻을 수 있는 기적을 체험한 것이다.

The origin and interpretation of the prophets

제3부 후기 예언서 해석

제1장
감성적 해석과 호세아

제2장
독사의 알과 거미줄 옷

제3장
예언자 미가의 해석

The origin and interpretation of the prophets

제1장 감성적 해석과 호세아

I. 서론

갓난아기의 옹알거리는 소리는 세상의 그 어떤 음악도 주기 힘든 감동을 불러일으킨다. 꼼지락거리는 아기의 손가락이 엄마의 뺨에 닿는 순간 엄마의 마음은 아기에 대한 사랑과 기쁨으로 충만해진다. 이러한 감동은 이성적인 이해를 통해서라기보다 청각과 촉각을 통해서 이루어지는 것이다. 성경을 읽을 때 기대하는 바가 무엇인가? 성경을 이해하는 것인가 아니면 성경의 말씀을 통해 감동 받기를 원하는 것인가?

왜 신학자들의 성경해석을 설교자나 기독교인들이 외면하고 있는가? 그것은 감성적인 면을 도외시하고 이성적인 이해 수준에서 해석을 마무리하기 때문이 아닐까? 성경에는 논리적으로 이해할 수 있는 부분도 있지만 감성으로 느끼는 분도 있다. 따라서 성경해석은 이성과 감성을 총동원해서 총체적으로 그리고 입체적으로 해석할 필요가 있다.[113]

113 *D. J. A. Clines, I, He, We, and They: A Literary Appreach to Isaiah 53,* (JSOTSup 1; Sheffield: JSOT Sheffield, 1976); 정중호, "감각분석 중심 해석 - 독사의 알과 거미줄 옷 (이사야 59장)," **대학과 복음** 7(2003.5) 211-238; 정중호 "붉은 색을 통해본 색채 이미지 중심 해석의 가능성," **구약논단** 12(2001) 71-92; 정중호 "새로운 성경해석을 위한 촉각언어 연구," **구약논단** 16(2004) 77-99; 정중호 "새로운 토라 해석을 위한 음식 이미지 연구," **신학사상** 125(2004) 93-119; 정중호 "소리와 구약해석: 청중중심비평(Audience-Oriented Criticism)을 중심으로," **역사와 해석학: 호남신학대학교 2000년 학술발표회 논문 제4집,** 정기철 편 (호남신학대학교출판부, 한들출판사, 2000) 113-140; 정중호 "애가 4:1-10에 나타나는 감각군(sensory cluster)에 관한 연구," **대학과 복음** 9(2004) 33-58; 정중호 "예언자의 이미지 활용에 관한 연구-영상성경 개발을 위하여," **구약논단** 10(2000) 153-176; 정중호 "해석 단서로서의 후각언어에 관한 연구," **구약논단** 14(2003) 135-152.

성경에는 수많은 감각언어들이 있으며 이들이 독자의 감성을 자극할 때 독자는 상상의 나래를 펴며 상상의 세계 속에서 감성적인 자극을 받는다. 그런데 과학 기술의 발달로 인해 실제로 감각을 자극할 수 있는 방법이 개발되고 있다. 성경을 영상화 할 때 실제의 시각과 청각이 자극을 받게 된다. 한 걸음 더 나아가 성경을 가상현실로 제작할 때 성경은 시각과 청각 뿐만 아니라 촉각과 후각과 미각까지도 실제 경험할 수 있는 성경으로 다시 태어날 수 있다. 영상성경과 가상현실 성경을 제작하기 위해서도 성경의 감각언어들을 주목하며 해석할 필요가 있다.

본 장에서는 이러한 필요성을 염두에 두어, 기존의 해석방법들을 활용하면서도 감각언어들을 분석하여 총체적인 해석을 시도할 것이다.

Ⅱ. 번역과 번역노트[114]

5 : 8 기브아에서 나팔을 불어라.
라마에서 트럼펫을 불어라.
벧아웬에서 경보를 울려라.
"베냐민아 네 뒤를"
9 에브라임은 책망의 날에 멸망당할 것이다.
이스라엘 지파 가운데서 내가 확실한 것을 알게 하리라.
10 유다 방백들은 밭의 경계표를 옮기는 자 같으니
나의 분노를 물같이 그들 위에 내가 쏟아 부을 것이다.

114 번역은 필자의 사역

11 에브라임이 학대를 받고 심판에 짓눌리는 구나.
왜냐하면 완강하게 헛것을 따라갔기 때문이다.
12 그러므로 나는 에브라임에게 좀 같으며
유다 집에는 썩히는 것 같다.
13 에브라임이 그의 병을 보았으며,
유다가 그의 상처를 보았으므로
에브라임이 앗수르에 갔음이여
야렙 왕에게 보냈구나.
그러나 그는 너희를 치료할 수 없음이여
너희 상처가 낫지 않는구나.
14 참으로 나는 에브라임에게 사자 같으며
유다 집에는 젊은 사자 같구나.
내가, 내가, 내가 찢을 것이며 내가 가버리리라.
내가 가져가니 아무도 구해주지 못할 것이다.
15 내가 내 처소로 돌아가리라.
그들이 뉘우치고 내 얼굴을 찾기까지.
그들이 고난 받을 때에 나를 간절히 찾으리라.
6 : 1 "오라 우리가 야웨께로 돌아가자.
참으로 그 분은 찢으셨으나 치료해 주실 것이요
치셨으나 싸매어주실 것이다.
2 그 분은 우리를 이틀 후에 살리시며
사흘 후에 일으켜 주시리니
우리가 그 앞에서 살리라.
3 그러므로 우리가 알자.
야웨를 아는 일에 힘쓰자.

새벽같이 그의 나오심은 확실하며
비와같이 우리에게 오시리니
땅을 적시는 늦은 비와같이 오시리라."

4 에브라임아 내가 네게 어떻게 하랴?
유다야 내가 네게 어떻게 하랴?
너희의 인애가 아침 구름 같으며
일찍이 사라지는 이슬 같구나.

5 그러므로 내가 예언자들로 쪼개며
내 입의 말로 죽였으니
너의 심판은 빛이 나가는 것 같구나.

6 참으로 내가 기뻐하는 것은 인애요 제사가 아니라
번제보다 하나님을 아는 것을 기뻐하노라

7 그리고 그들이 아담에서 계약을 어기고
거기서 내게 반역을 하였구나.

8 길르앗은 죄악을 행하는 성이라
피의 발자취가 있도다.

9 강도떼의 사람이 제사장 무리를 기다림같이
그들이 세겜으로 향하는 길에서 살인을 했으니
참으로 그들이 악을 저질렀구나.

10 이스라엘 집에서 내가 가증한 것을 보았노라.
거기서 에브라임은 행음하였고
이스라엘은 오염되었다.

11 내가 내 백성의 길을 돌이킬 때에
유다까지도 네게 추수할 것을 정하였다

〈번역노트〉

5:8. "하초츠라 (חצצרה)"는 **개역**에 '호각'이라 번역되어 있지만 제법 큰 악기로서 전쟁 때 사용하는 트럼펫의 일종이다. 그리고 "죄악의 집"이라는 의미의 "벧아웬(삼상 13:5; 욜 7:2; 삿 5:14)"은 벧엘(하나님의 집)을 조롱하여 부른 것이다.

5:11. "명령"이라 번역되는 "차우(צו)"는 LXX와 페쉬타를 따라 "차웨(צוא)"로 수정하여 "헛것"이라 번역한다(RSV, JV).[115]

6:6. '제사'로 번역된 제바흐(זבח)는 화목제(제바흐 셜라밈 זבח שׁלמים)의 준 말로도 볼 수 있다. 따라서 여기서 비판하고 있는 것은 제사 전체가 아니라 화목제와 번제 즉 감사 제사를 비판하고 있는 것이다. 예언자들이 제사 자체를 거부하는 것이 아니었다. 죄 문제를 해결하는 제사는 드리지 않고 감사 제사만 드리는 것을 비판한 것이다.

6:7. '아담(אדם)'은 '사람' 혹은 지명으로 번역할 수 있다. G. I. Davies는 여호수아 3장 16절을 근거로 '아담'을 요르단 계곡에 있는 지명으로 보았다. 그리고 이 단어 앞의 전치사 크(כ)를 필사자의 착오로 보아 브(ב)로 수정하였다.[116] 이러한 읽기의 장점은 8-9절에 계속 나타나는 지명과 연속성을 보여주며 7절의 '거기'라는 단어와 상응할 수 있다는 점이다.

한편 필사자의 착오로 보아 '시리아'로 번역할 수도 있다. 이 아담 (אדם)은 '아람 (ארם)'과 너무 비슷하여 필사자가 자주 착오를 일으킨다. 따라서

115 이사야 28장 10절과 13절에는 צו가 의미없는 어린이의 기초 글공부 소리로 나타난다. 따라서 D. Stuart와 Th. McComisky는 이 단어를 의미 없는 소리로 분류하여 번역하였다. D. Stuart, *Hosea-Jonah*, WBC, (Nashville: Word Inc, 1987), 99; Th. McComisky, "Hosea," in The *Minor Prophet*. Vol. 1, (idem, ed.; Grand Rapids: Baker, 1992), 83.

116 G. I. Davies, Hosea, NCBC, (London: Eerdmans, 1992), 270; D. Stuart, *Hosea-Jonah*, 171; H. W. Wolff, *Hosea*, (Philadelphia: Fortress Press, 1974), 105; E. G ran, *Grapes in the Desert*, (Almqvist & Wiksell International, Stockholm, Studenlitteratur, Lund, 1996), 105.

'아람'이라 읽는다면 '시리아'로 번역할 수 있다. 이 번역의 장점은 당시 시리아 왕 르신이 극렬한 반앗수르 정책을 펴고 있었기 때문에 문맥과 조화된다.

그러나 전치사 혹은 단어 자체를 수정하지 않고도 번역이 가능하다. "아담(사람)처럼"으로 읽는다면 에덴동산에서 배신한 아담의 사건을 연상시킬 수도 있다. 따라서 필자는 히브리어 성경 본문을 수정하지 않고 번역한다.

6:9. **개역**에는 "강도떼의 무리가 사람을 기다림같이 제사장의 무리가 세겜 길에서 살인하니 ..."로 번역되어 있다. 그러나 제사장 무리가 살인을 행했다는 것은 이해하기 힘든다. 그리고 특별히 살인할 이유가 나타나지 않는다. 아마도 이 부분은 번역을 다시 할 필요가 있다. 우선 살인을 저지른 '그들'이 꼭 제사장일 필요는 없다. 7절에서의 '그들'이 계속 나타난다고 보아도 된다. 그리고 9a절은 다음과 같이 번역할 수 있다; "강도떼의 사람이 제사장 무리를 기다림같이 그들이 세겜으로 향하는 길에서 살인을 했으니 ...."

6:11. **개역**에는 "유다여 ... 네게도 추수할 일을 정하였느니라"고 번역하여 유다를 호격으로 부르고 동사 "정하다"의 주어는 "나(하나님)"인 양 번역되어 있다. 그러나 동사의 주어는 칼형 삼인칭 남성 단수이기에 일인칭 '나'가 될 수 없고 유다가 되는 것이 적절하다. 따라서 "유다까지도 네게 추수할 것을 정하였다"로 번역하도록 한다. 이 예언은 유다가 에브라임을 공격할 것이라는 예언이다. 베가가 반앗수르 정책으로 북왕국을 통치한 것은 겨우 4년이었고 이어 친앗수르 정책을 취한 호세아에 의해 쿠데타를 당했다. 이 때 유다 왕 아하스가 호세아와 함께 연합군을 형성해서 베가를 공격했다(호 1:11).

"셔부트 (שבות)"를 **개역**에는 "사로잡힘", 즉 "포로"로 번역하였다. 그러나

이 단어의 어간을 슈브(שׁוּב)로 볼 수도 있다.[117] 따라서 번역은 "내가 내 백성의 길(운명)을 돌이킬 때에"라고 할 수 있다.[118] 여기서 "내 백성(암미 עַמִּי)"이 다시 나타난다. 반역한 백성이지만 하나님은 여전히 "내 백성"이라 부르며 희망을 버리지 않고 있다. 내 백성의 운명을 돌이킨다는 것은 하나님의 뜻을 따르는 백성으로 만드는 것을 말한다. 즉 반앗수르 반란에 참여한 내 백성을(* 베가의 통치 시대) 돌이켜 친앗수르 대열에 참여시키는 것을(* 호세아 왕이 통치하는 시대) 말하며 이 때 친앗수르 정책을 취한 유다도 함께 도울 것이라는 예언이다(호 1:11).

117 D. *Stuart, Hosea-Jonah*, 99 ; E. G ran, *Grapes in the Desert*, 108; H. W. Wolff, *Hosea*, 106; "turn the turning" 혹은 "restore the fortunes"로 번역한다.

118 *NRSV* 에서는 다음과 같이 번역하였다; For you also, O Judah, a harvest is appointed. When I would restore the fortunes of my people.

III. 시대적 배경

볼프(H. W. Wolff)는 말하기를 "예언의 역사적인 상황을 무시한 채 예언을 해석하려고 한다면 반드시 잘못된 결과를 낳을 것이다"라고 경고하였다.[119] 따라서 예언서 해석에 있어서 본문의 역사적 배경은 밝히는 것은 무엇보다 중요하다.

본문의 배경을 밝히는 단서로는 에브라임이 앗수르에게 조공을 바친 사건과 당시의 앗수르 왕이 야렙이었다는 것이다(5:13). 야렙은 앗수르 왕의 다른 이름이라 볼 수 있는데 D. Stuart는 라브 (רב)로 수정하여 번역하였다.[120] 그러나 호세아 10장 6절에도 야렙으로 나타난 점을 보아 저자가 두 번이나 실수했다는 주장은 설득력이 부족하다.[121] 따라서 야렙이 앗수르 왕의 또 다른 이름이며 아마도 티글랏빌레셀이었을 것으로 추정된다.

예언자 호세아 시대에 티글랏빌레셀에게 조공을 바친 왕을 찾아보면 므나헴을 발견할 수 있다. 므나헴은 주전 743년경 앗수르 왕 티글랏빌레셀에게 조공을 바쳤다.[122] 이 때 므나헴은 이스라엘과 유다의 부자들로부터 거두어 일천 달란트를 바쳤다(왕하 15:19-20). 그리고 주전 738년 또 다시 티글랏빌레셀에게 조공을 바쳤다.[123]

에브라임의 병이 무엇이며 유다의 상처가 무엇인가? 므나헴 시대 에브라임은 반앗수르 반란에 참여하려는 움직임 때문에 어려움을 겪고 있었다. 그리고

119 H. W. Wolff, *Hosea*, 21.

120 D. Stuart, *Hosea-Jonah*, 99; "위대한 왕" 즉 *멜렉 라브*는 스피르 문헌에도 발견; Fitzmyer, Sefire 61. Sefire I에서 발견.

121 E. M. Good, "Hosea 5,8-6,6: An alternative to Alt," JBL 85(1966), 273-286과 Ginsburg (EncJud 8:10-24)는 MT 유지. 티글랏빌레셀은 풀(왕하 15:19)이라는 또 다른 이름도 있다.

122 정중호, **이스라엘 역사**, (대한기독교서회, 1994), 198.

123 J. B. Pritchard, Ancient Near Eastern Texts Relating to the Old Testament, 3rd Ed., (New Jersey: Princeton University Press, 1974), 283; D. D. Luckenbill, Ancient Records of Assyria and Babylonia, I,(Chicago: University of Chicago Press, 1926-27), § 772.

유다는 경제정의를 실천하지 못해 사회적 갈등을 겪고 있었다. 이러한 병들을 앗수르가 치료할 수는 없었다. 므나헴이 앗수르에게 조공을 바친 것은 앗수르가 팔레스타인 땅을 공격하지 않도록 좋은 관계를 유지하려는 것이었다.

그런데 본문에는 '이스라엘'이라는 이름이 에브라임과 구별해서 나타난다. 주전 8세기 후반 '이스라엘'이라 불리운 세력은 요르단 동편의 베가 세력을 가리키는 용어이다. 당시 베가는 주전 750년경부터 요르단 동편에서 세력을 키웠는데 그 근거지는 길르앗이었다(6:8).[124] 베가는 시리아 왕 르신의 사주를 받아가며 반앗수르 동맹의 주요멤버가 되었다. 주전 734년 베가는 요르단 강을 건너 사마리아로 진격하였다(1절). 이 때 베냐민을 지나며 전투를 하고(5:8) 세겜길에서 잔인한 학살행위를 자행했다(6:9). 베가는 이스라엘의 왕인 브가히야를 몰아내고 이스라엘의 왕권을 차지하였다. 베가가 사마리아를 점령하면서부터 북왕국 이스라엘은 반앗수르 반란 세력의 맹주가 되었다.

그러나 베가의 통치는 오래 계속되지 못하였다. 앗수르의 세력이 밀려오면서, 앗수르 왕 티글랏빌레셀의 군대가 주전 734년 지중해 연안에 원정을 오면서부터 베가와 시리아 왕 르신을 중심으로 하는 반앗수르 반란 세력들은 힘을 잃어버렸다. 결국 베가는 티글랏빌레셀이 이스라엘 왕으로 임명한 호세아에 의해 살해당했다. 이때 친앗수르 정책을 천명해왔던 유다 왕 아하스도 호세아의 쿠데타를 도와 함께 사마리아로 진격하였다(6:11, 1:11).[125]

본문은 베가가 쿠데타를 일으켜 사마리아로 진격하던 주전 734년경 호세아가 예언한 것으로 짐작된다.

124 J. H. Hayes & P. K. Hooker, **이스라엘과 유다 역사**, 정중호 역 (대한기독교서회, 1991), 18.

125 호세아 1장 11절에, "올라가다"라는 단어는 군대를 이끌고 진격할 때 사용되는 단어이고, "이스르엘의 날이 크다"라는 표현이 큰 전쟁이 벌어지는 모습을 예언한 것이기에 11절은 남북연합군이 이스르엘 지역에 있었던 사마리아를 공격하는 것으로 볼 수 있다.

Ⅳ. 본문의 구조

A. 에브라임과 유다에 대한 하나님의 심판 선언	5:8-15
B. 예언자의 회개 권유 - "오라 우리가 야웨께로 돌아가자"	6:1-3
C. 에브라임과 유다를 향해 탄식하시는 하나님	6:4-6
D. 이스라엘에 대한 하나님의 심판	6:7-11

Ⅴ. 감성적 해석

본문에는 감각언어가 풍부하게 나타나는데 특이한 것은 운동감각언어가 풍부하다는 점이다. 운동감각언어는 동적인 이미지를 보여주기 때문에 시각을 자극하면서 동시에 촉각을 자극하는 언어로 메시지를 생동감 있게 하고 피부에 와닿게 하는 효과를 줄 수 있는 언어이다.[126]

에브라임과 이스라엘의 반역과 쿠데타의 이미지가 먼저 클로즈업된다. 에브라임을 멸망시키려 베냐민 지역을 휩쓸고 지나가는 베가의 진격 모습을 필두로 해서(5:8), 그리고 심판에 짓눌리는 에브라임의 모습이 나타난다(5:11).

또한 요르단 강 동편에서 베가의 세력이 반앗수르 반란의 세력으로 팽창하고 있는 모습도 나타난다(6:7-10). 베가 세력은 아담에서 그리고 길르앗에서 반역과 살인을 자행하고 세겜에서도 학살을 자행하였다.

동시에 하나님은 구원을 베푸시는 모습으로 나타난다. 자신의 백성을 향해 탄식하시고 치료하시며 다시 일으켜 세우시는 모습이 제시되어 있다(5:15; 6:1-3; 6:4).

---

126 촉각에 대해서는 필자의 논문 참조; 정중호, "새로운 성경해석을 위한 촉각언어 연구".

A. 반역과 쿠데타 그리고 심판이미지

1. 에브라임의 반역과 심판 이미지

본문에 나타나는 '에브라임'은 북왕국을 가리키는데 당시 므나헴과 브가히야가 통치하고 있었다. 비록 므나헴과 브가히야는 친앗수르 정책을 취하고 있었지만 북왕국 지역에 만연해 있는 분위기는 반앗수르였다. '에브라임'은 북왕국의 왕실을 가리킨다기 보다 반앗수르 분위기가 팽배해 있는 북왕국 지파 전 지역을 가리키는 것으로 볼 수 있다. 5장 9절에서 에브라임은 "이스라엘 지파"와 동의어로 나타난다.

본문에 나타나는 압도적인 이미지는 전쟁 이미지이다. 적군이 쳐들어온다는 것을 알리기 위한 비상나팔 소리가 여기 저기 급하게 들려오고 군대가 진격하는 소리 또한 요란하다(5:8). 특히 청각을 자극하며 예언이 시작된다. 그리고 전쟁은 상처와 살인이 발생되는 현장이기에 촉각을 자극할 수 밖에 없다.

베냐민 지파의 도시들인 기브아와 라마와 벧아웬(벧엘) 지역에서 나팔 소리와 트럼펫 소리가 터져 나오는 것은 전쟁의 소리인데 베가가 사마리아를 점령하기 위해 진격하는 쿠데타 군대의 소리로 짐작된다(주전 734년). 기브아와 라마와 벧엘은 베냐민 지파의 도시들로 옛날 사무엘 예언자가 활동한 지역이기도 하다. "베냐민아 네 뒤를"이라는 외침은 적군이 베냐민 지파 사람들을 추격한다는 다급한 외침이다. 세 도시가 모두 베냐민 지파에 있는 도시들이기에 전쟁의 외침 속에 베냐민 지파 이름이 나타난 것이다.

전쟁 이미지는 에브라임이 멸망당한다는 5장 9절에도 나타나며 에브라임이 멸망할 수 밖에 없는 죄명은 '행음'이었다(6:10). '행음' 혹은 '음행'이라는 단어는 성교를 가리키기보다 우상을 섬기는 행위를 묘사할 때 사용된다(출 34:15-16). 한걸음 더 나아가 우상과 음란한 행위를 하는 것은 종교적인 행위일 뿐만 아니라 국제정치적인 행위이다. 즉 살룸과 베가로 연결되는 반앗수르 반란 행위를 가리키는 것이다. '행음'이란 야웨의 이름을 부르며 맺은 조약을 파기하고 반앗수르 동맹을 만들어 반란을 도모하는 행위를 가리키는 것이다.[127]

2. 이스라엘의 반역과 심판 이미지

본문에 나타나는 '이스라엘'은 요르단 동편에서 세력을 키우고 있었던 베가의 세력을 가리킨다. 그리고 에브라임과 이스라엘은 모두 이스라엘 족속이기 때문에 '이스라엘 집'(6:10a)이라는 용어로 통합해서 부른다.

6장 7절에서 언급한 '계약'은 무엇을 가리키는가? 일반적으로 하나님과 이스라엘의 계약을 먼저 기억하지만 여기서는 하나님의 이름을 부르면서 맺은 국제조약인 앗수르와 이스라엘 간의 계약을 가리킨다.[128] 베가는 요르단 강 동편 아담에서 이 계약을 깨뜨리고 반앗수르 세력으로 성장했는데 시리아의 르신과 손을 잡고 세력을 팽창시켰다(6:7). 길르앗에 피의 발자취가 있다는 것은 살인과 학살의 현장이라는 뜻이다(6:8). 베가가 세력을 키우는 과정에서 억울한 일들을 자행하며 죄를 저질렀다는 것이다. 여기서도 죄를 저질렀다는 것을 "피의 발자취"라는 촉각과 시각을 자극하는 언어를 활용하여 감성에 호소하고 있다.

베가의 세력은 세겜 길에서도 사람들을 학살하였다(6:9). 세겜은 중요한 도시로서 세겜에서 학살이 일어났다는 것은 베가가 자신들과 동조하지 않은 세력들을 숙청한 것으로 짐작된다. 그런데 왜 하필 강도떼가 제사장 무리를 노리는 이미지를 사용하였을까? 무장한 자가 무장하지 않은 자를 덮치는 이미지이

127 정중호, "호세아 4장의 '음행'과 '제사장' 문제," **신학과 목회** 23(2005) 124-125.

128 '계약'이 국제조약이라는 주장은 Rudolph와 Perlitt를 참조한 것이다. W. Rudolph, *Hosea* (KAT 13/1; G terloh: G. Mohn, 1966), 145-146; R. H. Perlitt, *Bundestheologie im Alten Testament*, (WMANT 36; Neukirchen-Vluyn: Neukirchener, 1969), 141-144.

고 강한 자가 방어력이 없는 약한 자를 죽이는 비겁하고 잔인한 이미지이기 때문에 이 이미지를 사용한 것으로 보인다.

베가의 세력이 반앗수르 반란의 세력이라는 것은 6장 10절의 용어에도 표현되어 있다. 즉 에브라임의 '행음'과 평행되는 용어로 이스라엘의 '오염'을 이야기하고 있다. 앞에서도 지적하였듯이 에브라임의 '행음'이 반앗수르 반란행위라면 이스라엘의 '오염'도 역시 반앗수르 반란을 가리키는 것이라 볼 수 있는 것이다. 이들이 행음하고 오염되었다는 것은 반앗수 반란 세력에 동조하고 물들어 있다는 뜻이다. 에브라임이 행음하고 이스라엘이 오염되었다는 구절은 5장 3b절과 거의 동일하다.

베가가 사마리아를 점령하였으나 불과 4년만에 왕위에서 쫓겨났다. 앗수르 왕 티글랏빌레셀은 호세아를 이스라엘의 왕으로 임명하였다.[129] 앗수르의 후광을 업은 호세아는 유다 왕 아하스와 더불어 사마리아의 베가를 공격하여 이스라엘의 왕권을 쟁취하였다(주전 731년). 6장 11절을 "유다까지도 네게 추수할 것을 정하였다"라고 번역하면 유다가 에브라임 즉 사마리아로 진격하는 것으로 볼 수 있다.

B. 하나님의 행동 - 찢으셨으나 치료해 주시는 분

1. 심판자 하나님

경제정의를 왜곡시키는 유다에게도 하나님의 심판이 임하는데 하나님의 분노가 물같이 쏟아지는 모습이 나타난다(5:10). 유다가 왜 심판을 받게 되었는가? "밭의 경계표를 옮기는 자"는 권력과 경제력을 휘둘러 약한 자의 생활기반

129 J. B. Pritchard, *ANET* 283-284; D. D. Luckenbill, *ARAB* I § 779, 815-816.

인 토지를 빼앗는 사람들을 가리킨다. 밭은 대대로 물려주는 그 집안의 생활 기반인데 그러한 밭을 빼앗는다는 것은 하나님의 분노를 불러일으키기에 충분하다. 따라서 유다의 죄목은 반앗수르 동맹과는 무관하며 강한 자들이 약한 자들을 착취하여 하나님이 세우신 경제정의를 무시하는 것이었다. 그리고 하나님은 에브라임과 유다 모두에게 병을 내리고 급기야는 사자같이 달려들어 찢어 죽여버리는 엄중한 심판의 장면을 이어서 볼 수 있다(5:12, 14). 심판의 마지막 장면은 자신의 처소 즉 성전으로 돌아가는 하나님의 모습으로 나타난다. 촉각언어가 유난히 많이 사용되고 있으며 물론 시각언어도 풍부하다. 촉각이란 피부로 느끼는 것으로, 사람 사이에서 촉각을 느낀다면 사람과 사람 서로 간의 거리가 사람의 팔 길이 안으로 들어와 있어야 느낄 수 있다. 하나님의 이미지를 전달할 때 촉각언어가 많이 활용된 것은 하나님과의 근접성을 강조한 것이며 메시지를 피부에 와 닿게 하려는 것이다.

하나님이 유다를 심판하실 때 이례적으로 "나의 분노를 물같이 ... 쏟아 부을 것이다"(5:10)라고 표현하였다. 보통 분노는 불같이 타오르는 것으로 표현하기 쉬운데 여기서는 물이 나타난다. 물같이 쏟는다는 표현은 일반적으로 눈물을 흘리며 탄식하고 슬퍼할 때 나타나는 표현이다(애 2:19).[130] 따라서 10절의 내용은 하나님이 분노하셔서 유다를 심판하시되 불쌍히 여기는 눈물이 포함된 심판임을 알 수 있다. 하나님의 이러한 태도는 범죄한 유다를 상처 입은 환자로 보고 치료에 관심을 기울이며(13절) 그들이 하나님을 찾을 때까지 기다리는 하나님의 모습에서도(15절) 찾아 볼 수 있다.

에브라임을 심판하고 유다에게 분노를 쏟아내는 하나님은 그러한 자신을 좀과 썩이는 것으로 비유하였다(5:12). "썩이는 것"이라 번역한 라카브(רקב)는 언제나 은유적으로 사용되는데 욥기에도 '좀'과 평행되는 단어로 사용되었다;

130 아모스(5:24)와 같이 공의를 물같이 흐르게 하라는 표현에는 동사가 호세아나 애가와는 다르다. 호세아에는 쏟아 붓는 것(*샤파크* שׁפך)이고 아모스에는 흐르는 것이다(*갈랄* גלל).

"나는 썩은 물건의 후패함 같으며 좀먹은 의복 같으니이다"(욥 13:28). 하박국(3:16)과 잠언(12:4)에는 뼈가 썩을 때 이 단어를 사용하였다. 옷은 사람의 겉을 가리는 것으로 좀이 옷을 상하게 하는 것은 외부적인 파괴로 본다면 "썩이는 것"은 뼈가 썩는 것과 같이 사람의 내부를 파멸시키는 것으로 볼 수 있다.

하나님이 자신을 사자와 젊은 사자로 비유한 14절과 비교해본다면, 12절에는 에브라임과 유다를 심판하되 눈으로 관찰하기 힘들 정도로 천천히 심판하는 내용이라면 14절의 심판은 과격하게 찢어버리는 것으로 외부에 쉽게 드러나는 심판행동이라 볼 수 있다.

하나님 이미지를 극적으로 표현한 것은 사자의 이미지다. 사자가 먹이감을 잡아 찢어 먹는 모습을 보여 주는데 이러한 장면은 시각과 촉각 그리고 미각까지 자극시키는 장면이라 할 수 있다. 먹이감을 잡아 찢는 사자의 모습은 5장 14절 뿐 만 아니라 6장 1절에도 나타나서 본문의 핵심적인 이미지로 부각되어 있다.

하나님을 사자로 비유하는 것은 왕으로서의 하나님 이미지를 부각시키는 것이며(잠 19:12; 20:2) 최고의 능력자로 하나님을 부각시키는 것이다. 즉 앗수르 왕이 왕이 아니라 야웨가 바로 왕임을 강조한 것이다. 하나님이 사자같이 심판한다는 이미지가 나타나는 곳은 이사야 38:13, 예레미야 애가 3;10, 욥기 10:16 등이다.

하나님은 안타까운 마음이 가득하지만 잘못한 것에 대해서는 채찍을 들 수밖에 없다. 그래서 하나님은 에브라임과 유다를 심판하겠다고 선언하신다. 하나님은 맹수인 사자로 비유되어 있으며 에브라임과 유다는 먹이감으로 비유되어 있다. 그리고 그 심판은 누구도 막을 수 없음을 분명히 하였다. 다만 희망이 있는 것은 에브라임과 유다가 하나님의 채찍을 맞을 때 정신을 차려 하나님께 부르짖는 일이 일어날 것이라는 예언이다. 5장 15절을 보면 에브라임과 유다가 회개하기를 하나님이 기다리고 있음을 알 수 있다. 하나님은 자신의 처소에서 기다리고 계신다고 하였다. 아직 하나님이 에브라임과 유다를 버리신 것은 아니다.

6장 5절에도 심판 이미지가 나타나는데, 하나님이 내리시는 심판은 지체하지 않고 빛처럼 빨리 시행된다. 여기에 나타나는 이미지는 빛(태양)이다. 3절의 이미지도 (새벽)빛인데 3절에서는 생명을 살리는 빛의 이미지라면 5절의 이미지는 생명을 죽이는 심판의 이미지로 나타난다. 그리고 "하나님의 말씀"으로 심판이 나가는데 치명적인 심판이 행해진다. 그리고 예언자는 그 말씀을 전달하는 역할을 한다. 하나님께서 말씀하시면 그 말씀은 허공에 사라지는 것이 아니고 반드시 시행하기 때문에 하나님의 심판 선언은 중요한 것이다.

2. 치료하시는 하나님

하나님의 또 다른 모습은 치료하시며 살려주시는 하나님이다. 5장 15절 뿐만 아니라 호세아 예언 전체에 걸쳐 하나님께서 가장 원하시는 것으로 강조되는 단어가 바로 "돌아가다, 회개하다"는 뜻의 슈브(שׁוּב)이다(호 2:7, 9; 3:5; 4:1, 6, 15; 6:1; 7:10; 14:1). 하나님께서 성전에 "돌아가시면서" 백성이 하나님께 "돌아오기를" 고대하고 있었는데(5:15) 드디어 예언자가 하나님의 마음을 대변해서 백성을 권유한 것이다; "오라 우리가 야웨께 돌아가자"(6:1a).

'하나님이 물러감' 혹은 '하나님의 사라짐'이라는 표현은 일반적으로 하나님의 보호가 끝이 나고 재앙이 뒤덮을 때 나타나지만 15절의 경우는 다르다. 왜냐하면 하나님이 떠나거나 사라지는 것이 아니라 "하나님의 처소" 즉 성전에 계신다는 것이다. '처소'라 번역된 마콤(מקום)은 '성전'으로 번역되기도 한다. 하나님이 심판의 현장에서 물러난다는 것, 즉 하나님의 채찍을 거둔다는 의미이지 하나님이 그 백성을 버리고 떠난다는 의미는 아니다. 아직은 하나님을 만날 수 있는 시기다. 그러나 하나님이 언제나 기다려 주시지는 않는다. 이사야의 외침이 귓전을 때린다; "너희는 야웨를 만날만한 때에 찾으라. 가까이 계실 때에 그를 부르라 (사 55:6)."

5장에서 하나님의 목소리가 들렸는데 6장 1절부터는 다른 목소리가 들려온다. '우리'라는 용어를 사용하며 백성의 한 사람이 백성에게 권유하는 목소리가 들려온다. 처소(성전)로 돌아가시는 야웨를 따라 야웨께 돌아가자고 외치는 목소리이다. 야웨가 찢었다는 것은 사자같이 찢는다는 야웨의 음성과 연결된다(5:14).

하나님의 마음과 행동을 보여주는 본문의 핵심적인 구절은 다음과 같다;

> 참으로 그 분은 찢으셨으나 치료해 주실 것이요
> 치셨으나 싸매어주실 것이다.(6:1b-c)

"치료하시는 하나님"의 모습은 "싸매어 주시는 하나님"으로도 표현되어 있다. 촉각언어를 사용하여 하나님의 손이 닿는 감촉을 느끼게 해주는 표현이다. 한 걸음 더 나아가 "살려주시는 하나님"으로 표현되어 있다(6:2). 여기에서도 촉각언어인 "일으켜 주시리니"를 사용하여 촉감을 느낄 수 있도록 하였다.

치료하려는 하나님의 의지는 이미 5장 13절에서 찾아볼 수 있다. 에브라임과 유다가 병이 깊으나 스스로 치료하지도 못하고 누구에게 도움도 받지 못하는 모습을 안타깝게 바라보는 하나님의 시선과 마음이 표현되어 있다. 마치 자식이 돌팔이 의사에게 찾아가서 병도 고치지 못하고 가진 것만 빼앗긴 모습을 보듯 하나님은 에브라임과 유다를 보신다는 점이다.

따라서 6장 1절은 5장에서 보여준 하나님의 의지와 행동에 대한 올바른 반응을 권유한 것이라 할 수 있다. 따라서 예언자 호세아의 목소리라 짐작된다.

한가지 지적할 점은 6장 2-3절에서 보여준 하나님의 신실성은 자칫 기계적인 하나님의 모습으로 보여 질 수도 있다는 점이다. 2-3일 후에 일으켜 주신다는 것은 하나님의 자율성을 침범하는 것으로도 볼 수 있다. 그러나 시적인 표현에서 하루, 이틀 혹은 이틀, 사흘 같은 표현은 "멀지 않은 장래에"라는 의미로 받아들일 수 있다.[131] 특히 치료한다는 이미지가 나타난 상황에서는 고대 의사들의 말을 참작해 볼 필요가 있다. 고대 의사들이 사흘 안에 병이 나을 것이라는 말은 "빠른 시일 안에" 병이 낫는다는 말이지 정확히 72시간 안에 병이 낫는다는 뜻은 아니다.

'새벽'이란 밤을 깨뜨리는 아침의 태양을 가리킨다. 하나님을 태양 이미지로 표현한 것이다. 다음에 나타나는 비의 이미지와 더불어 빛은 생명체를 살아있게 만들고 건강하게 만드는 이미지로 나타난다. 2b절을 참고할 때 새벽(태양)과 비의 이미지는 백성을 살리는 이미지임을 알 수 있다. 따라서 하나님의 나타나심을 희망과 축복의 사건으로 기대하고 있는 것이다.

문제가 되는 것은 매일 매일 시간을 맞추어 새벽에 나타나듯이 하나님이 나타난다는 것은 하나님의 자율성을 침범하는 것이 아니냐는 것이다. 그러나 여기서 주목할 것은 아침에 태양은 분명히 떠오른다는 확실성을 이야기하면서 이와 같이 하나님께서 이 백성을 버리지 아니하시고 분명히 살리려 오실 것이라는 믿음을 고백한 것이지 하나님을 시간 속에 묶어놓으려는 의미는 아니다. 그리고 하나님을 비로 비유하면서 늦은 비와 같이 오신다고 하였는데 늦은 비는 오기는 오지만 언제 올지 확실하지 않다. 매년 달라진다. 따라서 비가 온다

131 S. Gervirtz, *Patterns in the Early Poetry of Israel* (Chicago: University of Chicago Press, 1963), 18-22.

는 이미지도 하나님께서 이 백성에게 반드시 오실 것이라는 확신을 강조하기 위해 사용한 이미지라 볼 수 있다.

하나님의 행동을 "땅을 적시는 늦은 비"에 비유한 것은 촉각을 자극하는 표현이다. 메마른 땅인 팔레스타인 땅에 비가 온다는 것은 반가운 일이다. 곡식을 비롯하여 산천초목이 생기를 되찾을 수 있는 기회이기에 비와 수분은 생명이라는 이미지와 직결되는 이미지이다. .

치료하시는 하나님의 마음에는 탄식의 안타까움이 서려있다. 6장 4절부터 다시 하나님의 일인칭 목소리가 울려 퍼진다. 그 목소리는 탄식의 소리다. 예언자가 권유했지만(1-3절) 백성들의 반응은 별로 없었던 것 같다. 5:8-15절에 이어 에브라임과 유다가 청중으로 등장한다. "내가 네게 어떻게 하랴"라는 하나님의 질문은 "이제 너희에게 더 이상 무엇을 해야 한단 말인가"라는 탄식의 음성이다. "아침 구름"과 "이슬"은 아침에 잠간 있다가 사라지는 것들이다(호 13:3). 에브라임과 유다의 인애가 이와 같다고 했는데 그것은 야웨에 대해 신실하지 않았다는 뜻이다. 8절 이하를 참조하면 이들이 야웨를 배신한 것으로 보인다. 잠깐 있다가 사라지는 이슬은(4절) 풍성한 비를 내리시는 하나님의 모습과 대비된다(3절)

3. 기뻐하시는 하나님

하나님이 원하시고 기뻐하시는 것은 성실하게 약속을 지키는 인애(헤세드 חסד)와 "하나님을 아는 것"이다. 인애는 4절에서도 나타나고 "하나님을 아는 것"은 빈번하게 강조되는 주제이다(호 2:20; 4:6; 5:4; 6:1, 6; 8:2; 13:4). 그런데 이러한 것보다 백성들은 감사제사만을 드리려고 한다. '제사'로 번역된 제바흐(זבח)는 화목제(제바흐 셜라밈 זבח שלמים)의 준 말로도 볼 수 있다. 따라서 여기서 비판하고 있는 것은 제사 전체가 아니라 화목제와 번제, 즉 감사 제사를 비판하고 있는 것이다. 예언자들이 제사 자체를 거부하는 것이 아니었다. 죄 문제를 해결하는 제사는 드리지 않고 감사제사만 드리는 것을 비판한 것이다.

VI. 결론

성경에는 수많은 감각언어들이 있으며 이들이 독자들의 감동을 불러일으키고 있다. 또한 영상성경이 제작되고 있고 가상현실 성경도 개발 중에 있다. 따라서 성경해석을 논리적인 수준에 국한시킬 것이 아니라 이성과 감성을 총동원한 총체적이며 입체적인 해석을 시도할 필요가 있다.

호세아 5:8-6:11에는 그 어느 예언(설교)보다 움직임을 묘사하는 운동감각언어가 풍부하다. 이러한 운동감각언어는 시각과 촉각을 특히 자극하여 메시지가 피부에 와 닿게 하고 움직이는 메시지로 메시지의 생동감을 강화시킨다.

본문의 역사적 배경을 살펴보면 '에브라임'이라 불리우는 북왕국에는 브가히야가 통치하고 있었고, 요르단 동편에는 '이스라엘'이라 불리우는 베가의 세력이 팽창하고 있었으며, 유다에는 아하스가 통치하고 있었던 시대였다. 시리아의 르신과 더불어 반앗수르 반란 세력이었던 베가가 쿠데타를 일으켜 요르단을 건너 사마리아로 진격하던 주전 734년 경이 본문의 역사적 배경으로 짐작된다.

'행음(즈누트 זנות)'이라는 단어로 표현되는 반앗수르 반란의 행동은 에브라임의 죄이기도 하였고 이스라엘의 죄이기도 하였다. 이 죄들을 묘사하는 언어들은 잘못된 행동과 살인행위에 관한 언어들이었으며 이들을 심판하는 모습에는 병과 전쟁 이미지가 자주 활용되고 있다.

하나님의 행동을 "찢으셨으나 탄식하며 치료해 주시는 분"으로 요약할 수 있는데, 죄에 대한 심판의 행동과 더불어 구원의 행동이 함께 나타나고 있다. 심판자로서 하나님의 행동을 묘사할 때 점진적이며 지속적인 심판에는 좀과 썩이는 행동으로 그리고 강한 심판의 행동은 사자의 행동으로 묘사하고 있다.

탄식하며 치료하는 하나님의 행동을 표현할 때 물의 이미지와 빛의 이미지가 활용되고 있고 싸매며 일으켜 세우는 행동으로 표현되어있다. 이러한 행동을 하시는 하나님을 바라보면서 예언자는 "오라 우리가 야웨께로 돌아가자"(호 6:1)고 새로운 행동을 권유하고 있다.

제2장 독사의 알과 거미줄 옷

I. 서론 - 감각분석(Sense Analysis)

근대 이후 성경을 해석하는 방법은 크게 세 단계를 거쳐 진행하고 있음을 발견할 수 있다. 첫 번째 단계는 역사비평적 방법(Historical Criticism)의 단계이다. 17세기부터 태동되어 19세기에 절정을 이루었으며 아직도 유용하게 사용되고 있는 방법으로 통시적(通時的 diachronic)인 방법론이라 할 수 있다. 이 단계는 저자 중심의 단계이기도 하다. 두번째 단계는 경전비평(Canonical Criticism), 수사학적 비평(Rhetorical Criticism), 신비평학(New Critics) 등으로 열거되는 단계로 텍스트(Text)중심의 공시적(共時的 synchronic)인 방법론을 채택하는 단계이다. 이 단계는 20세기 후반부부터 본격적으로 연구되기 시작했다. 세번째 단계는 최근에 등장하는 방법론으로 본문(Text) 중심에서 읽기(reading) 중심, 즉 독자(reader) 중심으로 옮겨가는 단계를 말한다. 독자 중심의 해석 방법 가운데는 "독자지향적 해석방법(Reader Oriented Interpretation) 혹은 "독자반응 비평(Reader Response Criticism)", "후기구조주의(Post Structuralism) 등이 주목할 만한 방법들이다.[132]

132 Robert Fowler, *Let the Reader Understand - Reader-Response Criticism and the Gospel of Mark.* (Minneapolis: Fortress Press, 1991); E. V. McKnight, "Reader-Response Criticism," McKenzie, Steven L. and Haynes, Stephen R., ed. *To Each Its Own Meaning.* (Louisville: Westminster/John Knox Press, 1993) 213.

이 세 단계는 한 줄로 순서적으로 연속되어 있다기 보다 차례로 나타난 세 줄기가 중복되면서 현시점에 와서는 세 줄기 모두 발전하고 있는 양상을 보여주고 있다. 3단계가 중복되어 있는 것과 마찬가지로 각 단계 안에도 방법론 상호간에 중복되는 모습을 허다히 볼 수 있다. 다른 말로 표현한다면 여기에 제시된 모든 방법론들은 상호 보완의 역할을 서로 담당하고 있다고 볼 수 있다.

이러한 해석 방법들과 더불어 활용할 수 있는 방법으로는 감각분석(Sense Analysis) 기법을 들 수 있다.[133] 감각분석 기법은 해석 방법론 흐름의 세 번째 단계인 독자중심의 단계에 속한다고 볼 수 있지만 첫 번째와 두 번째의 단계와도 깊은 관련을 맺고 있다. 본 논문은 기존의 해석방법들을 활용하겠지만 특별히 감각분석 기법을 활용하여 이사야 59장을 해석하고자 한다.

오늘날 우리에게 주어진 성경은 문자라는 기호로 표현된 책이다. 그러나 문자화되기 이전에는 각종 감각으로 느낄 수 있는 종합적인 상황이 있었다. 그리고 현재 독자는 성경책을 읽으면서 상상 속에서 감각을 동원하여 성경의 상황을 이해하고 느끼려고 한다. 성경을 읽는 이유가, 예를 들어 "아브라함이 누구인가"라는 단순히 정보를 얻기 위해 읽는 것이 아니다. 무엇인가를 느끼고 싶고 체험하고 싶고 더 깊은 영적인 세계로 들어가고 싶은 희망을 가지고 성경을 읽는다. 느끼고 체험하고 싶어하는 성경 독자에게 도움을 줄 수 있는 해석 방법이 무엇인가? 바로 성경 안에 있는 다양한 감각언어를 주목하고 성경 내용의 감각적 요소를 분석하고 감각언어를 해석의 단서로 활용하는 감각분석 기법이 유용한 방법론이 될 것이다.

요한 1서에는 생명의 말씀 즉 하나님의 말씀을 "우리가 들은 바요 눈으로 본 바요 주목하고 우리 손으로 만진 바라"(요한1서 1:1)라고 표현하고 있다. 물론 말씀이 육신이 된 예수 그리스도의 사건을 가리켜 한 말이지만 말씀이 청각, 시

133 D. J. A. Clines, *I, He, We, and They: A Literary Appreach to Isaiah 53,* (JSOTSup 1; Sheffield: JSOT Sheffield, 1976) 40-43.

각, 촉각으로 느낄 수 있는 것임을 지적한 중요한 구절이다. 예언자들의 경우를 살펴보면 처음부터 문자를 활용한 것이 아니었음을 발견할 수 있다. 예언자들은 청중 앞에서 소리 높여 외치는 사람들이었다. 청각과 시각을 활용한 것이다. 때로는 상징적인 행동을 통해서 하나님의 마음을 전달하는 사람들이 예언자였다.[134] 예레미야는 줄과 멍에를 목에 매고 거리를 다니면서 앞으로 닥칠 재앙과 포로의 상황을 예언하였다(렘 27:1-22). 시각과 촉각과 운동감각을 활용한 것이다. 에스겔은 하나님의 말씀이 적힌 두루마리를 먹는 상징적 행동을 하였고(겔 3:1-3), 떨면서 음식을 먹고 놀라 근심하면서 물을 마시는 행동을 함으로써 재난을 예언하기도 하였다(겔 12:17-20). 미각과 촉각과 시각, 그리고 운동감각을 활용한 것이다. 구약시대에 예언자들이 감각언어를 의도적으로 사용하였고 다양한 감각을 자극하는 상징적 행동을 통해 메시지를 전달하였다면 오늘날 성경 해석자들은 그 감각언어들을 당연히 주목하여야 할 것이다.

성경 안에서 감각언어를 주목하고 감각적 요소를 분석하여 해석단서로 활용하고자 하는 이유는 미디어의 변천과도 관련이 있다.[135] 미디어의 역사를 살펴보면 구전의 시대에서 문자의 시대로 그리고 멀티미디어(multimedia)의 시대로 변천되면서 이제는 가상현실(virtual reality)을 활용하는 새로운 미디어의 시대로 접어들었다. 성경도 책으로만 존재하는 것이 아니라 멀티미디어를 활용하는 영상성경, 그리고 가상현실을 활용하는 소위 가상성경을 개발할 시점에 이르렀다. 그리고 인터넷이 보편화되면서 새로운 형태의 말씀이 즉각적으로 전달되고 있다. 더욱 중요한 것은 이제는 말씀이 일방 통행적으로 선포되는 것이 아니라 인터넷을 통해 쌍방향으로 주고받을 수 있는 환경이 조성되어 있다는 사실이다. 이러한 미디어의 변천을 살펴보면 문자 시대를 제외하면 대부분의 시

134 참조; Kelvin Friebel, *Jeremiah and Ezekiel Sign-Acts : Rhetorical Nonverbal Communication*, (JSOTS 283; Sheffield: Sheffield Academic Press, 1999)

135 참조; **M. McLuhan, 미디어의 이해: 인간의 확장,** 박정규 역 (커뮤니케이션북스, 2001).

대는 다양한 감각을 활용하는 미디어의 시대임을 알 수 있다. 탈문자 시대를 바라보는 현 시점에서 성경해석은 당연히 멀티미디어와 가상현실의 미디어를 염두에 두고 해석해야 한다. 따라서 이러한 미디어가 인간의 모든 감각을 활용한다면 이제 성경해석도 감각분석 기법을 활용하여 해석할 단계에 이르렀다.

필자는 그동안 인간의 감각과 새로운 미디어를 활용하여 성경을 해석하는 해석방법론에 관심을 기울이며 연구해왔다.[136] 이러한 연구를 바탕으로 감각분석 기법을 활용하는 성경해석의 실제적인 절차를 제안한다면 다음과 같다. 먼저 감각분석을 할 때는 멀티미디어를 완벽하게 활용하는 가상현실 상황을 전제하면서 분석을 하는 것이 필요하다. 즉 가상성경(Virtual Bible)을 제작한다는 생각을 하면서 감각적 요소를 살펴보아야 한다. 비록 현재는 기술면에서나 비용면에서 가상현실을 충분히 구현하고 보편적으로 활용되기 힘든 단계이지만 가까운 미래에는 완벽에 가까운 가상현실을 구현할 수 있게 된다.

가상현실 상황에는 해석자가 현장에 뛰어 들어 갈 수 있다. 즉 가상현실 상황에 몰입하게 되는 것이다. 그리고 직접 피부로 느끼고 귀로 듣고 눈으로 확인할 수 있게 되는 것이다. 인간의 감각을 전통적으로 다섯 가지 감각(시각, 청각, 촉각, 미각, 후각)으로 나누고 있지만 운동감각과 평형감각은 별도의 감각을 추가할 수 있다. 감각 가운데 다소 거리를 두면서도 감지할 수 있는 감각은 청각과 시각이며 가까이 다가서야 느낄 수 있는 감각은 촉각과 후각, 운동감각, 그리고 미각 등이다.[137] 성경 본문 가운데서 각종 감각언어들을 구별해서 파악하고 동

136 정중호, "사이버 시대의 새로운 성경해석에 관한 연구," **구약논단**, 9집 (2000) 337-358; 정중호, "소리와 구약해석: 청중중심비평(Audience-Oriented Criticism)을 중심으로," **역사와 해석학: 호남신학대학교 2000년 학술발표회 논문 제4집**, 정기철 편 (호남신학대학교출판부 한들출판사, 2000) 113-140; 정중호, "예언자의 이미지 활용에 관한 연구-영상성경 개발을 위하여," **구약논단**, 10집 (2000) 38-62; 정중호, "붉은 색을 통해본 색채 이미지 중심 해석의 가능성," **구약논단**, 12집(2001) 71-92; 정중호, "가상현실 기법을 활용한 성경 해석 방법론에 관한 연구-에스겔을 중심으로" 구약논단, 13(2002) 7-33; 정중호, "소리 없는 야웨의 종의 노래에 관한 연구," **동서문화**, 35(2002) 157-169.

137 F. Dean Lueking, "Touch and see:Lk 24:39," *Christian Century* 114 (Ap 2 1997) 337; 정중호, "해석 단서로서의 후각언어에 관한 연구," **구약논단**, 14집 (2003) 135-152.

시에 이러한 다양한 감각들이 어우러질 때 종합적이고 입체적인 감각이 어떤 모습으로 감지되는지 살펴보는 것이 중요하다. 예를 들어 소리를 점층적으로 고조시키는 감각언어들과 운동감각 언어들의 변화가 어떻게 상호 관련되는 지를 살펴볼 수도 있을 것이다.

또한 독자는 성경 본문을 읽어 나갈 때 창의적으로 틈을 메우는 활동(gaps filling)을 한다.[138] 예를 들어 예언자 요나가 니느웨에 가서 예언활동을 한 전체가 단 한 절로 기록되어 있다; "요나가 그 성에 들어가며 하룻길을 행하며 외쳐 가로되 사십일이 지나면 니느웨가 무너지리라 하였더니"(욘 3:4). 독자는 이 한 절을 읽고 상상력을 동원해서 요나의 24시간의 행동과 상황을 추측하여 그 틈을 메워 나가는 것이다. 감각분석에서는 독자가 이러한 본문의 틈을 감각적 요소로 메워 나가는 것을 주목한다. 요나의 24시간을 영화로 만들거나 가상현실로 재현한다고 했을 때 메워야 할 틈을 주목하는 것이다.

II. 번역 (사 59:1-21)

1. 보라. 야웨의 손이 짧아 구원할 수 없는 것이 아니며
야웨의 귀가 어두워 듣지 못하는 것이 아니다.
2. 다만 너희 죄악이 너희와 너희 하나님 사이를 갈라 놓았고
너희 죄가 그의 얼굴을 가리어서 너희를 듣지 못하도록 하였다.
3. 왜냐하면 너희 손이 피로 더러워졌으며
너희 손가락이 죄악으로 더러워 졌기 때문이다.
너희 입술이 거짓을 말하고

138 Wolfgang Iser, *The Implied Reader: Patterns of Communication in Prose Fiction from Bunyan to Beckett,* (Baltimore: The Johns Hopkins University Press, 1974) 40-46.

너희 혀가 악독하게 말하기 때문이다.

4. 아무도 공의롭게 부르짖는 사람이 없고
아무도 진실하게 판결하는 사람이 없구나
공허한 것을 의지하며 거짓을 말하는 구나
해로운 것을 잉태하여 죄악을 생산하는 구나

5. 그들이 독사의 알을 부화하고
그들이 거미줄을 짜는구나
그들의 알을 먹는 자는 죽을 것이요
밟혀 터지면 독사가 부화하여 나올 것이다.

6. 그들이 짠 것은 옷이 될 수 없으며
그들이 만든 것으로는 자신들을 가릴 수 없다
그들의 행위는 악독한 행위이며
폭력을 행사한 것이 그들의 손에 있다.

7. 그들의 발은 악한 것에 달려가며
그들은 무죄한 피를 흘리기에 빠르다
그들의 생각은 악독한 생각이며
황폐와 파멸이 그들의 길에 있구나

8. 그들은 평강의 길을 알지 못하며
그들의 길에는 공의가 없구나
그들이 만든 길은 구부러졌으며
이 길을 다니는 모든 사람은 평강을 알지 못한다.

9. 그러므로 공의가 우리에게서 멀고
의가 우리에게 미치지 못합니다.
우리가 빛을 바라나, 보십시오 어둠 입니다.

밝은 것을 바라나 어둠 속에서 우리가 걸을 뿐입니다.

10. 우리가 소경같이 담을 더듬으며
눈 없는 사람같이 더듬고
낮에도 어두운 때같이 넘어지고
아주 강건하나 죽은 사람 같습니다.

11. 우리가 곰처럼 부르짖으며
우리 모두가 비둘기처럼 슬피 웁니다
우리가 공의를 바라지만 없습니다.
우리가 구원을 바라나 우리에게 멀리 있습니다.

12. 참으로, 우리의 허물이 주 앞에 많으며
우리의 죄가 우리를 대적하여 증거합니다
참으로, 우리의 허물이 우리와 함께 있으며
우리의 죄악을 우리가 알고 있습니다.

13. 야웨를 부인하고 배반하였으며
우리 하나님을 따르는데서 돌아서 버렸습니다
포학한 말과 거역하는 말을 하면서
거짓말을 마음에 잉태하였고 거짓말을 하였습니다.

14. 공의가 뒤로 밀려나고
의가 멀리 섰으며
성실이 광장에 넘어졌고
정직이 들어가지 못합니다.

15. 성실이 사라지니
악에서 떠난 사람이 약탈을 당합니다.
야웨께서 보시고 공의가 없음을 기뻐하지 아니하시고

16. 사람이 없음을 보시며

중재자가 없음을 이상히 여기시고
그 자신의 팔로 스스로 구원을 이루시고
그 자신의 의를 스스로 의지하실 것이다.

17. 주께서 의를 호심경으로 입으시고
구원의 투구를 쓰시고
복수의 속옷을 입으시고
열심을 겉옷으로 입으실 것이다

18. 그들의 행위대로 갚으시고
적들에게 분노하시며
그의 적들에게 복수하실 것이다.
섬들에게도 보복하실 것이다.

19. 서쪽에서부터 야웨의 이름을 두려워할 것이요
해뜨는 곳에서부터 그의 영광을 경외할 것은
그가 흐르는 하수같이 야웨의 영이 이끄는 데로 급하게 오실 것
이기 때문이다.

20. 그가 시온에 구속자로 오실 것이다.
야곱 중에서 죄를 떠난 사람들에게 오실 것이다.
야웨께서 하신 말씀이다.

21. 야웨께서 말씀하시기를,
"내가 그들과 세운 언약이 이러하다
너희 위에 있는 나의 영과
너희 입에 둔 나의 말이
네 입에서 그리고 네 자손과 네 자손의 자손의 입에서
지금부터 영원토록 떠나지 않을 것이다."
야웨께서 말씀하셨다.

Ⅲ. 구조

1. 이스라엘의 죄를 책망함	1-8
2. '우리'의 죄를 고백하고 비참함을 탄식함	9-15a
3. 야웨의 응답으로서의 구원	15b-21

1-8절은 예언자의 말이며, 9-15a절은 이스라엘이 죄를 고백하는 음성이고, 15b-21절은 다시 예언자의 말로 구성되어 있다. 우선 이스라엘의 죄를 책망하는 1-8절의 구조를 분석해보면 1절과 8절은 서론과 결론이요 2-7절은 교차대구적인 구조로 되어 있음을 발견할 수 있다.[139]

A. 일반적인 책망	2
B. 특정 죄에 대한 책망	3-4
C. 은유: 독사의 알과 거미줄	5-6a
B'. 특정 죄에 대한 책망	6b-7a
A'. 일반적인 책망	7b

139 J. D. W. Watts는 1-15a절 전체를 교차 대구적 구조로 분석하였으나 내용상 대조적인 면이 명확하지 않아 설득력이 부족하다; John D. W. Watts, *Isaiah 34-66*, (WBC; Waco: Word Books, 1987) 282.

IV. 감각분석 중심의 이사야 59장 해석

1. 시온의 죄를 책망함 (1-8절)

예루살렘이 파멸한 것이 하나님의 직무유기나 무능력 때문이 아니고 하나님이 내린 형벌이라는 구체적인 설명은 포로기 예언자인 에스겔도 이미 제시하였다. 즉 예루살렘의 죄악이 너무 심하여 하나님은 예루살렘에 형벌을 내렸고, 구체적인 방법으로는 하나님이 예루살렘을 떠남으로 예루살렘은 파멸하는 방식을 취한 것임을 에스겔이 설명한 바 있다.[140] 이제 포로후기 예언자는 이사야 59장에서 상세한 설명을 생략하고 직설적으로 이스라엘의 죄악상을 강하게 부각시키면서 이스라엘의 책임임을 선포하고 있는 것이다.

1절에 나타나는 "손(야드 יד)"은 힘 혹은 능력의 대명사이다. 즉 "야웨의 손"이라는 표현은 "야웨의 능력"이라는 뜻이다. "야웨의 귀"는 야웨의 청각기능을 가리키지만 감각기능을 대변하는 표현으로 볼 수도 있다. 주목할 것은 야웨의 능력을 인간의 능력으로 표현하는 방식, 즉 신인동형(anthropomorphism)으로 은유적으로 표현하고 있다는 점이다. 동시에 감각언어 즉 운동감각언어와 청각언어, 그리고 영상언어와 촉각언어를 활용하고 있다는 점이 주목을 받을 만하다. 사실 "야웨의 손"과 "야웨의 귀"는 시의 동의평행법(synonymous parallelism)적 표현으로 볼 수 있으므로 동일한 의미를 반복적으로 표현한 것으로 볼 수 있다. 반복해서 강조하는 것은 야웨의 능력이 부족해서 시온을 구원하지 못한 것이 아니라는 점이다.

'아니다'라는 뜻의 로(לא)가 59장에서는 7회(1, 1, 6, 6, 8, 8, 9절) 나타나며 '없다'라는 뜻의 앤(אין)이 3회(4, 4, 16절) 나타난다. 모두 부정을 나타내는 단

140 겔 10:16-19; 11:22-23.

어들이며 동일한 소리로 반복해서 부정하는 모습을 볼 수 있다. 죄의 심각성을 깨우치는 소리의 연속이다.

2절에는 시온이 구원받지 못하는 이유가 시온 백성의 죄, 즉 인간에게 책임이 있다는 것이 반복적으로 강조되어 있다. 여기서도 역시 감각언어가 동원되고 있다. "갈라놓다"와 "얼굴을 가리다" 그리고 "듣다" 등의 감각언어들이다. 이 언어들을 활용함으로 인해 죄의 부정적이며 치명적인 역할을 생생하게 전달하고 있는 것이다.

3절에서는 더 더욱 강렬한 이미지를 사용하고 있다. 살인을 의미하는 이미지인 손의 피, 더러운 손가락, 입술, 혀, 말하다 등의 이미지 언어와 청각언어 그리고 촉각언어, 후각언어, 미각언어 등 아주 다양한 감각언어를 활용하고 있다. 피는 붉은 색과 더불어 액체의 촉감, 그리고 피 냄새까지 느낄 수 있는 것이다(3, 7절). 또한 혀는 미각언어의 핵심적 기관이며 언어활동에 있어서도 중요한 기관이다.

4절의 "부르짖다"라는 단어와 "판결"이라는 단어를 연결하면 재판의 과정을 떠올리게 된다. 단순한 한 장면이 아니라 소송을 제기하고 고발하며 변론 과정을 거쳐 판사가 판결을 내리는 동영상의 장면들이 함축되어 있다. 또한 임산부가 임신을 하고 해산하여 아기를 낳는 과정을 연상시키는 언어들 "잉태하다"와 "생산(해산)하다" 등의 언어들이 나타난다. 죄의 행위가 단순히 우발적이거나 순간적인 것이 아니라 오랫동안 노력하고 축적되어 행동으로 드러난다는 점을 임산부 은유를 통해 느낄 수 있게 된다.

가장 강렬한 감각언어는 5-6a절에 나타난다. 바로 죽음으로 이끄는 "독사의 알" 이미지와 덫으로 생명을 노리고 있는 투명한 "거미줄"의 이미지이다. 죄인의 추악한 모습과 죄악의 행위가 얼마나 치명적인지를 이러한 감각언어를 통해 느낄 수 있게 해주고 있다. 독사의 알을 부화하는 모습과 독사의 알을 먹고 죽는 모습, 독사의 알을 밟아 독사의 새끼가 기어 나오는 모습, 거미줄로 옷을 짜는 모습, 투명한 거미줄 옷을 입고 있는 모습 등이 나타난다. 시각, 촉각, 미각, 운동감각 등을 자극하는 모습이다. "독사의 알을 부화한다"는 구절을 통해 알 수 있는 것은 죄인이 어미 독사로 비유되고 있는 것을 발견할 수 있다. 세례 요한이 당시의 종교 지도자들인 바리새인과 서기관들을 향해 "독사의 자식들아"(눅 3:7)라고 신랄하게 비판하는 모습이 연상된다. 독사라는 동물 자체도 생명을 위협하는 위험한 동물이지만 새끼를 낳는 이미지는 수적인 증가현상을 표현하고 있다. 즉 죄인이 죄인을 낳고 있고 죄인들을 증가시키고 있다는 메시지를 은연 중에 느낄 수 있게 해 준다.

거미줄은 먹이를 사냥하는 덫의 역할도 하지만 여기서는 거미줄로 짠 옷감이 더 강조되어 있다. 거미줄은 투명한 줄이다. 따라서 거미줄로 만든 옷은 투명한 옷이 되어 아무것도 가릴 수 없는 옷이며 벌거벗은 몸을 가릴 수 있는 옷으로서의 기능을 발휘할 수 없다. 여기서 연상되는 장면은 에덴동산에서 나뭇잎으로 자신의 수치를 가리려고 시도한 아담과 하와의 장면이다(창 3:7, 10, 21). 노력해도 소용없는 헛일이라는 메시지가 담겨있다. 또한 죄의 행위를 아무리 미화시켜도 혹은 분장을 시켜도 결국 드러날 수 밖에 없다는 점을 극적인 이미지를 통해 표현한 것이다.

6b-8절에도 손과 발의 이미지와 길과 걸어가는 모습을 활용하여 이스라엘의 죄악상을 폭로하며 책망하고 있다. 특히 손과 발의 이미지를 활용하여 단순히 생각하는 정도가 아니라 행동으로 옮긴 악한 행위에 관한 것을 부각시키고 있다. 또한 길과 더불어 그 길에 다니는 사람들의 속도감을 표현하였는데 단순히 걸어가는 것이 아니라 빨리 달려가는 모습을 강조하였다. 7절의 "달려가다"와 "빠르다" 등은 운동감각을 자극하는 언어들이다. 이러한 운동감각언어를 활용하여 죄를 저지르는 모습이 마지못해 느릿느릿 움직이는 것이 아니라 의도적으로 열의를 가지고 죄악을 자행하고 있다는 것을 표현하고 있다.

7b-8절에 '길'이 네 번 반복되어 나타나며 각기 다른 단어로서 '길'을 표현하고 있다. 그리고 길의 이미지를 제시하는데 곧은 길이 아니라 구부러진 길을 제시하여 바른 길이 아니라 잘못된 길임을 느낄 수 있게 유도하고 있다. 또한 그 길에는 있어야 할 평강과 공의가 없고 없어야 할 황폐와 파멸이 있는 길임을 보여주고 있다. 동시에 죄인들은 "평강의 길"을 알지 못하며 잘못된 길을 걸어가는 사람들 역시 "평강(샬롬 שָׁלוֹם)"을 알지 못하는 사람들이다. 여기서 "알다"라는 동사는 단순히 지식으로 아는 정도가 아니라 친밀하게 느끼는 앎을 말하므로 잘못된 길을 걸어가는 사람은 평강을 느끼지도 못하고 누리지도 못하는 것이다.

이러한 감각언어들은 서로 연결되어 유사한 이미지를 생성하고 강화시킨다. 동시에 느낌을 점층적으로 강화시키고 영향력을 증대시키는 모습도 발견할 수 있다. 피 묻은 손과 죄로 더러워진 손가락의 이미지로 시작하여(3, 6절) 무죄한 자의 피 흘리기에 바쁜 발과 굽은 길을 걷는 발걸음으로 매듭짓는다(7-8절). 이러한 이미지를 통해 죄인의 손과 발을 붉은 피로 채색시키고 피 묻은 손과 발의 신속한 움직임을 보여 주어 맹렬하게 활동하는 죄악상을 보여 주고 있다. 또한 독사의 이미지가 강하게 부각되어 있다. 거짓과 악독으로 가득 찬 입과 혀는(3-4절) 혀를 날름거리는 독사의 이미지와 연결되어 있다(5절). 죄악이 단발성으로 끝나지 않고 계속해서 행해지며 더 빈번해지고 더 왕성하게 행해지고 있다는 내용은 한 마리의 독사가 여러 마리의 새끼를 생산하는 이미지로 표현되어 있다. 4절에서 죄를 잉태하고 죄악의 새끼를 낳는다는 이미지를 제시해 놓고 5절에서는 독사가 알을 품고 알에서 독사의 새끼가 기어 나오는 이미지로 죄악의 번식성과 흉측한 느낌을 강화시켰다. 죄를 지을 때 그 결과에 대해서는 독사의 알을 밟을 때 알이 터지고, 알이 깨어지는 소리와 함께 독사 새끼들이 기어 나오며 발꿈치를 물 수도 있는 상황을 묘사하여 죄악의 치명적인 결과를 보여 주고 있다. 그리고 죄악이 죽음으로 연결된다는 것을 독사의 알을 먹는 자가 죽는다는 이미지로도 대신하고 있다. 영상언어, 청각언어, 촉각언어, 후각언어, 미각언어, 운동감각언어 등 다양한 감각언어를 사용하여 이스라엘의 죄악상을 생생하고 피부에 와 닿게 제시하는 예언자의 전달방식을 명확하게 볼 수 있는 부분이다.

2. '우리'의 죄를 고백하고 비참함을 탄식함 (9-15a절)

손과 발에 억울한 피가 묻어 있고 지금도 죄악을 행하는데 조금도 주저하지 않고 빠르게 움직이는 자신들의 모습을 발견하면서 드디어 '우리'의 음성이 흘러나오고 있다. 자신들의 모습을 볼 때 공평 즉 공의(미쉬파트 משפט)와, 의 즉 정의(츠다카 צדקה)와는 한참 멀리 떨어져 있다는 사실을 고백하고 있다(9절).[141] 공의와 정의는 모두 관계 개념이다. 하나님과 자신들과의 관계, 그리고 다른 사람들과 자신들과의 관계가 화목하지 않고 올바르지 않다는 사실을 고백하는 것이다. 억울한 일을 저지르는 사람들이 어떻게 화목한 관계를 이룰 수 있겠는가!

9절은 거리감을 나타내는 "멀다(라하크 רחק)"와 "미치지 못한다" 등의 거리감각 언어로 시작된다. 9-10절의 중요한 이미지는 대비되는 이미지인데 빛과 어둠의 대비이다. 이 이미지와 관련되어 나타나는 대비되는 이미지들은 눈 있는 사람과 눈 없는 사람, 낮과 밤, 강건한 사람과 죽은 사람 등으로 대비되는 이미지들이 나타난다. 그리고 빛과 관련되는 이미지는 공의와 의, 낮, 강건한 사람 등으로 이어진다. 한편 9-10절에서는 빛보다 어둠의 이미지가 더 강조되어 있는데 이러한 이미지들은 어두운 길, 더듬으며 가는 모습, 넘어지는 모습, 시체 등으로 점층적으로 강하게 부각되어 끝에는 죽음의 이미지로 바꾸어지는

141 D. Kendall, "The Use of *Mispat* in Isaiah 59," *ZAW* 96(1984) 391-405

것을 발견할 수 있다. 점층적인 영향을 미치는 것은 이미지 뿐만 아니라 반복되는 소리로도 가능하다. 반복되는 소리의 빈도를 살펴보면 그 강도를 짐작할 수 있다.

구체적으로 빛과 연관된 긍정적인 단어들의 빈도를 살펴보면 다음과 같다; 공의(미쉬파트)-9, 11, 14절; 정의(츠다카)-4, 9, 14, 16절; 성실(에메트 혹은 애무나)-4, 14절; 정직(느코하)-14절; 구원(여슈아)-11, 16절; 평화(샬롬)-8, 8절

한편 어둠과 관련된 부정적인 단어들의 빈도는 다음과 같다; 죄악(아온 혹은 아웬)-2, 3, 4, 6, 7, 12절; 죄(하타아트)-12절; 거짓(쉐케르 혹은 샤웨 혹은 오쉐크)-3, 4, 13, 13절; 악(라 רע)-7, 15절; 거역하다(사라 סרה)-13절; 허물 혹은 배반(페샤 פשׁע)-12, 12, 13절.[142]

속도 감각에 대해서 7-8절과 9-10절이 대비된다. 7-8절에는 달려가는 속도이고 9-10절은 더듬으며 가기도 하고 걸어가기도 하는 속도를 느낄 수 있다. 하나님은 죄를 짓는 사람들이 빨리 달려간다고 느끼며 묘사하였는데(7-8절) 정작 죄를 짓는 사람들 자신들은 더듬으며 느리게 걸어가고 있다고 고백한다(9-10절). 여기서 우리는 하나님이 본 "죄인 그룹(group)"과 "죄를 고백하고 회개하는 그룹(group)"이 동일하지 않을 것이라는 느낌이 든다. 즉 9절부터 나타나는 회개하는 사람들은 하나님의 책망을 들은 사람들 가운데 일부임을 알 수 있다. 하나님의 책망을 들은 사람 들 모두가 회개한 것은 아니었다. 이러한 결론은 15절에서도 확인할 수 있다. 즉 죄를 회개하며 "악에서 떠난 사람들"이다. 이 사람들은 20절에도 나타나는데 "야곱 중에서 죄를 떠난 사람들"이다. 이들은

142 이사야 1장 3절에 *페샤*는 자녀가 부모에게 반항하고 배역하는 것을 표현하는 단어로 나타난다. 이사야 59장과 이사야 1장의 유사점을 감안할 때 이 단어를 통해서도 부모-자녀의 이미지를 엿볼 수 있다. 또한 59장 13절에 나타나는 "거역하다(*사라*)"도 이사야 1장 5절에 나타나 거역하는 자녀의 이미지를 추가하고 있다. 참조; K. P. Darr, Isaiah's Vision and Family of God, (Louisville: Westminster John Knox Press, 1994) 69-74.

누군가로부터 약탈을 당하고 있다고 호소하고 있다. 회개한 사람들도 있지만 여전히 악을 계속 자행하고 있는 사람들, 즉 약탈을 일삼고 있는 이들이 있음을 알 수 있다.

11절에는 소리가 들려온다 짐승이 부르짖고 우는 듯한 소리가 들려온다. 회개한 시온 백성들이 고통 속에서 구원을 간구하며 슬피 우는 소리다. 곰은 위험한 야생동물로 성경에 자주 나타난다.[143] 사자가 포효하는 소리와 마찬가지로 곰이 부르짖는 소리도 위협적이다. 그러나 11절에서는 고통 속에 울부짖는 곰의 소리로 느껴진다. 왜냐하면 평행하여 나타나는 동물이 순하기로 유명한 비둘기이기 때문이다. 산중의 제왕이라는 곰도 고통을 느끼는 순간에는 울부짖을 수 밖에 없다. 산을 진동시키는 곰의 울부짖음과 작은 소리이지만 가슴을 저미는 비둘기의 슬피 우는 소리는 동일하게 하늘과 땅의 짐승들이 고통과 슬픔에 가득 차 우는 통곡 소리이다.

11b절에는 9a절과 마찬가지로 거리감각 언어인 "멀다(라하크 רחק)"라는 단어가 나타난다. 9a절에서는 공의(미쉬파트 משפט)가 멀다고 탄식하였지만 11b절에서는 "구원(여슈아 ישועה)"이 멀리 있다고 탄식한다.

왜 이 지경이 되었는가? '우리'에게 허물과 죄가 많기 때문이라 고백한다(12절). **개역** 12절에 '대저'로 번역된 키(כי)라는 단어는 '왜냐하면'의 뜻이다. 따라서 12절 전체는 악화된 현재 상황의 원인을 밝히는 절이다. 그리고 13절은 그 죄의 핵심을 이야기해 주고 있다. 즉 하나님을 배반하고 하나님을 인정하지 않는 것이 그 핵심이요 행동에 있어서는 압제와 반역과 거짓을 말한다고 하였다. 여기서 '말(다바르 דבר)' 혹은 '말하는 것(다베르 דבר)'은 단순히 말만 하는 것으로 보면 곤란하다. 고대 사회는 문서 위주의 사회가 아니라 구전사회이며 말하면 효력이 발생한다고 믿었다. 즉 고대 사회에서는 말하는 것이 곧 사건이 일

143 삼상 17:34, 36-37; 삼하 17:8, 10; 암 5:19; 사 11:7; 호 13:8; 잠 28:15; 애 3:10.

어나는 것으로 이해하면서 살았다. 실제로 다바르는 '말'로도 번역되지만 '사건'으로도 번역된다. 따라서 13절에서 고백하는 것은 압제와 반역과 거짓을 말하면서 또한 그러한 행동을 한 것으로 보아야 한다.

12절에는 ABA′B′ 형식의 평행이 나타난다. 이 가운데 "허물"이라는 단어가 AA′ 구절에 나타나는데 첫 번째는 "주 앞에" 그리고 두 번째는 "우리와 함께" 있다고 하였고 첫 번째는 "많다"고 묘사되어 있다. 인간이 죄를 지으면 성전이 오염된다는 것이 죄에 대한 제사장 신학의 시각이다.[144] 제사장 신학에 따라 살펴보면 "주 앞에" 허물이 있다는 것은 구체적으로 성전 즉 하나님이 거주하시는 집에 침투해 있다는 말이 된다. 허물이 "많다"는 것은 성전이 크게 오염되어 있다는 뜻이고 하나님이 크게 불편해 있는 상태라는 뜻이다. 그리고 그 죄는 의인화되어 현재 회개하는 시온 사람들의 죄를 고발하고 있다. 살아서 움직이는 죄의 속성을 묘사하고 있다.

'참으로' 혹은 '왜냐하면'으로 번역되는 키(כִּי)는 5회(2, 3, 12, 12, 19절) 나타나며 관계대명사(that)로도 나타난다(16절). 이 단어는 이어지는 내용의 의미를 부각시키고 강조하는 기능을 하고 있으며 반복해서 사용함으로서 죄의 심각성을 소리로서 일깨우고 있다.

13절에서는 구체적으로 시온 사람들이 무슨 죄를 지었는지 고백하고 있다. 말과 행동에 있어서 잘못한 점을 고백하였다. 중요한 것은 하나님을 부인하고 배반하였다는 것이며 남을 억울하게 만들 수 있는 거짓말을 하였다는 사실이다. 하나님과 사람 모두에게 죄를 지은 것이다. 13b절은 4b절과 마찬가지로 임산부 이미지를 나타내는 "잉태하다"라는 용어를 활용하고 있다. 거짓말을 우발적으로 그리고 실수로 한 것이 아니라 오랫동안 계획하고 준비하여 의도적으로 거짓말을 하였음을 고백하였다.

144 J. Milgrom, "Israel's Sanctuary: The Priestly 'Picture of Dorian Gray,'" *RB* 83(1976) 390-99; idem, "Two Kinds of *hatta't*," *VT* 26(1976) 333-37.

이러한 '우리'의 잘못된 행동 때문에 우리가 살고 있는 사회는 파멸과 죽음으로 치닫고 있다고 고백한다(14-15a절). 구체적으로 공의(미쉬파트)와 정의(츠다카)와 성실(에메트 אמת)과 정직(느코하 נכחה)을 의인화 혹은 살아 행동할 수 있는 생물처럼 묘사하여 이러한 것들이 시온 백성에게 가까이 오지 못하고 있다고 탄식한다. 무생물인 추상적인 개념들을 감각있는 생물로 등장시키고 있다. 다만 시온의 죄 때문에 이들이 뒤로 밀려나고, 멀찍이 서 있고, 넘어지고, 들어오지 못하여 그들의 능력을 펼칠 기회조차 박탈당하고 있는 현실을 묘사하였다. '성실'로 번역된 에메트는 진리 혹은 진실이라 뜻으로 믿을 수 있고 신뢰할 수 있는 어떤 것을 가리킨다. 따라서 에메트가 거리에 엎드러진 사회는 믿음이 없는 사회, 진실이 통하지 않는 사회인 것이다. 느코하는 '정직(uprightness)'으로 번역하는데 올곧고 바르게 사는 모습을 가리킨다. 공의와 정의와 성실이 사라진 사회에서 올곧게 산다는 것은 너무나도 어려운 일이다. 15절에 의인들이 "탈취를 당한다"는 것은 '먹이(prey)' 즉 "밥이 된다"는 뜻이다. 죄악이 가득 찬 사회에서 의롭게 산다는 것은 쉽게 상처받고 어이없게 희생되어 버릴 수 있다는 것이다.

3. 야웨의 응답으로서의 구원 (15b-21절)

'우리'가 고백하는 죄와 탄식을 듣고 하나님은 스스로 구원의 팔을 뻗어 이스라엘 가운데 죄악에서 떠난 사람들을 구하려는 의지를 밝힌다. 제2이사야와 다른 점은 죄를 고백하고 뉘우치는 사람들만 구원한다는 점이다. 제2이사야에서는 무조건 위로하고 이스라엘 모두를 구원하려는 의지를 천명하지만 제3이사야에서는 회개를 조건으로 구원한다는 원칙을 고수하고 있다.

MT(히브리어 성경)에는 '보다(라아 ראה)'라는 단어가 15b절과 16절의 첫 단어로 나타난다. 하나님의 구원 행동이 죄를 고백하고 탄식하는 사람들과 그 사회를 살펴보는 행동에서 먼저 시작되고 있음을 알 수 있다. 이렇게 살펴 본 하나님은 이상한 점을 발견하였다. 공의(미쉬파트)가 없다는 사실과 사람이 없다는 사실이다. 그리고 중재자가 없다는 사실이다(15b-16a절). 여기서 '사람'은 누구를 가리키는가? '사람'이라 번역한 단어는 이쉬(איש)인데 이 단어는 '남자'라는 뜻으로 "책임감 있고 문제를 해결할 능력이 있는 존재"라는 뜻으로 볼 수 있다. 가부장적 사회에서 남자가 사람들을 대표할 수 있다는 점에서 '사람'으로 번역할 수는 있을 것이다. 이 부분에서 하나님의 마음을 짐작해 본다면 "(이 지경인데) 아무도 없다는 말인가!"하는 마음일 것이다. 이쉬라는 단어는 이어서 "중재하는 사람"으로 구체적으로 설명되어 있다. 16절의 '중재자(마파기아 מפגיע)'는 특별히 다른 신적인 존재를 가리키는 것이 아니라 "중재하는 사람"으로 보는 것이 적합하다.

중재할 사람이 없는 상황에서 하나님의 대책은 하나님 스스로 구원에 착수하는 것이다. 이러한 하나님의 구원행동을 무장한 군인에 비유하여 묘사하고 있다. 하나님은 '정의'라는 가슴을 보호하는 흉판을 착용하고, '구원'이라는 투구를 쓰고, '보수'라는 속옷을 입고, '열심'이라는 겉옷을 입었다(17절). 하나님이 시온의 회개하는 백성을 구하려 전투태세를 갖춘 신적인 전사(Divine Warrior)의 모습으로 등장한다.[145] 이와 유사하게 묘사한 대목은 에베소서에도 나타나는데, 마귀를 이길 "하나님의 전신갑주"를 소개할 때 "의의 흉배를 붙이고 ... 구원의 투구 ... "(엡 6:11-17) 등으로 표현하고 있다.

무장한 하나님이 전투할 상대는 대적과 원수와 섬들이다. 섬들이란 외국을 가리킨다. 따라서 국내외를 막론하고 하나님의 통치에 반발하고 순종하지 않는 대상을 향한 하나님의 공격과 심판이 내려진다(18절). 해뜨는 곳에서부터 해지는 곳까지 세계 전체가 모두 하나님의 통치 아래 있으며 마치 홍수가 휩쓸고

145 K. P. Darr, *Isaiah's Vision and Family of God, 74.*

지나가듯 하나님의 통치는 막힘없이 진행될 것이다(19절).[146] 특히 시온 백성을 구원하러 오시는 하나님은 "급하게"오신다. 7절에 죄악을 저지르기 위해 빨리 달려가는 악인들의 모습과 대조된다. 악인들은 회개한 사람들을 약탈하기 위해 재빠르지만 하나님은 회개한 사람들을 구원하고 악인들을 심판하기 위해 급하게 움직이신다.

17-19절이 심판과 복수의 이미지였다면 20-21절의 이미지는 "이스라엘 가운데서 죄에서 떠난 자"와 그 후손에게 임할 하나님의 약속으로 가득 차 있다. 야웨는 "시온의 구속자"로 등장한다. 그리고 이 부분은 "야웨의 말씀이라"는 사자(使者)어투(21절 2회)와 함께 야웨 일인칭 말씀이 나타나 야웨의 직접적인 말씀임이 강조되어 있다. 하나님의 약속은 "나의 (영원한) 언약"으로 표현되어 있으며, 이들에게 내릴 것은 "나(하나님)의 신(神)"과 "나(하나님)의 말"로 요약되어 있다.

V. 결론

성경이 문자화되기 이전에는 다양한 감각기관으로 감지할 수 있는 실제 상황이 있었다. 소리도 있었고 움직임도 있었고 색채도 있었고 냄새도 맡을 수 있었다. 이러한 내용이 문자화 되어 오늘날 우리 앞에 "성경책"으로 놓여있다. 성경 말씀의 의미를 잘 이해하고 살아있는 말씀으로 느낄 수 있도록 해석하는 해석자 입장에서는 성경 속에 포함된 감각언어를 놓칠 수 없다.

146 제3이사야의 안목이 세계로 확대되어 있다는 것은 여러 곳에서 볼 수 있는데 특히 "해 뜨는 곳 ... 해 지는 곳"(사 45:6; 참조-사 43:5-6; 49:12; 59:19)등의 표현에서도 찾아 볼 수도 있다; J. F. A. Sawyer, *The Fifth Gospel: Isaiah in the History of Christianity*, (New York: Cambridge University Press, 1996) 155.

성경의 감각언어를 해석의 단서로 활용하는 해석방법이 감각분석(Sense Analysis)이다. 감각분석 중심의 구체적인 해석방법을 보면, 먼저 성경 본문 가운데서 각종 감각언어들을 구별해서 파악하는 것이 첫 번째 단계이다. 그리고 이러한 다양한 감각들이 어우러질 때 종합적이고 입체적인 모습이 어떻게 나타나는지를 살펴보아야 한다. 또한 독자는 성경 본문을 읽어 나갈 때 창의적으로 틈을 메우는 활동(gaps filling)을 한다. 마찬가지로 성경을 영화화하거나 가상성경으로 제작한다는 것을 염두에 두면서, 감각적 요소의 틈을 어떻게 메워 나갈 것인가에 대해 해답을 주고자 노력하는 것이 감각분석 중심 해석의 또 다른 단계이다.

본 장에서는 감각분석 중심 해석의 구체적인 모습을 이사야 59장 해석을 통해 제시하려 하였다. 나라가 멸망하고 바벨론에 포로로 잡혀간 그 모든 일이 하나님의 태만이나 직무유기가 아니고 이스라엘 백성의 죄라는 사실을 생생하게 제시할 때 감각언어가 어떻게 활용되는지를 살펴보았다. 이러한 메시지를 전달하는데 예언자는 동일한 소리를 반복하기도 하고 이미지를 점층적으로 강력하게 제시하기도 하고 피부에 와 닿는 언어인 촉각언어와 후각언어, 그리고 미각언어까지 활용하여 전달하였다. 또한 다양한 감각언어들은 서로 연결되어 유사한 이미지를 생성하고 강화시키기도 하였다. 독사의 알을 품고 알에서 독사의 새끼가 기어 나오는 이미지로 죄악의 번식성을 강조하였고 흉측한 느낌을 강화시켰다. 그리고 죄를 은폐한다는 것은 거미줄로 만든 투명한 옷을 입는 것과 같다고 조롱하면서 죄악의 심각성을 부각시켰다.

'우리'의 죄를 고백하고 탄식하는 9-15a절에도 피부에 와닿는 감각언어를 사용하고 있다. 빛과 어두움을 대비시키고 더듬거리며 넘어지는 소경의 모습을 통해 어두운 가운데 살아가는, 죽음의 그늘이 드리워진 비참한 모습을 보여 주고 있다(9-10절). 부르짖는 곰의 소리와 슬피 우는 비둘기의 소리를 들려주며(11절) 이와 더불어 압제와 반역과 거짓의 말소리를 들려주고 있다(13절). 공의, 정의, 성실, 정직과도 같은 추상적인 단어들을 의인화시켜 멀리 서있는 모습, 엎드려진 모습, 걸어가는 모습 등으로 묘사하고 있다(14절). '우리'가 만들어 놓은 악한 사회에서는 올곧게 사는 의인들이 쉽게 절망할 수 밖에 없다는 것을 사냥터의 '먹이 감'이 되어 간다고 안타까운 마음으로 표현하고 있다(15a절).

'우리'의 고백을 듣고 하나님이 직접 구원하러 오시는데 "급하게" 오신다. 하나님은 시온의 회개하는 백성들을 위하여 장군의 전투복을 입고 구원하러 오신다. 악인에게는 심판이 닥치지만 회개하는 백성에게는 하나님의 격려와 영원한 약속이 선물로 주어진다. 예언자는 "야웨께서 말씀하셨다"(21절)를 거듭 밝히면서 야웨 일인칭 목소리로 약속의 말씀을 들려준다.

제3장 예언자 미가의 해석

I. 서론

예언서 미가를 크게 구분해 본다면 네부분 혹은 세부분으로 나눌 수 있다.[147] 많은 학자들은 미가를 네 부분으로 나누고 있는데 그 부분들은 1:1-3:12(위협), 4:1-5:14(약속), 6:1-7:7(경고), 7:8-20(새로운 약속) 등이며, 미가를 세부분으로 나눈 학자들은 미가를 1:1-3:12, 4:1-5:14, 6:1-7:20 등으로 나누었다. 미 6:1-8은 미가 가운데서 독특하게 하나님과 이스라엘이 대화로써 문제를 풀어 나가는 모습을 볼 수 있으며, 그 가운데 예언서의 핵심적인 신학이 담긴 미 6:8도 들어있다. 우선 미 6:1-8의 양식이 계약소송(covenant lawsuit) 양식이 아니라 예언적 연설(prophetic speech)임을 밝히면서 본문을 해석하고자 한다.

147 H. W. Wolff, J. A. Soggin, E. Sellin & G. Fohrer 등은 미가를 네 부분으로 나누었으며, B. S. Childs, J. M. P. Smith, J. H. Hayes 등은 미가를 세 부분으로, J. L. Mays는 두 부분으로 나누었다.

II. 미 6:1-8 번역

1 들어보려무나! 야웨께서 말씀하시는 것을.
“너는 일어나 산들 앞에서 쟁론하라!
동산들이 너의 목소리를 듣도록 하라!”
2 들으라 산들아! 야웨의 논쟁을,
그리고 오랫동안 있었던 [148] 땅의 기초들도.
왜냐하면 야웨께서 자기 백성과 논쟁하시며
이스라엘과 변론하실 것이기 때문이다.
3 “내 백성아! 내가 너에게 무엇을 하였느냐?
내가 너를 괴롭게 한 것이 무엇이냐? 내게 대답하라 !
4 참으로 나는 너를 이집트 땅에서 데리고 나왔으며,
노예들의 집에서 너를 구속하였다.
그리고 네 앞에 모세와 아론과 미리암을 보내었도다.
5 내 백성아! 기억해보려무나.
모압왕 발락이 꾀한 것과
브올의 아들 발람이 그에게 어떻게 대답한 것을,
그리고 싯담에서 길갈까지를,
그리하면 야웨의 의로운 행동을 알게 될 것이다.”
6 “무엇을 가지고 내가 야웨를 만나
높으신 하나님께 경배를 드릴까요?
번제물로 일년된 송아지들을 가지고 그 분을 만날까요?

148 MT의 비평장치와 *JB*, H. W. Wolff, J. M. Mays 등은 ‘들어라’의 뜻인 **האזינו**(하아지누)로 수정하여 번역하였다. 이유는 **האתנים**(하에타님)과 **מסדי**(모스데) 사이에 **מ**(엠)이 중복오사(dittography)현상을 일으켰다는 것이다. 그러나 이러한 수정은 다른 사본에 근거한 것이 아니고 다만 추정일 뿐이다. 따라서 어려운 읽기인 MT를 택한다.

7 야웨께서 천천의 수양이나 만만의 기름 강들을 기뻐하실까요?
내가 나의 허물을 위해 나의 맏아들을,
나의 죄를 위해 내 몸의 첫 열매를 드릴까요?"
8 사람아 그 분께서 무엇이 좋은가를 말씀하셨다.
야웨께서 너에게 원하시는 바를.
오직 공의를 행하며,
인자를 사랑하며,
너의 하나님과 함께 주의 깊게 걸어가는 것이다.

III. 계약소송(covenant lawsuit)인가 예언적연설(prophetic speech)인가?

미가 6:1-8의 본문의 양식은 일반적으로 계약소송(Covenant Lawsuit) 양식 혹은 소송(Lawsuit) 양식으로 알려져 있다. 베스터만(C. Westermann)은 말하기를 '소송양식은 예언적 심판 선언과 아주 가깝게 일치하는 양식의 변형이다'고 하였다.[149] 이 본문이 소송양식으로 판명될 수 있는 근거로써 ריב(리브)라는 히브리어 단어를 드는데 문제는 이 단어의 정확한 의미가 무엇이냐 하는데 있다. '리브'의 의미는 넓게는 몸으로 싸우는 '싸우다' 혹은 '논쟁하다'라는 의미에서 좁게는 '법적인 절차를 밟다' 혹은 '고소하다'라고 이해할 수 있다.[150]

149 C. Westermann, *Basic forms of prophetic speech,* (Philadelphia; Westminster Press, 1967) 199.

150 J. Limberg, "The root rib and the prophetic lawsuit speeches," *JBL 88(1969) 292.*

소송양식에 관한 연구는 휴고 그레스만(Hugo Gressmann)에게서 부터 찾아볼 수 있으며, 쾰러(L. Köhler)는 이 양식을 streitgespr äch라고 명명하였고 성문에 모인 백성들이 법적인 논쟁을 하는 양식으로 보았다.[151] 궁켈(H. Gunkel)도 Gerichtsrede라고 명명하였으며 이 양식이 사용된 예로서 사 3:13-15;미가 6:1ff;렘 2:5ff;시편 50편, 82편 등을 들었다.[152]

후프몬(H. Huffmon)은 야웨의 소송이라는 개념을 국제 조약의 관계성 속에서 찾았으며 이 양식을 '계약소송'이라 불렀다. 그는 이 양식을 사 1:2-20;미 6:1-8;렘 2:4-13;신 32:1-43;시 50 등에서 발견했다.[153] 하베이(J. Havey)도 이 양식의 기원이 국제조약 특히 히타이트 봉신 계약에 있음을 주장하였으며 이 소송양식을 크게 두 가지 형태로 구분하였다 ; ① 저주(신 32:1-25;렘 2:2-37;시 50:1-7b, 16b, 17-23) ② 경고(사 1:2-3, 10-20;미 6:1-8;시 50:7c, 8-15). 하베이는 이 소송양식을 계약이 깨어졌을 때 참회를 유도하는 도구로 사용되었음을 또한 지적하였다.[154]

그러나 폰 발도우(E. von Waldow)는 구약 소송양식이 히타이트 봉신 계약과 차이가 있음을 지적하였다. 즉 히타이트 봉신 계약에는 여러 신들이 계약의 수호자로 거명되고 있는데 반해 구약에 나타나는 소송양식에는 야웨만이 계약의 수호자로 나타난다는 점을 그는 지적하였다. 그는 이 양식의 형식은 성문에서 열린 재판에서 유래되었고 그 내용은 시내산 계약 전승에 근거한 것이라 주장

151 Hugo Gressmann, "Die literarische Analyse Deuterojesajas," *ZAW 34(1914) 254-297. L.* K. hler, Deuterojesaja stikritisch untersucht, (BZAW 37; Berlin: Alfred T pelmann, 1923) 110-20.

152 H. Gunkel - J. Begrich, *Einleitung in die Psalmen: Die G ttingen der religi sen Lyrik Israels,* (G ttingen: Vandenhoeck and Ruprecht, 1933) 361-367.

153 H. B. Huffmon, "The Covenant lawsuit in the prophets," *JBL* 78(1959) 285-295.

154 J. Harvey, "Le 'Rib-Pattern' requisitoire prophetique sur la Rupture de l'Alliance," *Biblica* 43(1962) 172-196.

하였다.[155] 림버그(J. Limburg)는 이 양식의 '삶의 자리'(life-setting)를 다양하게 제시했는데 즉 성문에서 열리는 법정, 제의, 국제 조약문의 상황등을 제시하였다.[156]

람제이(W.Ramsey)는 이 양식의 일반적인 구조를 다음과 같이 제시하였다;

① 증인들을 향한 선포(미 6:2a;신 32:1; 사 1:2a; 렘 2:12)

② 야웨가 이스라엘에게 향한 행동들을 역사적으로 제시함(미 6:4-5; 신 32:7-14; 삿 2:1b; 6:8b-9; 10:11-12; 시 81:11; 사 1:2ba; 렘 2:6-7a)

③ 반역행위를 한 이스라엘을 고발함

④ 다른 신들에게 호소하는 것이 무익함을 역설함

람제이는 지적하기를 이 양식에는 심판 선언이 없으므로 그 이름을 '고소문'(complaint speech)으로 한정해야함을 밝혔다.[157]

소송양식에 대한 최근의 연구들은 종래의 소송양식 개념에 대해 비판을 포함하여 '리브'에 대한 새로운 이론을 개진하기 시작하였다. 드로쉬(M. de Roche)는 소위 '소송양식'에 대하여 다음과 같이 주장하였다;

① '소송'이라는 어휘는 현대의 전문 용어로써 고대 히브리어에서는 찾아볼 수 없는 용어이다.

② '리브'라는 용어를 사용한 예언신탁들을 살펴보면 양식상 '소송양식'이라 보기에 부적한 면이 있는데 예를 들면 변호하는 내용이 없으며 판결문도 없는 경우가 있기 때문이다.

③ '리브'를 사용한 예언 가운데 많은 경우가 재판 이전의 경우이다.

155 E. von Waldow, *Die Traditionsgeschichtliche Hinterground der Prophetischen Gerichtsreden*, (BZAW 85; Berlin: Alfred T pelmann, 1963) 12-15.

156 J. Limburg, *The Lawsuit of God in the Eighth-Century Prophets*, (Diss. Union Theological Seminary. Richimond, Virginia, 1969) 126.

157 G. W. Ramsey, "Speech-forms in Hebrew Law and Prophetic Oracles," *JBL* 96(1977) 45.

④ '리브'신탁과 국제조약 또는 시내산 계약 등과 직접적인 관련성이 없다.[158] 따라서 '리브'라는 용어를 사용한다 해서 소송양식이라 한정지울 수 없고 오히려 재판 이전의 논쟁 단계임을 알 수 있다. 이러한 맥락에서 미 6:1-8도 그 양식을 소송양식이라 볼 수 없고 오히려 재판 이전에 야웨가 자기 백성과 대화를 시도하며 논쟁하고 권유하는 예언적 연설(prophetic speech)로 보는 것이 타당할 것이다.

Ⅳ. 역사적 배경

예언자 미가의 역사적 배경에 관해서는 젤린(E. Sellin)과 포러(G. Fohrer)가 "725년에서 711년까지"라 하였으며,[159] 메이스(J. L. Mayes)는 "주전 701년 산헤립의 침공 직전의 수개월"이라 하였고,[160] 볼프(H. W. Wolff)는 "734년 부터 적어도 728년"이라 주장하였다.[161] 이들의 견해를 종합하면 길게 잡아도 시리아-에브라임 전쟁 이후(734)부터 산헤립의 팔레스틴 침공(701)까지의 기간으로 볼 수 있다. 그러나 헤이스(J. H. Hayes)는 미가의 예언활동이 이사야보다 한 두 해 늦은 주전 745년부터 시작해서 사마리아의 함락 직전인 주전 725년까지 계속 되었음을 주장하였다. 뿐만 아니라 미가서에는 미가의 예언이 연대 순으로 배열되어 있음도 주장하였다. 즉 미가 1-2장은 요담과 므나헴의 말기인 주전 745년경, 미가 3-5장은 시리아-에브라임 전쟁시기, 미가 6-7장은 호세아가 살

158 M. de Roche, "Yahweh's *rib* against Israel: A reassessment of the so-called 'Prophetic Lawsuit' in the preexilic prophets," *JBL* 102(1983) 563-574.

159 E. Sellin and G. Fohrer, *Introduction to the Old Testament,* (Nashville: Abingdon Press, 1968) 444.

160 J. L. Mays, *Micah,* (OTL; Philadelphia: Westminster Press, 1976) 16.

161 H. W. Wolff, *Micah the Prophet,* (Trans. by R. D. Gehrke; Philadelphia: Fortress Press, 1981) 3.

만에셀에 의해 체포된 시기인 주전 725/724년 등으로 헤이스는 미가서의 역사적 배경을 제시하였다.[162] 또한 쇼(C. S. Shaw)도 미가의 활동시대를 비교적 앞당겨 설정하였는데 예를 들면 미 1:10-16의 배경을 시리아-에브라임 전쟁시기로 보았다.[163]

미가 6:1-8의 역사적 배경과 저자 문제를 미가 6-7장의 역사적 배경 속에서 우선 논의되어야 할 것이다. 1867년 에발트(H. Ewald)는 미가 6-7장이 미가의 것이 아니라 암울했던 므낫세 시대의 한 예언자가 예언한 것이라 주장하였고, 1878년 벨하우젠(J. Wellhausen)도 이에 동의 하면서, 미 7:7-20 부분은 포로기 시대의 것이라 주장하면서 이 부분을 구분하였다.[164] 볼프(H. W. Wolff)도 이 본문의 배경을 주전 700-500년경 아마도 포로후기일 것이라고 제언하였다.[165] 이러한 주장과 맥을 같이 하면서 힐러스(D. R. Hillers)는 신명기 영향이 엿보임으로 미 6:1-8의 역사적 배경을 히스기야 시대로 보아야 할 것이라 하였다.[166] 또한 메이스(J. L. Mayes)는 미 6:1-5과 6:6-8을 분리하였는데 미 6:1-5의 배경을 포로전기의 마지막 시대 보다는 훨씬 후기의 것으로 보았다.[167] 그러나 스미스(R. L. Smith)는 아이스펠트(O. Eissfeldt)와 소진(J. A. Soggin)과 루돌프(W. Rudolph), 그리고 바이저(A. Weiser)와 알렌(L. C. Allen)과 같이 미 6:1-8의 배경을 미가의 시대, 즉 주전 8세기 후반이라 주장하였다.[168]

미 6:1-8은 미 1:1-5:14의 심판과 구원의 예언과는 달리 교훈적인 예언으로 되어 있다. 또한 미가 5장까지는 '나의 백성'(1:9; 2:8f; 3:3,5)이 옹호를 받고 지

162 J. H. Hayes and P. K. Hooker, 정중호 역, **이스라엘과 유다 역사-新年代記** (기독교서회, 1991) 71, 74, 81.

163 C. S. Shaw, 'Micah 1:10-16 Reconsidered,' *JBL* 106(1987) 223-229.

164 R. L. Smith, *Micah-Malachi,* (WBC; Waco: Word Books, 1984) 6. 재인용

165 H. W. Wolff, *Dodekapropheton 4 Micha,* (BKAT XIV/4; Neukirchen-Vluyn: Neukirchener Verlag, 1982) 145.

166 D. R. Hillers, *Micah,* (Hermeneia; Philadelphia: Fortress Press, 1984) 79.

167 J. L. Mayes, op. cit. 131, 138.

168 R. L. Smith, op. cit. 50.

도자들이 비판을 받고 있으나 미가 6장에서는 '나의 백성'과 논쟁하며 그들의 잘못이 지적당하고 있다. 미 6:1-8에서 신명기적 영향 혹은 신명기 사가적 영향을 찾아 본다면 삼상 12:3-8과 유사한 점(미 6:3b - '대답하라', 6:4 - 출애굽 사건을 언급한 것 모세와 아론을 보낸 점, 6:5 - '야웨의 의'), 발람 사건을 회상하고 '싯딤에서 길갈'(수 3:1에는 '길갈에서 싯딤')이란 구절을 사용한 점, 신 10:12-22과 유사한 점 등을 들 수 있다.[169] 그러나 미 6:1-8에서 신명기적 색채를 발견할 수는 있지만 그 색채가 신명기 학파의 산물인지 아니면 신명기 학파 이전의 미가 자신의 독창적인 것으로 신명기 학파에 영향을 준 것인지에 관해서는 한 마디로 결정하기란 쉬운일이 아니라는 사실이다. 또한 모세와 아론 그리고 미리암까지 한꺼번에 언급된 것은 역대기 사가의 작품인 대상 5:29(**개역**: 대상 6:3)에만 찾아 볼 수 있는 것으로 미 6:1-8이 후대의 것이라는 주장도 있다.[170] 그러나 대상 5:29에서의 내용은 족보이며 포로 후기에 기록된 종합적 자료이다. 또한 동일 구절이 발견된다고 해서 역대기와 미가를 동일 시대의 것이라 말할 수는 없다. 미 6:1-8이 주전 8세기의 예언이다 하여도 대상 5:29에 똑같은 구절이 나타날 수 있는 것이다. 미 6:1-8이 신명기사와 유사하다는 점을 근거로 해서 그 역사적 배경을 주전 7세기 이후로 단정 짓기보다 우선 이 본문이 주전 8세기 후반 예언자인 미가의 예언일 가능성을 검토해 보는 것이 타당할 것이다.

미가 6-7장에는 유다와 예루살렘에 대한 언급이 전혀 없다. 또한 북쪽전승인 출애굽전승과 정착전승이 나타나며 북쪽의 지명들만 나열되어 있다. 앗수르가 아직도 강성한 상태에 있고(미 7:12) '오므리와 아합집'(미6:16)이란 구절이 나타남을 미루어 보아 2절의 '이스라엘'은 포로기 혹은 포로후기의 하나님의 백성으로써의 이스라엘이란 개념이 아니라 분열왕국 시대의 북왕국 이스라엘을

169 H. W. Wolff, *Dodekapropheton*. 145.
170 H. W. Wolff, op. cit. 149.

지칭하는 것으로 볼 수 있다. 또한 미가 1-5장은 사회 가운데 특수한 집단을 향해 예언한 반면 미가 6-7장은 백성이나 성읍 전체를 향해 예언하고 있다.[171] 북왕국 이스라엘이 부정부패로 몸살을 앓고 있으며 폭력이 난무하고(미 6:10-12; 7:3-4) 선한 지도자가 끊어지면서(미 7:2) 멸망으로 치닫고 있는 모습은 앗수르로 부터 멸망당하기 직전, 호세아가 사로잡혀간 직후의 상황으로 짐작할 수 있다. 그 연대는 헤이스(J. H. Hayes)가 주장하였듯이 주전 약 725년경으로 여겨진다.[172]

V. 해석

1a절은 미가가 청중에게 야웨의 말씀을 듣기를 권하는 권유 부분이기도 하고 이 문장 단위의 서두이기도 하다. 미가는 명령형과 권유형(נא 나)을 함께 사용하여 호소하듯 청중들을 향하여 말문을 연다.

1b절의 명령자는 누구이며 명령을 받는자는 누구인가에 대해 학자들의 견해는 두가지로 나누어진다. 첫째는 야웨가 청중에게 내린 명령이라는 주장이요,[173] 둘째는 야웨가 미가에게 내린 명령이라는 주장이다.[174] 1a절과 1b절은 똑같이 명령형으로 시작하기 때문에 언뜻 평행되는 귀절로 보이지만 1a절은 복수 명령형이요 1b절은 단수 명령형이다. 1a절에서 복수로 표시된 청중이 1b절에서 곧바로 단수로 표시된다는 것은 무리이다. 따라서 1a절은 미가가 청중에게 권유한 것이며 1b절은 야웨가 미가에게 내린 명령이다.

171 J. I. Alfaro, *Justice and Loyalty: A Commentary on the Book of Micah,* (ITC; Grand Rapids: WM. B. Eerdmans, 1989) 62.

172 J. H. Hayes and P. K. Hooker, 정중호 역, op. cit. 81.

173 H. B. Huffmon, op. cit. 287. D. R. Hillers, op. cit. 77.

174 J. L. Mayes, op. cit. 131. H. W. Wolff, op. cit. 145-146.

2절부터 미가는 이미 받은 야웨의 명령(1b절)에 따라 산 앞에서 쟁론하기 시작한다. 태고부터 지켜 보아온 산과 땅의 기초들에게 미가는 먼저 소리친다. 이 때 산과 땅의 기초들을 청중으로도 볼 수 있지만 실제 청중인 이스라엘의 주의를 환기시키려고 제3자로써 자연을 언급하는 수사학적 기교로도 볼 수 있다.[175]

1b절에서 '산들'이 '동산들'과 평행을 이루는데 비해 2a절에서는 '산들'이 '오랫동안 있었던 땅의 기초들'과 평행을 이루고 있다. 이렇게 평행구절이 변화되어 가는 과정 속에서 개념이 한 지역에 국한된 산 뿐만 아니라 온 땅의 기초라는 범세계적인 차원으로 확대되어 가는 현상이 발견되어진다. 이러한 변화는 실제적인 청중인 이스라엘 백성의 시야를 온땅으로 혹은 모든 민족들의 세계로 확대 시켜주는 수사학적인 효과를 얻을 수 있다. 성경의 다른 부분에서는 보통 '하늘과 땅'이 제 3자적인 청중으로 곧바로 등장하는 면을 볼 수 있지만(신 4:26; 30:19; 31:28; 32:1; 사 1:2; 시 50:4) 미 6:1b와 2a절에서는 변화과정이 있는 것이 특이하다.

또한 히브리어성경(MT) 2b절에서는 동의 평행법(synonymous parallelism)이면서도 교차대구적 구조(chaiastic structure)가 뚜렷이 나타나 있는데 이 구조를 통해 미가는 '그(야웨)의 백성'이 바로 '이스라엘'임을 강조하고 있는 것이다;

(a) 야웨께서 논쟁하다. (b) 그의 백성과

(b′) 이스라엘과 (a′) 그가 변론하실 것이다.

175 J. H. Hayes and S. A. Irvine, *Isaiah: the eighth-century prophet-his times and his preaching,* (Nashville: Abingdon, 1987) 71.

교차대구적 구조는 4절에서도 나타나는데 4절에서는 평행법을 사용하며 동일한 내용을 반복함과 동시에 '이집트 땅'이 곧 '노예들의 집'임이 나타나 있고 야웨의 구원 행위가 반복 강조되어 있다.

2b절에서 분명히 밝혀진 야웨의 '논쟁'(리브)의 정체는 야웨와 원수간의 투쟁이 아니라 야웨와 그의 백성간의 내부적인 논쟁이라는 사실이다. 마치 부모와 자녀(신 32:5; 사1:2) 사이에 있을 수 있는 논쟁과 같이 이 논쟁은 1a절에서 표현된 바와 같이 권유 혹은 훈계 형식의 교육적인 효과를 기대하는 논쟁으로 볼 수 있다.

3-5절에는 야웨가 이스라엘을 향해 변론하는 모습을 볼 수 있다. 3-4절에서 야웨는 노예의 집 이집트에서 이스라엘을 구속한 일과 지도자들을 보낸 사실을 상기시키면서 이스라엘이 대화의 장에서 말문을 열어 대답하기를 촉구하고 있으며, 5절에서 야웨는 발람 사건과 모압 평지의 싯딤에서 요단강을 건너 약속의 땅 길갈에 이르는 사건들을 상기시켜 그의 구원 행위들을 깨닫도록 청중들을 이끌고 있다.

3-5절에서는 해결해야 하는 걸림돌이 하나 있다. 3-4절과 5a절이 야웨 1인칭의 문장으로 야웨의 직접적인 말씀이라 볼 수 있는데 반해 5bb절은 야웨 3인칭의 구절로 되어있는 것이다. 이 야웨 1인칭을 어떻게 5bb절의 야웨 3인칭과 조화할 수 있느냐 하는 것이다. 이 문제에 대한 해결 방안은 네 가지로 나누어 볼 수 있다. 첫째, '내 백성'(עַמִּי 암미)이란 단어를 5a절 서두에 그대로 두되 이것을 예언자 미가가 이스라엘을 '내 백성'이라 부르는 것으로 보는 것이다. 볼프도 이에 동조하지만[176] 문제는 미가가 이스라엘을 '내 백성'이라 부른 적이 없다는 사실이다. 둘째, 5a절 서두에 있는 '내 백성'이란 단어를 4절 끝에 두되 수정하여 '그와 함께'(עִמּוֹ 임모)로 읽는 방법이다. 그러나 이 방법은 3-4절의 문장과

176 H. W. Wolff, *Micah the Prophet, 102.*

조화를 이룰 수 있을지 몰라도 이렇게 수정할 확실한 근거가 없다는 약점이 있다.

셋째 그 단어를 4절 끝에 두되 수정하지 않고 그대로 두는 방법이다. 이렇게 함으로써 3-4절에서의 야웨의 직접적인 음성이 '내 백성아'하는 외마디 소리로부터 시작되고 동일한 소리로 끝을 맺는 inclusio를 형성하는 장점을 발견하게 된다. 그러나 야웨의 계속적인 음성으로 짐작되는 5a절을 해명하지 못하는 단점이 있다. 넷째, 본문을 현재 있는 그대로 두면서 야웨 자신이 자기의 이름을 부르는 일이 가능한 지를 타진해 보는 방법이다. 5bb절 '야웨의 의로운 행동을 알도록'과 동일한 구절을 발견할 수는 없지만 '내가 야웨인줄 알게 되리라'는 구절의 변형이라 볼 수는 있다.[177] 따라서 5bb절은 야웨 자신이 자신의 말을 요약하는 야웨의 결론 부분이라 인정할 수 있다.

야웨는 3절에서 '내 백성아!'하는 안타까운 목소리로 시작하여 이어서 두가지 질문을 연속적으로 청중인 야웨의 백성에게 던지고 있다;[178] '내가 너에게 무엇을 하였느냐?', '내가 너를 괴롭게 한 것이 무엇이냐?'[179] 첫번 질문이 방어적이라면 두 번째 질문은 보다 더 직설적이며 구체적인 질문이라 할 수 있다. 이 질문들에 대해 야웨는 즉각적인 대답을 요구하다; '내게 대답하라!'

4절에서 야웨는 출애굽 사건과 함께 모세와 아론과 미리암 등의 지도자들을 야웨가 보낸 사실을 상기시킨다. 4절에 사용된 단어 '내가 너를 괴롭게 하였다'(העלתך 헤엘리티카)는 3절에서의 단어 '내가 너를 괴롭게 하였다'(הלאתיך 헬르에티카)와 비슷한 발음이 나면서 정반대의 뜻을 지닌 것은 의도적인 단어 선택이라 볼 수 있다. 즉 4절에서 יצא(야차) 동사를 사용하지 않고 עלה(알라) 동사를

177 J. L. Mays, *op. cit.* 135.

178 연속적으로 두가지의 질문을 던지는 형태는 삼상 20:1; 17:29; 26:18; 29:8 등에서도 찾아 볼 수 있다.

179 '괴롭게 하다'(לאה 라아)의 히필 형태는 사 7:13; 렘 12:5; 겔 24:12; 욥 16:7에서 볼 수 있는데 욥 16:7에서는 하나님이 욥에게 고통을 준다는 내용으로 되어 있다.

선택적으로 사용하였다.[180] '내가 너를 구속하였다'에 사용된 동사 פדה(파다)는 속전을 지불하고 짐승이나 사람을 자유롭게 해 준다는 의미를 담고 있다.[181] 야웨가 이스라엘을 구출할 때 속전을 지불했다는 것은 이스라엘이 도무지 자신의 힘으로는 노예상태에서 벗어날 수 없는 상태에서 야웨의 은혜로 구출함을 받았다는 뜻이다(신 7:8; 13:5; 신 18:42). 또한 대신 속전을 지불하는 일은 보통 가족이나 가까운 친족이 행했던 고대 이스라엘의 관습에 비추어 볼 때 야웨의 구속 행위는 야웨가 이스라엘과 아주 가까운 관계, 즉 가족과 같은 관계임을 짐작케 해 준다.[182] 모세와 아론과 미리암을 타르굼에서는 세 예언자로 보았는데 그들은 율법을 전수한 모세, 백성을 위해 속죄를 담당한 아론, 여인들을 가르친 미리암이라 하였다.[183] 즉 야웨의 구원 행동이 출애굽에만 그치는 것이 아니라 출애굽 이후의 삶도 야웨가 보낸 지도자들을 통해 인도하였다는 뜻이 담겨있다.

5절에서 또 다시 반복되는 '내 백성아'라는 소리는 야웨의 안타까운 심정이, 그리고 호소하고 권유하는 야웨의 의도가 함축된 말이다. 5절에서 야웨는 발람 사건(민 22-24장)에서 이스라엘에게 저주대신 축복을 내리게 하였던 일, 미디안족을 물리친 일, 요단강을 건너 길갈에서 할례를 행하여 야웨와 계약을 맺은 일까지 상기시키며 야웨의 은혜를 깨닫도록 청중을 이끌고 있다. '야웨의 의'라는 구절은 바로 야웨의 구원행동을 종합하는 말이며 주로 야웨가 자기 백성을 위해 원수들을 물리친 행동들을 지칭하는 말이다(삿 5:11; 삼상 12:7; 시 103:6; 단 9:16).

180 동사 יצא (야차)의 히필형이 사용된 예는 신 20:1; 수 24:17; 삿 6:8, 13; 삼상 12:6 등을 들 수 있다.

181 H. W. Wolff. *Dodekapropheton.* 149. 참조: 출 13:13; 34:20; 레 27:27.

182 룻기에서는 보아스가 '구속자=기업 무를자'의 역할을 하고 있음을 볼 수 있다.

183 H. W. Wolff, op. cit. 149. 재인용

야웨와 미가의 거듭되는 권유와 명령에 반응하여 이스라엘은 마침내 입을 열어 자신들의 생각을 표현하는데 제사의식 가운데서 백성들이 제사장에게 질문하듯이 묻고 있다. 이 부분은 소위 '토라 예식'(Torah liturgy)에 속한다.[184] 이 때 이스라엘은 '무엇을 가지고'라는 단어를 서두로 질문한다. 즉 제물에 지대한 관심을 두고 있는 이스라엘의 모습에서 이스라엘이 야웨의 뜻을 이해하지 못하고 있는 것을 발견할 수 있으며 그 대답의 첫 단어가 이스라엘의 무지를 단적으로 표현해 주는 단어라 볼 수 있다. 야웨 앞에 나아갈 때 제물에만 관심을 둔다는 것은 제물로써 야웨를 움직여 보겠다는 의도가 있음을 발견할 수 있다. 즉 야웨와 이스라엘 사이에 표출된 불편한 관계의 원인이 이스라엘이 아니라 야웨 자신이기에 야웨만 제물로 인해 기분이 좋아진다면 모든 문제는 해결 된다는 생각이 야웨 앞으로 나아가는 청중 이스라엘의 생각인 것이다.

6절에서 사용된 단어들 '만나다', '경배 드리다', '높으신 하나님' 등의 단어들은 야웨 앞에 나아갈 때 자주 사용되는 단어들이 아니다. '만나다'는 단어는 호감을 사기 위해 선물을 가지고 나아갈 때 사용되는 용어이며(사 21:14, 신 23:5[**개역** 23:4]=느 13:2)[185] 니팔형의 '경배 드리다'는 단어는 6절에서만 찾아 볼 수 있는 구절이며 '높으신 하나님'이라 구절은 야웨와 가까이 하려는 의도보다 야웨를 멀리 높게 위치시키려는 의도를 보여주는 구절이다.

야웨께 드리는 제물로써는 '번제물'이란 용어가 있음에 비추어 보아 이 제사 종류는 감사제사인 번제라는 사실을 알 수 있다. 그리고 제물의 종류로써 일년된 송아지, 천천의 수양, 만만의 기름 강, 맏아들 등을 드는데 점점 제물의 내용

184 '토라 예식'은 제사가 시작될 때의 입례예식(entrance liturgy)에서 많이 찾아 볼 수 있으며 그 예로 시 15편, 24:3-6, 사 33:14-16 등을 들 수 있다. 참조: J. Begrich, "Die Priesterliche Tora," *BZAW* 66(1936) 63-88; K. Koch, "Tempeleinlassliturgien und Dekaloge," *Studien zur Theologie der alttestamentlichen Überlieferungen,* edd. R. Rendtorff und K. Koch, (Neukirchen: Neukirchener Verlag, 1961) 45-60; Hans-Joachim Kraus, *Psalms* 1-59, (Minneapolis: Augsburg Publishing House, 1988) 226.

185 J. L. Mays, op. cit. 139.

이 더 많아지고 힘에 넘치는 종류로 변해가는 양상을 볼 수 있다. 점증되는 제사의 규모는 계속되는 질문으로 그 강도가 더해간다. 6b, 7a, 7b절에 서두에는 의문조사(ה 하)가 반복의 나타남으로 점층적 강조 효과를 청각적으로 감지할 수 있게 한다.

일 년된 송아지도 양질의 제물이지만 천천의 수양은 왕의 제사(솔로몬의 제사; 대상 29:21)에나 찾아 볼 수 있는 거창한 제사이며 '만만의 기름 강'은 양이나 질면에서 타의 추종을 불허하는 제사로 볼 수 있다. 점증되는 제물의 절정은 한 단계 더 나아가 '맏 아들/내 몸의 첫 열매'에 있다. 7b절에서는 동일한 내용을 반복함으로써 제물의 최고치를 극명하게 제시하고 있다. '나의 허물을 위해 나의 맏아들을, 나의 죄를 위해 내 몸의 첫 열매를 ... ' 사람을 제물로 드리는 제사는 예언자들이 이방 종교의 형태라 비판하며(렘 7:21; 19:5; 겔 16:20; 20:26; 사 57:5) 신명기(신 18:10)와 성결 법전(레 18:21; 20:2-5)에서도 강하게 비판되어지고 있다. 현대인의 시각으로 본다면 사람을 제물로 드린다는 것은 언어도단이며 병적인 현상이라 볼 수 밖에 없지만 고대 종교에서는 자주 찾아볼 수 있는 현상이다. 예를 들면 패전이 임박하자 모압 왕이 맏아들을 성 위에서 번제로 드렸는데 그 결과 승리를 거두었다는 내용(왕하 3:27)과 입다가 전쟁에 임박하여 서원한 데로(번제; 삿 11:31) 자기의 딸을 제사드린 사건(삿 11:39)을 들 수 있다. 또한 건물을 지을 때 건물 기초에 어린이를 묻는 의식이 고대 근동에 널리 퍼져 있었는데 성경에서도 그 흔적을 찾아 볼 수 있다. 즉 여리고에 집을 짓지 말라는 여호수아의 명령(수 6:26)에도 불구하고 벧엘사람 히엘이 여리고에 집을 지었는데 집을 건축하면서 아이들이 죽었다는 것은 인신제사(human sacrifice)의 흔적을 보여주는 내용이라 할 수 있다(왕상 16:34).[186]

186 참조: A. R. W. Green, *The Role of Human Sacrifice in the Ancient Near East,* (ASOR Diss. Series 1, Missoula, Montana, 1975) 161-3; R. de Vaux, *Studies in Old Testament Sacrifice,* (Cardiff: University of Wales Press, 1964) 52-90.

'인신제사'가 성행하는 분위기 속에서 7절의 이스라엘은 최고의 제물로써 자신의 맏아들을 번제로 드리려고 하고 있다. 잘못된 야웨 이해와 자기 중심의 열정이 파국으로 치닫고 있는 모습을 볼 수 있다.

이스라엘의 잘못된 반응에 대한 예언자 미가의 최종적인 답변은 8절에 제시되어 있다. 7b절에는 1인칭 소유격인 '나의'의 뜻을 지닌 י(이) 발음이 5번 반복된다. 즉 나의 맏 아들, 나의 허물, 나의 열매, 나의 태, 나의 등이다. 이것은 이스라엘이 자기 중심의 사고를 하고 있음을 나타내는 표현법이라 볼 수 있다. 반면 8절에서는 '야웨'와 '하나님'이 교차 되면서 관심의 촛점이 '너(나)의 하나님'에게 맞추어 지도록 이끌고 있다.

미가는 새로운 대답, 새로운 신학을 전개한 것이 아니라 이미 야웨가 말한 것, 즉 모세와 아론과 미리암과 예언자들을 통해 말한 것을 미가는 다시 말하고 있다. 또한 미가는 이스라엘 집단 전체에게 호소하기보다 이스라엘 백성 개개인에게 호소하는 방법을 택해 청중을 '사람아'(אדם 아담)로 부르고 있다. 미가가 요약하여 다시 들려준 야웨의 뜻은 선한 뜻이며 괴롭게 하려는 의도가(3절) 아님을 먼저 밝히고 그 내용에 들어 가는 첫 구절은 '야웨가 너에게 원하는 것'부터 시작했다. 이것은 이스라엘이 추구했던 '무엇을 가지고'와 대조되며 야웨가 원하는 것이 물건이 아니라 바로 '이스라엘' 자신임을 강조하는 부분이다. 구체적으로 야웨가 원하는 바를 열거해 본다면 첫째 공의(משפט 미쉬파트)를 행하는 것이다. 공의란 추상적인 것이 아니라 공동체 안에서 각자가 해야 할 책임을 다함은 물론 각자의 권리를 보장해 주는 것을 말한다.[187] 공의를 행한다는 것은 범죄자를 심판한다는 단계를 넘어서서 적극적으로 공동체의 안녕과 공동체가 평화로운 삶을 영위할 수 있도록 노력한다는 것을 말한다. 구체적으로 약

187 W. Eichrodt, *Theology of the Old Testament. vol II,* (OTL; Philadelphia: Westminster Press, 1961) 244.

자와 소외자들, 고아와 과부와 나그네들을 돌보는 것이(신 10:12-18) 공의를 행하는 행위라 할 수 있다.[188]

둘째, '인자(仁慈)를 사랑하는 것이다'. '인자'(חסד 헷세드)를 볼프는 '공동체 의식'(Gemeinschaftssein)이라 번역하는데 이 뜻은 인자를 단순한 감정의 차원에 두지 않고, 공동체를 견지해 나갈 수 있는 성실한 자세, 책임있는 행동, 즉각적인 사랑의 반응 등을 포함한 뜻을 말한다. 즉 공동체를 한 가족과 같이 생각하고 행동하는 것을 의미한다. 공의와 인자를 행하라는 것은 예언자를 통해 말로써 전달되었지만 이 말을 뒷받침해 줄 수 있는 보다 구체적인 것은 이스라엘을 사랑하는 야웨의 구속적 행동으로 이러한 행동은 역사 속에서 이미 보여준 야웨의 행동 양식이었다(4-5절). 즉 야웨가 이스라엘 백성 개개인에게 요구하는 것은 이미 야웨가 보여준 행동에 대한 반사적 응답 즉 산울림과 같은 반응을 요구하는 것이다.

셋째, 미가는 '하나님과 함께 주의 깊게 걸어가기'를 요청하였다. 단어 צנע(차나)는 MT에서 잠 11:2에만 한 번 더 나오는 희귀한 단어이다. 퀸타(Quinta)에서는 8절의 이 단어를 '고려하다, 사색하다, 주의하다' 등의 뜻으로 번역되어 있고 심마쿠스(Symmachus)에서는 '주의하여'로 번역되어 있다.[189]

이러한 번역에 기초하여 토마스(D. W. Thomas)는 צנע(차나)의 히필 부정사 절대형인 이 단어의 뜻을 '주의 깊게'로 번역하였다.[190] **개역**('겸손히')이나 **표준새 번역**('겸손하게')에서의 번역은 다분히 겸양지덕의 덕을 연상시키는 번역으로 미가의 의도를 묘사하는데는 미흡함을 지적할 수 있다. 8절에서 미가의 의도하는 바는 야웨 앞에서 몸을 낮추라는 것이 아니라 깨어 일어나서 적극적으로 야웨와 더불어 행동하라는 권유이다. '주의 깊게'라는 말은 맑은 정신 가운

188 G. W. Anderson, "A study of Micah 6:1-8," *SJOT* 4(1951) 194.

189 F. Field, *Origenis Hexapl.* ii 996, 331. 재인용 in D. W, Thomas, "*The Rood tsana*" in Hebrew, and the meaning of *q^{e}dorannit* in Malachi III, 14,' *JJS* 1(1949) 182.

190 *Ibid.* 이러한 번역은 Vulgata, v. Rad. H. W. Wolff의 번역과도 비슷하다.

데 분별력있게 행동하는 것을 말하며 개인 혼자서 행동하는 것이 아니라 '너의 하나님'(8절)과 함께 행동하기를 권하는 말이다. '높으신 하나님'(6a절)으로 하나님을 멀리하는 것이 아니라 '너(나)의 하나님'으로 가까이하며 '허물'과 '죄'(7b절)로 인해 가슴을 뜯을 것이 아니라 용서하시는 하나님 앞에서 죄를 용서받고 가벼운 몸으로 하나님과 함께 걸어가기를 권유하는 내용이다. 야웨께서 '내 백성아!'하고 반복하여(3, 4절) 부르실 때 이스라엘이 응답할 것은 '나의 하나님'(8절)하며 응답하기를 예언자 미가는 촉구한 것이다.

Ⅵ. 결론

미 6:1-8은 계약소송 양식이 아니라 청중인 이스라엘이 야웨의 구원 행동에, 야웨의 부름에 구체적이며 긍정적인 반응을 해 주기를 권유하는 예언적 연설이다. 미가는 죄에 대한 심판의 위협을 가하기보다 수사학적 기교를 동원하여 과거에 있었던 야웨의 구원 행동을 상기시킴으로 청중이 스스로 말문을 열고 대화의 장으로 나아가기를 기다렸으며, 그다음 대화에 응한 청중을 몰아세우기보다 혹은 명령하기보다 이미 듣고 보아온 것들을 반복하고 요약하여 청중들로 하여금 스스로 깨우치도록 하는 대화법을 사용하였다.

청중 이스라엘은 야웨와 이스라엘간의 불편한 관계가 이스라엘 자신에게서 연유되었다기보다 야웨에게 원인이 있는 것으로 이해하고 있으며 야웨의 마음을 변경시키는 것이 그 해결책이라 보고 있었다. 그러나 미가는 그 원인이 바로 이스라엘 자신에게 있으며 이스라엘이 야웨에게 가까이 나아와 야웨와 함께 대화하며 함께 일하면서 살아가는 것만이 그 해결책이라 강조하였다.

야웨가 이스라엘을 괴롭히고 죄에 대해 형벌을 주는 것을 우선으로 삼는 것이 아니라 어떻게 하면 이스라엘과 한 공동체로서 한 가족처럼 살아갈 수 있을까 고심하며 노력하고 있음을 보여 주는데 그는 '내 백성아'하면서 이스라엘을 가능한한 가까이 오도록 부르고 있었다. 이러한 야웨의 부름에 대한 이스라엘의 응답은 야웨를 먼저 생각하는 것이 아니라 자기 자신을 먼저 생각하고 자기 중심적 사고에서 벗어나지를 못하고 있었다. 야웨는 이스라엘을 끌어당겨 이스라엘과 함께 공동체를 건설하려고 하나 이스라엘은 자기 자신만 생각하고 야웨와 이웃할 것을 생각지 않았다.

미가는 이러한 이스라엘에게 공동체 의식을 강조하였고 그 공동체는 야웨와 이웃과 더불어 이루는 공동체임을 지적하였다. 공의와 인자를 행하는 것은 이러한 공동체 의식의 구체적인 실현임을 지적하면서 가장 중요한 것은 야웨께서 '내 백성아' 부르실 때 이스라엘은 '나의 하나님'이라 응답하면서 맑은 정신으로 하나님과 함께 공동체를 이룩해 나아가는 것이라 지적하였다.

결론

예언서의 기원에 관한 부분에서는 예레미야 MT의 기원부터 추적하였다. MT와 LXX의 원본(Vorlage)이라 여겨지는 부분에는 반다윗 왕조의 태도를 취하고 있었다. 그런데 예레미야 MT는 분명히 친다윗 왕조 및 친레위인을 표방하고 있으며 이러한 경향은 역대기 사가의 작품에서도 발견할 수 있다. 따라서 예레미야 MT의 기원은 예루살렘 성전의 레위인 집단에서 시작된 것으로 보여진다.

나단신탁(삼하 7:1-17)은 다윗시대 때 선포된 신탁(두개의 신탁)에서 출발하여 시리아-에브라임 직전에 선포된 이사야의 예언, 그리고 포로기에 있었던 신명기 편집자의 편집활동 층으로 구성되어 있는 것을 발견할 수 있었다. 이 신탁을 통해서 확인된 초기 다윗 왕조 신학은(2-3, 4-7, 11b, 16, 17절) 성전건축이 좌절된 상태에서 이룩되었다는 점이 이채롭다. 지파의 지도자들이 반대로 성전 건축이 좌절되었을 때, 성전이 아니라 야웨의 자유로운 이동과 야웨의 주도권을 강조하는 다윗왕조 신학을 창출해 내었던 것이다.

시리아의 르신과 이스라엘의 베가가 다윗 왕가의 왕인 아하스를 위협 했을 때 이사야는 나단의 신탁에 자신의 예언을 첨가하여 야웨의 주도권을 강조하였다(8-10, 12, 13b-15, 17절). 야웨가 그와 함께 하신다라는 임마누엘 주제를 반복하여 강조하면서 아하스 왕이 야웨의 자비, 즉 아버지의 사랑으로 인해 르신과 베가의 위협에서 벗어날 것을 확신하며 강조하였다. 그리고 아하스가 고통당하는 현실을 이사야는 야웨의 징계라 해석하였으며 그 징계는 부모가 자식을 책망하는 징계라 설명하였다.

나단신탁의 마지막 층은 신명기 편집자의 층이다(1b, 11a, 13a절). 신명기 편집자는 "안식하다"(1b, 11a절)라는 주제를 첨가시켜 "다윗의 상승"(David's rise) 전체의 절정 부분이 될 수 있도록 배열하였다. 그리고 13a절을 첨가시켜 포로시기에 이스라엘 백성을 격려하였다. 나탄신탁에서 신명기 편집자는 예루살렘의 멸망을 야웨의 징계라 해석하였고 야웨가 그의 자비로 성전을 재건하며 다윗 왕조를 다시 세울 것이라 주장하였다.

모세의 노래(신 32장)와 호세아의 예언은 언어와 수사학적 기법의 유사성, 구조의 유사성, 모티프 사용의 유사성 등 여러 면에서 서로 유사한 것을 발견할 수 있다. 동일한 언어가 사용된 언어의 빈도 수 뿐만 아니라 수사학적 기법에서 경청을 호소하는 2중/3중적 호소의 기법이라든가 직유법을 네 번씩 계속해서 사용하는 표현방법, 그리고 חדשׁ, זר, לא חכם 등의 단어들이 독특한 공통의 의미를 나타내며 사용된 것을 발견할 수 있다. 구조면에서는 호 9:10-17; 11:1-7; 13:1-14:1 등이 신 32:1-43의 특징적인 구조와 유사함을 알 수 있다.

또한 모티프 가운데는 입양 모티프가 가장 강하게 공통으로 나타나며 이 모티프와 관련된 반역과 심판 모티프가 또한 공통으로 나타난다. 그리고 모세의 노래 저자와 호세아가 동시대에 살고 있었으며 이스라엘 왕위를 차지하려는 호세아와 이에 대항한 베가 사이에 일어났던 내전에 두 저자는 관심을 기울이고 있었다는 점도 발견할 수 있었다. 이러한 유사성과 필자의 선행 연구 결과를 바탕으로 신 32:1-43의 저자가 호세아라는 하나의 가설을 제기한다.

전기 예언서를 해석하는 부분에서는 사무엘과 엘리사의 예언을 해석하였다. 사무엘의 고별설교라고 할 수 있는 사무엘상 12장을 해석하면서 늙고 힘이 없어

보이는 사무엘이 어떻게 새로운 시대를 열 수 있었는지 그 내용을 해석해 보았다. 이미 왕정을 선호하는 백성들 앞에서 사무엘은 시대를 거스려 비판세력으로 발목을 잡기보다 오히려 시대를 선도하여 새로운 정의로운 왕정을 세우기 위해 노력하였다. 새로운 제도인 왕정의 함정이 무엇인지 지적하면서 이상적인 왕정을 세울 수 있는 길을 제시한 것이다. 살아계신 하나님이 새로운 시대에 무엇을 창조하실까 궁금해 하면서 하나님의 손길에 주목하는 태도, 바로 그러한 자세를 사무엘이 보여주었다.

또한 정치권력과 군사적 권한을 새로운 왕에게 넘겨 준 사무엘은 평생 감당해야할 중요한 사명이 무엇인지 보여주었다. 바로 기도하며 가르치는 일이었다. 그리고 이러한 일은 한 번으로 완성될 수 있는 일이 아니었다. 부단히 가르치고 깨우치는 목소리가 필요하였다. 더구나 새로운 시대에 백성을 위해 신앙 지도를 하는 역할은 왕이 할 수 있는 일이 아니었다. 예언자이며 제사장인 사무엘이 담당해야할 일이었다. 그 일을 감당하는 사무엘의 모습을 보여주는 사무엘상 12장은 오늘날 종교지도자가 무엇을 해야할지 그 사명을 일깨워주는 하나님의 말씀이다.

> 나는 너희를 위하여 기도하기를 쉬는 죄를
> 야웨 앞에 결단코 범치 아니하고,
> 선하고 의로운 도로 너희를 가르칠 것이다(삼상 12:23).

예언자 엘리사에 관한 이야기는 시리아 군대장관 나아만을 만나는 장면부터 시작된다. 나아만은 병자였으며 예언자를 만나면 치유받을 수 있으리라는 희망을 가지고 엘리사를 만났다. 그러나 엘리사는 자신이 기대했던 방식이 아니라 전혀 다른 방식으로 대하였다. 단순히 병을 고치는데 그치지 않고 나아만으로 하여금 하나님과 마주 대하여 설 수 있도록 인도하는 방식을 만난 것이다. 나아만은 병 낫기만을 기대했지만 엘리사는 나아만이 하나님을 알 수 있도록 인도하였으며 하나님을 경배하도록 이끌었던 것이다. 요단강물에 목욕하는 것은 보조적인 절차였을 뿐이었다.

예언자 엘리사와 나아만과의 대화 가운데 발견할 수 있는 또 다른 논쟁점은 림몬신전에 예배하는 것을 허락해달라는 나아만의 요청에 관한 것이다. 시리아의 고위관리로서 왕실의 국가적인 종교의식에 참여할 수 밖에 없다는 측면을 이해할 수는 있지만 이러한 요청에 관해서 엘리사가 관대하게 대하는 모습에 충격을 받을 수 있다.

엘리사가 우상 숭배를 해도 좋다고 허락한 것은 아니라고 본다. 그러나 최선을 다해 하나님을 섬기면서 자신의 삶의 몫을 감당하고자 하는 용기있는 결단을 격려한 것이다.

특히 나아만은 이스라엘의 흙을 펴놓고 그 위에서 하나님을 향해 직접 기도를 드리며 자신의 특수한 상황에 대해 호소하였다. 전통적인 신앙이 해결해 주지 못한 새로운 문제를 붙안고 나아만은 절망하기보다 하나님께 직접 마음을 쏟아놓는 방법을 택한 장면을 주목할 필요가 있다. 우상신전을 두려워할 것이 아니라 하나님의 인도하심과 도우심에 희망을 걸면서, 자신의 처지에서 최선을 다하는 모습에 엘리사도 하나님도 그리고 우리도 희망을 거는 것이다.

예언자 엘리사에 관한 또 다른 이야기는 병자들을 통해 큰 일을 펼치시는 하나님의 행동에 관한 것이다. 열왕기하 6:24-7:20을 해석한 결과 연약한 자들을 통해서, 자신의 생명을 살리려고 애쓰는 평범한 사람들을 통해서 큰 구원의 역사를 펼치는 모습을 볼 수 있었다. 그리고 시장물가로 표현되는 구원의 모습도 보았으며 예언자가 당당하게 설교하는 모습도 보았다.

예언자 엘리사에 관한 마지막 이야기는 수넴여인과의 만남이다. 수넴여인은 예언자 엘리사의 예언활동을 진심으로 도운 사람이었다. 수넴여인은 엘리사로부터 아기가 태어날 것을 전달받고 의심을 하였지만 수넴여인은 아들을 낳을 수 있었다. 그러나 그 아들이 죽었을 때 수넴여인은 다시 예언자 엘리사를 찾아갔다. 이때 예언자 엘리사는 예언자다운 행동을 보여주기 못하였다. 예언자이면서도 여인이 무엇 때문에 달려오는지를 몰랐고, 게하시를 보내어 아이를 살리고자 했을 때도 실패한 예언자였다. 이러한 예언자를 아들을 살리려는 어머니인 수넴여인이 예언자를 예언자답게 일으켜 세웠다. 수넴여인은 '위대한 여인'으로 예언자 엘리사를 예언자답게 회복시키는 역할까지 수행한 것이다.

한편 엘리사의 장점도 눈여겨 볼 필요가 있다. 하나님의 알려주심이 없는 상황에서도 당황하거나 회피하지 않고 여인의 절박한 요구를 주목하였다. 그리고 먼저 하나님께 기도하고 침착하게 단계적으로 아이를 살리는 일에 최선을 다하는 열성을 보여 주었다. 이러한 예언자를 통해 하나님은 죽은 아이를 살리는 기적을 보여주셨다. 한 번 실패한 하나님의 사람들, 한 번 실수한 하나님의 사람들이 눈여겨 보아야할 이야기다.

예언서의 기원과 해석을 탐구하면서 예언자들의 재해석 활동과 능력을 주목할 수 밖에 없었다. 재해석에 관해서는 미가의 예언을 먼저 들 수 있다. 미가는 하나님의 뜻에 대해 미리 연구하고 해석하여 준비를 하였지만 청중의 상황을 염두에 두었다. 미가는 현재 예언을 듣고 있는 청중을 의식하면서 청중에게 필요한 것을 발굴하고 거기에 초점을 모았다. 그리고 예언자 미가는 청중이 잘못 이해하고 있는 부분에 대해서 직설적으로 비판하지 않고 대화체를 사용하여 열린 마음으로 대화하도록 청중을 초대하였다.

특히 대화에 응한 청중을 몰아 세우거나 명령하기보다 이미 듣고 보아온 것들을 반복하고 요약하여 청중들로 하여금 스스로 깨우치도록 하는 대화법을 사용하였다. 미가는 하나님의 탓으로 돌리며 하나님을 변화시켜야 한다고 생각하는 청중들로 하여금 자신의 생각이 잘못되었다는 것을 스스로 깨닫도록 이끄는 수사학적 기교를 구사하였다. 미가는 공의와 인자를 행하는 것은 공동체 의식의 구체적인 실현임을 지적하면서 가장 중요한것은 야훼가 '내 백성아' 부를 때 이스라엘은 '나의 하나님'이라 응답하면서 맑은 정신으로 하나님과 함께 공동체를 이룩해 나아가는 것임을 강조하였다.

이사야 59장을 해석하면서 감각분석 중심의 해석방법인 감성적 해석방법을 활용했으며 창의적으로 틈을 메우는 활동(gaps filling)에 주력하였다. 특히 나라가 멸망하고 바벨론에 포로로 잡혀간 그 모든 일이 하나님의 태만이나 직무유기가 아니고, 이스라엘 백성의 죄라는 사실을 생생하게 제시하는데 이러한 해석방법을 적극 활용하였다.

때로는 예언자가 동일한 소리를 반복하기도 하고 이미지를 점층적으로 강력하게 제시하기도 하였으며 피부에 와 닿는 언어인 촉각언어와 후각언어 그리고 미각언어까지 활용하여 예언을 선포하였다. 또한 다양한 감각언어들은 서로 연결시켜 유사한 이미지를 생성하고 강화시키기도 하였다. 독사의 알을 품고 알에서 독사의 새끼가 기어 나오는 이미지로 죄악의 번식성을 강조하였고 흉측한 느낌을 강화시켰다. 그리고 죄를 은폐한다는 것은 거미줄로 만든 투명한 옷을 입는 것과 같다고 조롱하면서 죄악의 심각성을 부각시켰다.

호세아 5:8-6:11을 해석하면서 그 어느 예언(설교)보다 움직임을 묘사하는 운동감각언어가 풍부함을 발견할 수 있었다. 반앗수르 반란 세력이었던 베가가 쿠데타를 일으켜 요르단을 건너 사마리아로 진격하던 주전 734년 경이 본문의 역사적 배경으로 짐작되는데 당시 유다에는 아하스가 통치하고 있었다.

호세아는 반앗수르 반란의 행동은 에브라임의 죄이기도 하였고 이스라엘의 죄이기도 하였는데 이러한 죄에 대해 신랄하게 비판하였다. 이 죄들을 묘사하는 언어들은 잘못된 행동과 살인행위에 관한 언어들이었으며 이들을 심판하는 모습에는 병과 전쟁 이미지가 자주 활용되었다. 호세아는 죄를 심판하시는 하나님을 보여주면서 새롭게 일으켜 세워주시는 하나님께 희망을 걸고 "오라 우리가 야훼께로 돌아가자"(호 6:1) 하면서 새로운 행동을 권유하였다.

마지막으로, 예언서의 기원과 해석을 탐구하면서 오늘날의 예언자적 활동에 대해서 점검할 필요성을 느꼈다. 예언자의 위치와 역할을 쉽게 파악하기 위해서는 제사장과 비교하는 것이 효과적이다.

개신교의 목회자는 제사장보다 예언자적 위치와 역할을 감당하고 있다고 생각하기 쉬운데 한 번 점검해 볼 필요가 있다. 우선 제사장은 성전에 상주하면서 정기적으로 제사를 드리고 찾아오는 성도들과 상담하는 역할을 수행한다. 성도들 편에서 생각하면 종교적인 문제에 직면했을 때 찾아갈 수 있는 대상은 예언자라기보다 제사장인 것이다. 반면에 예언자는 일정한 장소에 매여있지 않고 자유롭게 다니면서 예언활동을 펼치는 것을 볼 수 있다. 따라서 예언자는 예언선포에 집중하는 경향을 발견할 수 있다. 따라서 하나님의 뜻을 새롭게 해석하고 전달하는 일에 예언자가 전문가임을 발견할 수 있다.

또 다른 면은 권위에 관한 것이다. 제사장은 제사장직을 세습하기 때문에 출신이 바로 권위 확보로 연결된다. 그리고 공식적인 제사장 위임식을 통해 모든 사람들에게 제사장임을 알릴 수 있고 일반적으로 그 권위가 인정된다. 또한 옷차림이나 생활양식에 있어서도 제사장은 구별되며 제사장의 권위에 긍정적인 영향을 줄 수 있다. 그러나 예언자는 처음부터 스스로 권위를 만들어 가야하는 어려움이 있다. 따라서 예언서마다 '소명설화'가 먼저 나오면서 예언자의 권위가 하나님으로 부여받은 것임을 강조한다. "야웨께서 말씀하시기를 ..."이라는 사자문체(使者文體)를 반복해서 사용하면서 예언 내용이 하나님의 뜻임을 강조하는 것도 권위확보와 관련이 있는 것이다.

현대의 개신교 목회자가 예언자적 위치에 있다면 스스로 권위를 만들어가는 노력을 경주하지 않으면 안된다. 다른 어떤 권위보다 하나님의 권위에 의존하는 모습이 절실히 필요하다. 구체적으로 말한다면 설교를 하더라도 자신의 말이 아니라 하나님의 말씀임을 강조해야 한다. 이러한 설교를 하기위해서는 성경에 바탕을 두고 성경을 깊이 해석하는 노력을 기울여야 하는 것이다.

참고문헌

Albright, W. F. "Some Remarks on the Song of Moses in Deuteronomy XXXII," *VT* 9(1959) 339-346.

Ahlström, G. W. "Der Prophet Nathan und der Templebau," *VT* 11(1961) 114-121.

Anderson, G. W. "A Study of Micah 6:1-8," *SJOT 4*(1951) 191-197.

Baumann, E. "Das Lied Moses (Dt. XXXII 1-43) auf seine gedankliche Geschlossenheit untersucht," *VT* 6(1956) 414-424.

Bickerman, E. J. "The Babylonian Captivity," *The Cambridge History of Judaism*. W. D. Davies ed.; Cambridge: Cambridge University Press, 1984.

Budde, K. *Das Lied Mose's, Deut. 32*. Tübingen: J. C. B. Mohr(Paul Siebeck),1920.

Burkitt, F. C. "Micah 6 and 7 a Northern Prophecy," *JBL* 45(1926) 159-161.

Buss, M. *The Prophetic Word of Hosea*. Berlin: Alfred Töpelmann, 1969.

Calderone, P. *Dynastic Oracle and Suzerainty Treaty; 2 Samuel 7, 8-16.* Manila, 1966.

Calmet, A. *Commentaire litteral: Commenataire sur les deux premiers livres des Rois.* Paris, 1720.

Campbell, A. F. *Of Prophets and Kings. A late ninth-century document (1 Samuel 1-2 Kings 10)*. CBQMS 17; Washington DC: The Catholic Biblical Association of America, 1986.

Carlson, R. A. *David the Chosen King. A Traditio-Historical Approach to the Second Book of Samuel.* Stockholm: Almqvist och Wiksell, 1964.

Cassuto, U. "The Prophet Hosea and the Books of the Pentateuch," *Biblical and Oriental Studies*. vol.1; Jerusalem: The Magness Press, 1973. 79-100.

Chong, J. H. "The Song of Moses (Deut. 32:1-43) and the Hoshea-Pekah Conflict." Dissertation; Emory University, 1990.

Clines, D. J. A. *I, He, We, and They: A Literary Appreach to Isaiah* 53. JSOTSup. 1; Sheffield: JSOT Sheffield, 1976.

Cross, F. M. *Canaanite Myth and Hebrew Epic.* Cambridge: Harvard, 1973.

Darr, K. P. *Isaiah's Vision and Family of God,* Louisville: Westminster John Knox Press, 1994.

Davies, G. I. *Hosea.* NCBC. London: Eerdmans, 1992.

de Roche, M. "Yahweh's rib against Israel: A reassessment of the so-called 'Prophetic Lawsuit' in the preexilic prophets," *JBL* 102(1983) 563-574.

Dean Lueking, F. "Touch and see: Lk 24:39." *Christian Century* 114(Ap 2 1997).

Driver G. R. and J. C. *Miles, The Babylonian Laws vol. I.* Oxford: The Clarendon Press, 1955.

_____, *The Babylonian Laws vol. II.* Oxford: The Clarendon Press, 1955.

Driver, S. R. *Notes on the Hebrew Text and the Topography of the Books of Samuel.* Oxford, 1913.

Fowler, R. *Let the Reader Understand-Reader-Response Criticism and the Gospel of Mark.* Minneapolis: Fortress Press, 1991.

Friebel, K. *Jeremiah and Ezekiel Sign-Acts: Rhetorical Nonverbal Communication.* JSOTS 283; Sheffield: Sheffield Academic Press, 1999.

Gervirtz, S. *Patterns in the Early Poetry of Israel.* Chicago: University of Chicago Press, 1963.

Gese, H. "Der Davidsbund und die Zionerwhlung," *ZThK* 61(1964) 10-26.

Good, E. M. "Hosea 5,8-6,6: An alternative to Alt." *JBL* 85(1966) 273-286.

Göran, E. *Grapes in the Desert.* Almqvist & Wiksell International, Stockholm, Studenlitteratur, Lund, 1996.

Green, A. R. W. *The Role of Human Sacrifice in the Ancient Near East,* ASOR Diss. Series 1; Missoula, Montana, 1975.

Gressmann, Hugo. "Die literarische Analyse Deuterojesajas," *ZAW* 34(1914) 254-297.

Gunkel, H. - Begrich, J. *Einleitung in die Psalmen: Die Gattungen der religiösen Lyrik Israels.* Göttingen: Vandenhoeck and Ruprecht, 1933.

Gunn, D. M. *The Story of King David. Genre and Interpretation.* JSOTSup.; Sheffield: JSOT, 1978.

Harvey, J. "Le 'Rib-Pattern' requisitoire prophetique sur la Rupture de l'Alliance," *Biblica* 43(1962) 172-196.

Hayes J. H. & P. K. Hooker, **이스라엘과 유다 역사**, 정중호 역. 대한기독교서회, 1991.

Hayes J. H. and S. A. Irvine, Isaiah: *The eighth-century prophet: His times and his preaching.* Nashville: Abingdon, 1987.

Held, M. "Studies in Comparative Semitic Lexicography," *AS* 16(1965) 395-406.

Herrmann, S. "Die Knigsnovelle in Agypten und in Israel" *Gesammelte Studien zur Geschichte und Theologie des Alten Testaments.* Mnchen: Chr. Kaiser, 1986 120-144.

Hillers, D. R. *Micah*. Hermeneia; Philadelphia: Fortress Press, 1984.

Huffmon, H. B. "The Covenant lawsuit in the prophets," *JBL* 78(1959) 285-295.

Hyatt, J. P. "On The Meaning and Origin of Micah 6:8," *ATR* 34(1952) 232-239.

Iser, W. *The Implied Reader: Patterns of Communication in Prose Fiction from Bunyan to Beckett.* Baltimore: The Johns Hopkins University Press, 1974.

Kelly, B. H. *Septuagint Translators of I and II Samuel 1:1-11:1.* Diss. Princeton Theological Seminary, 1948.

Kendall, D. "The Use of *Mispat* in Isaiah 59." *ZAW* 96(1984) 391-405.

Köhler, L. *Deuterojesaja stikritisch untersucht,* BZAW 37; Berlin: Alfred Töpelmann, 1923.

Kuan, J. K. "Hosea 9.13 and Josephus, Antiquities IX, 277-287," *PEQ* 123(1991) 103-108.

Kuhnigk, W. *Nordwestesemitische Studien zum Hoseabuch.* Biblica et Orientalia 27; Rome: Biblical Institute Press, 1974.

Kutsch, E. "Die Dynastie von Gottes Gnaden. Problem der Nathanweissagung in 2 Sam 7" *ZThK* 58(1961) 137-153.

Kyle McCarter, Jr. P. I Samuel. *The Anchor Bible;* Garden City: Doubleday & Company, Inc., 1980.

Lescow, T. "Redaktionsgeschichtliche Analyse von Micha 6-7," *JBL* 100(1981) 182-212.

_____. *Micah 6:6-8.* Stutttgart: Calver Verlag, 1966.

Levenson, J. D. "The Davidic Covenant and its Modern Interpreters," *CBQ* 41 (1979) 205-219.

Limburg, J. "The root *rib* and the prophetic lawsuit speeches," *JBL* 88(1969) 291-304.

_____. "The Lawsuit of God in the Eighth-Century Prophets," Diss. Union Theological Seminary. Richimond, Virginia, 1969

_____. *Hosea - Micah.* Interpretation: Atanta: John Knox Press, 1988.

Luckenbill, D. D. *Ancient Records of Assyria and Babylonia, I.* Chicago: University of Chicago Press, 1926-1927.

Lueking, F. Dean "Touch and see: Lk 24:39," *Christian Century* 114(Ap 2 1997) 337.

Mays, J. L. *Micah.* OTL; Philadelphia: Westminster Press, 1976.

Mazor, Y. "Hosea 5:1-3: Between Compositional Rhetoric and Rhetorical Composition," *JSOT* 45(1989) 115-126.

McCarter, P. K. *II Samuel: A New Translation with Introduction, Notes and Commentary.* AB 9; Garden City, N. Y.: Doubleday, 1984.

McComisky, Th. "Hosea," in *The Minor Prophet.* vol.1. idem, ed.; Grand Rapids: Baker, 1992.

McKeating, H. *The Books of Amos, Hosea and Micah.* Cambridge Bible Commentary; Cambridge: University Press, 1971.

Mckenzie, J. L. "The Dynastic Oracle: II Sam 7" *TS* 8(1947) 187-218.

McKnight, E. V. "Reader-Response Criticism," McKenzie, Steven L. and Haynes, Stephen R., ed. *To Each Its Own Meaning.* Louisville: Westminster/John Knox Press, 1993.

McLuhan, M. **미디어의 이해: 인간의 확장.** 박정규 역. 커뮤니케이션북스, 2001.

Milgrom, J. "Israel's Sanctuary: The Priestly 'Picture of Dorian Gray,'" *RB* 83 (1976) 390-399.

_____, *Leviticus 1-16.* Anchor Bible vol. 3; New York: Doubleday, 1991.

_____, "Two Kinds of hatta't," *VT* 26 (1976) 333-337.

Miller J. M. and J. H. Hayes, *A HIstory of Ancient Israel and Judah.* Philadelphia: Westminster, 1986.

Mowinckel, S. "Natansforgettelsen 2 Sam. Kap. 7," *Svensk Exegetisk Arsbok,* 12(1947) 220-229.

Murray, D. F. "Once Again 't' hd sbty ysr'l in II Samuel 7:7," RB 94(1987) 389-396.

Noth, M. "David and Israelin II Samuel VII," *The Laws in the Pentateuch and Other Studies.* Philadelphia: Fortress, 1967. 250-259.

Paul, S. "Adoption Formulae: A Study of Cuneiform and Biblical Legal Clauses," *MAARAV* 2/2(1980) 173-185.

Perlitt, R. H. *Bundestheologie im Alten Testament.* WMANT 36; Neukirchen-Vluyn: Neukirchener, 1969.

Pfeiffer, R. H. *Introduction to the Old Testament.* New York: Harper & Bros., 1948.

Pritchard, J. B. *Ancient Near Eastern Texts Relating to the Old Testament,* 3rd Ed. New Jersey: Princeton University Press, 1974.

Ramsey, G. W. "Speech-forms in Hebrew Law and Prophetic Oracles," *JBL* 96(1977) 45-58.

Ridout, G. P. *Prose Compositional Techniques in the Succession Narrative(2 Sam. 7,9-10; 1 King 1-2).* Dissert.; Graduate Theological Union, 1971.

Rost, L. *The Succession to the Throne of David.* Sheffield: Almond, 1982.

Rudolph, W. *Hosea.* KAT 13/1; Gütersloh: G. Mohn, 1966.

_____. *Micha-Nahum-Habakuk-Zephanja.* KAT 13/3; Gütersloh: Gütersloher Verlagshaus Gerd Mohn, 1975.

Sakenfeld, K. D. *The meaning of Hesed in the Hebrew Bible: a new inquiry.* Missoula: Scholars Press, 1978.

Sawyer, J. F. A. *The Fifth Gospel: Isaiah in the History of Christianity.* New York: Cambridge University Press, 1996.

Sellers, O. R. "Weights and Measures," *IDB.* vol. VI. 828-839.

Skehan, P. "A Fragment of the 'Song of Moses' Dt 32(37-43) from Qumran," *BASOR* 136(1954)

Smith, J. M. P., Ward, W. H. and Bewer, J. A. *Micah, Zephaniah, Nahum, Habakkuk, Obadiah and Joel.* ICC; Edinburgh: T. & T. Clark, 1911.

Smith, R. L. *Micah-Malachi.* WBC; Waco: Word Books, 1984.

Speiser, E. A. "Of Shoes and Shekels(I Samuel 12:3; 13:21)," *BASOR* 77 (1940) 15-20.

Stuart, D. *Hosea-Jonah,* WBC; Nashville: Word Inc, 1987.

Thomas, D. W. "The root tsana` in Hebrew, and the meaning of *qedorannit* in Malachi III, 14," *JJS* 1(1949) 182-188.

Van Seters, J. *In Search of History: Histori ography in the Ancient World and the Origins of Biblical History.* New Haven and London: Yale University, 1983.

Veijola, T. *Die ewige Dynastie. David und die Entstehung seiner Dynastie nach der deuteronomistischen Darstellung.* AASFB 193; Helsinki: Suomalainen akatemia, 1975.

Von Nordheim, E. "König und Tempel. Der Hintergrund des Tempelbauverbotes in 2 Samuel vii" *VT* 27(1977) 434-453.

Von Rad, G. *Deuteronomy: A Commentary.* OTL; Nashville: Abingdon Press, 1966.

Von Waldow, E. Die *Traditionsgeschichtliche Hinterground der Prophetischen Gerichtsreden.* BZAW 85; Berlin: Alfred Töpelmann, 1963.

Ward, J. M. *Hosea: A Theological Commentary.* New York: Harper & Row, 1966.

Watts, John D. W. *Isaiah* 34-66, WBC; Waco: Word Books, 1987.

Weinfeld, M. "The Covenant of Grant in the Old Testament and in the Ancient Near East" *JAOS* 90(1970) 184-203.

Weiser, A. "Die Tempelbaukrise unter David" *ZAW* 77(1965) 153-168.

Wellhausen, J. L. *Der Text der Bcher Samueli.* Göttingen, 1971.

Wellhausen, J. *The Composition des Hexateuchs und der historischen Bcher des Alten Testaments.* Berlin: Reimer,1899.

Westermann, C. *Basic forms of prophetic speech.* trans. by H. C. White; Philadelphia; Westminster Press, 1967.

Whybray, R. N. *The Succession Narrative. A Study of II Sam. 9-20 and I Kings 1 and 2.* SBT; Naperville: Allenson, 1968.

Widengren, G. "King and Covenant" *JSS* 2(1957) 1-32.

Willims, R. J. *Hebrew Syntax : An Outline.* Toronto :University of Toronto, 1976.

Wolff, H. W. *Dodekapropheton 4 Micha* BKAT XIV/4; Neukirchen-Vluyn: Neukirchener Verlag, 1982.

_____, *Hosea.* Philadelphia: Fortress Press, 1974.

_____, *Micah the Prophet.* Trans. by R. D. Gehrke; Philadelphia: Fortress Press, 1981.

Wright D. P. and R. N. Jones, "Leprosy," *ABD*, vol.4. 277-282.

Zakovitch, Y. "יפתח = בדן" VT 22(1972) 123-125.

정중호, "가상현실 기법을 활용한 성경 해석 방법론에 관한 연구-에스겔을 중심으로," **구약논단**, 13(2002) 7-33.

______, **레위기: 만남과 나눔의 장**. 한들출판사, 1999.

______, "모세의 노래와 호세아-베가의 갈등" **신앙과 신학** 제8집(1991) 120-145.

______, "붉은 색을 통해본 색채 이미지 중심 해석의 가능성," **구약논단** 12(2001) 71-92.

______, "사이버 시대의 새로운 성경해석에 관한 연구," **구약논단** 9(2000) 337-58.

______, "새로운 성경해석을 위한 촉각언어 연구," **구약논단** 16(2004) 77-99.

______, **새로운 성경해석 한국적 해석 서론.** 계명대학교출판부, 2010.

______, "새로운 토라 해석을 위한 음식 이미지 연구," **신학사상** 125(2004) 93-11.9

______, "소리없는 야웨의 종의 노래에 관한 연구," **동서문화** 35(2002) 157-169.

______, "소리와 구약해석: 청중중심비평(Audience-Oriented Criticism)을 중심으로," **역사와 해석학: 호남신학대학교 2000년 학술발표회 논문 제4집**, 정기철 편, 한들출판사, 2000, 113-140.

______, "애가 4:1-10에 나타나는 감각군(sensory cluster)에 관한 연구," **대학과 복음** 9(2004) 33-58.

______, **열왕기하.** 성경주석 11; 대한기독교서회, 1995. 167-82.

______, "예언자의 이미지 활용에 관한 연구-영상성경 개발을 위하여," **구약논단** 10(2000) 38-62.

______, **이스라엘 역사**. 서울: 대한기독교서회, 1994.

______, "제사장신학 연구," **계명신학** 제9집(1994) 39-61.

______, "해석 단서로서의 후각언어에 관한 연구," **구약논단** 14(2003) 135-152.

______, "호세아 4장의 '음행'과 '제사장' 문제." **신학과 목회** 23(2005) 115-134.

예언서의 기원과 해석

2011년 6월 13일 | 초판1쇄 인쇄
2011년 6월 13일 | 초판1쇄 발행

지은이 | 정중호
펴낸이 | 신일희
펴낸곳 | 계명대학교출판부
704-701 대구광역시 달서구 달구벌대로 2800
전화 053-580-6233 팩스 053-580-6235
등록 | 1970. 9. 1. (신고번호 제347-1998-1호)

ISBN 978-89-7585-559-7

값 18,000원